Podium und Pampers

Christiane Bender

PODIUM UND PAMPERS

Mattes Verlag Heidelberg

Die Deutsche Bibliothek verzeichnet diese Publikation
in der Deutschen Nationalbibliographie; detaillierte
bibliographische Daten sind im Internet über
http://dnb.ddb.de abrufbar.

ISBN 978-3-86809-025-3
Mattes Verlag Heidelberg 2010
Hergestellt in Deutschland
Umschlagillustration © Getty Images

Vorwort

Berufsmensch wollte ich schon immer werden, Familienmensch zunächst nicht. Spät habe ich mich für ein Kind, für meinen Sohn, entschieden. Ihm verdanke ich ein tieferes Verständnis des Lebens und vor allem die Erfahrung von Glück. Von unserer gemeinsamen Geschichte, den amüsanten, spannenden, manchmal auch traurigen Episoden erzähle ich in diesem Buch. Saigon, Heidelberg und Hamburg bilden dazu die faszinierenden Kulissen. Dennoch ist das Buch keine Biographie, kreativ habe ich Wahrheit und Dichtung so vermischt, dass das Ergebnis realen Gegebenheiten sehr nahe kommt. Die von mir dargestellten Personen und Ereignisse sind fiktiv, Ähnlichkeiten mit real existierenden Personen wären rein zufällig.

Inhalt

Vorwort

KAPITEL EINS
Zuversicht in Gefahr

Frühmorgens auf Hamburgs Straßen
»Mama, was machen wir im Krankenhaus?«
Graue Halbgötter in Weiß
Ähnliche Symptome bei John F. Kennedy, Nikita Chruschtschow
   und meinem Sohn
Fortbildung von Müttern für Mütter auf dem Marktplatz
Nächte in Panik
Spielarten des Größenwahns: der Wachstumskurvenfanatismus
»Bischeune«

KAPITEL ZWEI
Mitteilungen vom Glück

Kann ein alltagsferner Berufsmensch für ein Kind sorgen?
Angst vor der Verantwortung
Ein Winzling verändert alles
Die Großmutter
Stereotypen der Wahrnehmung
Liebe
Wenn Eltern zuviel lieben
Unser wunderschöner Alltag

KAPITEL DREI
Kind und Beruf: zwei Seiten (m)eines erfüllten Lebens

Zeit für das Kind, Zeit für den Beruf – so müsste es funktionieren
Die anstrengende Welt der Professoren: kaum Zeit für Kinder
 und Familie
Universitäre Arbeitswelt im Wandel
Akademische Karrieren
Herr Professor, seine Frau und seine Kinder
Die zweite Chance
Das Leben der Professorinnen
Rollenwandel und -teilung im akademischen Milieu
Die »kindorientierte Männlichkeit« der jungen Männer
 und der Realitätsschock beim Einstieg in den Beruf
Die kindlichen Seelen der akademischen Männer
 sind für emanzipierte Frauen kein Kindersatz!

KAPITEL VIER
Wir erobern das Weltdorf

Keine Zeit für alte Freundschaften
Heidelberger Kreise
Die kindungemäße Erlebnisgesellschaft
Die kindgemäße »befreundete Umwelt«
Unsere Wohnwelt
Das merkwürdige Zusammenleben von Einheimischen
 und Zugezogenen
Thiens erste Freundin: Kuniko
Interkulturelle Brücken und Brüche oder tiefe Zuneigung
 zwischen Müttern und Kindern, jenseits ihrer Herkunft

KAPITEL FÜNF
Wie halte ich es mit der Religion bei meinem Kind?

Was soll das Kind glauben?
Die christlichen Gemeinden als Unterstützungsnetzwerke
    für Familien
Religiöse Orientierungen in den modernen Welten
    unserer Kinder

KAPITEL SECHS
Das Elend der Kinderbetreuung

Was bedeutet Betreuung?
Die erste Tagesmutter
Die zweite Tagesmutter
Das Elend von Krippen und Kindertagesstätten
Der Besuch der Damen vom Amt

KAPITEL SIEBEN
Der ungewöhnliche Weg zu meinem Kind: am Ziel in Saigon

Die Angst vor der eigenen Courage, ein neues Leben mit Kind
    zu beginnen
Gemischte Gefühle
Emanzipation oder Familienglück? Die traurige Alternative
    meiner Frauengeneration
Bill Clintons fünfzigster Geburtstag
Das zähe Vordringen von engagierten Frauen in Männerdomänen
Warum es nicht zu zweit versuchen?
Die Misere der Adoptionsverfahren in Deutschland:
    Trägheit der Behörden, lustlose Sachbearbeiter,
    unprofessionelle Honorarkräfte in den Vereinen

Endlich ein Weg!
Stille Tage in Saigon
Graham Greenes Phuong und die Vietnamesinnen von heute
Gescheiterte Adoption
Die Nacht davor
Die erste Begegnung mit dem Baby
Die zweite Begegnung mit dem Baby
Im Waisenhaus
Der kleine Buddha
Unerwartete Begegnung im Hotelzimmer
Vierzig lange Tage Wartezeit
Der erste gemeinsame Urlaub mit meinem Kind am Meer in Vietnam
Falsche Papiere, keine Ausreisemöglichkeit und dennoch: unbegreifliche Sorglosigkeit inmitten Saigons
Heimreise

KAPITEL ACHT
Abschied

Die glückliche Zeit in Heidelberg, trotz Zeitdruck
Heidelberg oder Hamburg?
Die tragische Geschichte von Linh
»Du lieber Bahnhof«

KAPITEL NEUN
Fremd und allein mit Kind lässt sich die Weltstadt nicht erobern

Das Desaster des Auszugs
Das Desaster des Einzugs
Rückschläge bei der Eroberung der City
»Richtige« und »falsche« Adressen in Hamburg
Im Kindergarten von Auserwählten

Wenn Kitas für Kinder täglich zur Hölle werden
Die Eltern sind das Problem!
Parallele Welten auf dem Spielplatz
»Multikulti«
Junge Mütter, ohne Erwerbsarbeit

KAPITEL ZEHN
Sorgen über Sorgen

Die »ewige« Sorge: Wer betreut das Kind?
Der Gemeinschaftssinn der Hamburger
Zunehmender Zeitdruck in der universitären Arbeitswelt
Organisationskulturen an norddeutschen Universitäten
Die lästige Hausarbeit
»Wo ist die Oma jetzt?«
Isolation in der Großstadt und Fehler in der Erziehung
Permanente Überforderung
Mein Sohn ist mein Wunschkind

KAPITEL ELF
Der große Stress mit der Schule

Die unbarmherzige Härte der Regelschule:
　　die erste Grundschule des Kindes
Der deutsche Weg, mit Problemkindern umzugehen:
　　Zurückstellen
Die ehrgeizigen Eltern
Kann er nicht oder will er nicht hören?
Zu allem Ärger auch das noch: die Mutter wird älter
Das Dilemma der Integration: die zweite Grundschule des Kindes
Die Freundin des Kindes
Eine besondere Schule: die dritte Grundschule des Kindes

KAPITEL ZWÖLF
»Willkommen Glück, willkommen Sorge« (John Keats)
»Bin ich adoptiert?«
Heilsamer Alltag
Romano und das Ende des Vereins
»Wie bekomme ich eine Frau zum Heiraten?«
Versöhnung mit Hamburg?
Der schöne Augenblick eines jeden Tages

Nachwort

KAPITEL EINS

Zuversicht in Gefahr

Frühmorgens auf Hamburgs Straßen

Wir wohnen in Hamburg. Hier verläuft das Leben der meisten Menschen ziemlich anstrengend. Schwer zu ertragen ist der Verkehr. Vierspurige, niemals beruhigte Straßenzüge zerschneiden die Stadt, ohne die Wohn- und Freizeitquartiere in Innenstadtnähe auszusparen. Ein permanenter Geräuschpegel, ein Grundrauschen, dem man nicht entkommen kann, liegt über Hamburg. Unzählige LKWs, Schwertransporter und Sattelschlepper passieren täglich die Stadt. Aus allen Himmelsrichtungen, zwischen Häfen und Bahnhöfen, zwischen Autobahnabfahrten und Industriegebieten, donnern sie durch Einkaufsstraßen und Wohngebiete. Zeichen des wirtschaftlichen Booms in der Hansestadt.

Initiativen, diesen Verkehr umzuleiten, scheiterten in der Vergangenheit und werden derzeit nicht neu in Angriff genommen. Aber viele Bewohner leiden unter der verpesteten Luft und der Unübersichtlichkeit des Verkehrs. An manchen Tagen liest man in der Zeitung gleich von mehreren schweren Unfällen im Großraum Hamburg, in die Lastkraftwagen verwickelt sind, zumeist mit schlimmen Folgen für die beteiligten Insassen der PKWs, für die Radfahrer oder die Fußgänger. Hamburgs Unfallrate von Kindern im Straßenverkehr, oftmals mit tödlichem Ausgang, ist hoch.

Es war früh am Morgen, als wir von dem schrecklichen Unfall hörten. Die Zentrale unseres Taxis informierte den Fahrer. Ein Sattelzug hatte, ohne vom Fahrer bemerkt zu werden, einen Mann erfasst. Der Mann befand sich auf dem Weg ins Büro und wollte in der Nähe der Alster die Straße überqueren. Er wurde kilometerweit mitgeschleift. An diesem kühlen Novembermorgen regnete es, und es sah nicht so aus, als ob es jemals hell würde. Der Mann kam nie in seinem Büro an. Der Fahrer des Trucks erlitt einen Schock, als der Torso durch Zufall von Polizisten bei einer Verkehrskontrolle bemerkt wurde. Die weiteren Leichenteile fanden sie auf der Strecke, die der LKW zurückgelegt hatte. Später passierten wir mit dem Taxi die Fundorte. Der Regen fiel in Strömen. Der Verkehr staute sich noch in beiden Richtungen, mittendrin standen Polizei und Krankenwagen. Sirenen ertönten. Das Rot- und Blaulicht spiegelte sich in der Nässe. Die Straße schien zu zittern. Eine Katastrophe war geschehen, ein Leben beendet worden. Nach einer Weile bewegte sich der Verkehr weiter. Zunächst stockend, allmählich zog das Tempo wieder an.

»Mama, was machen wir im Krankenhaus?«

Wir fuhren zum Universitätskrankenhaus Eppendorf. Mein Sohn bemühte sich auf seinem Kindersitz möglichst alles von den Geschehnissen auf der Straße mitzubekommen. Da er zierlich war, fiel ihm das schwer. Die verschiedenen Automarken unterschied er danach, ob die Fenster am Rücksitz tief genug eingebaut waren, so dass er vom Kindersitz aus nach draußen schauen konnte. Wo fahren wir hin? So früh? Zum Krankenhaus.

Was machen wir dort? Ich tat mich schwer mit einer Antwort. Thien sollte am nächsten Tag eine Darmspiegelung bekommen. Die Ärzte beruhigten mich. Eine Routineuntersuchung. Mit Vollnarkose. Ein erhöhtes Risiko bei einem vierjährigen Kind.

Schon während unserer Heidelberger Zeit ließ ich das Wachstum des Kindes regelmäßig kontrollieren. Seine Werte lagen im unteren Bereich der standardisierten Kurve, und sie stiegen mit den Jahren nur leicht an. In Heidelberg wurde darin noch kein

Grund zur Besorgnis gesehen, in Hamburg schon. In der Eppendorfer Klinik glaubte der Endokrinologe, anhand der Analyse von Blutwerten Hinweise auf Zöliakie zu entdecken. Zöliakie ist eine Unverträglichkeit von Gluten, einem Stoff, der im Weizen enthalten ist und von den Schleimhäuten des Darms nicht verarbeitet werden kann. Wachstumsstörungen und Müdigkeit, Gewichtsverlust und Darmkrankheiten sind die Folgen. Aber konnte man bei Thien, einem Kind vietnamesischer Abstammung, überhaupt von reduziertem Wachstum sprechen? Mir kamen erhebliche Zweifel.

Die Wachstumskurve, von der Ärzte hierzulande ausgehen, normiert die durchschnittliche Entwicklung bei deutschen Kindern. Einzelfälle weichen schon erheblich ab. Es liegt auf der Hand, dass diese Kurve ungeeignet ist, um sie auf Kinder mit anderer ethnischer Abstammung zu übertragen. Von Eltern, die Kinder aus dem Ausland adoptiert haben, höre ich immer wieder, dass sich die deutschen Ärzte kategorisch an die Standards der Kurven des gelben Untersuchungsheftes halten. Darauf reagieren viele Eltern mit Eigeninitiativen und laden sich im Internet zuverlässigere Werte herunter, die zu den Herkunftsländern ihrer Kinder passen. Für viele Kinder, die aus armen Ländern nach Deutschland adoptiert werden, ist es lebensrettend hier von den Ärzten behandelt zu werden. Aber deren schematische Vorgehensweise zwingt Eltern dazu, sich im Selbststudium medizinisch zu schulen und die ärztlichen Defizite zu kompensieren. Eine völlige Überforderung!

Graue Halbgötter in Weiß

In der endokrinologischen Abteilung trafen wir eine zierliche vietnamesische Krankenschwester. Sie reichte mir bis zur Schulter. Ich wies den Arzt nochmals darauf hin, dass mein Sohn ebenfalls vietnamesischer Herkunft sei. Der Endokrinologe, eine international bekannte und anerkannte Kapazität auf seinem Gebiet, ließ diesen Hinweis jedoch nicht gelten. Entscheidend seien die deutschen Maßstäbe. Danach sei der Junge zu klein. Der Grund dafür könne nur in einer Wachstumsstörung liegen. Basta.

Eine weitere Koryphäe desselben Krankenhauses, ein Facharzt für Urologie, verschärfte den Druck auf mich. Er sei überzeugt, das Kind leide an Zöliakie. Falls dieser Verdacht nicht überprüft und das Kind weiterhin falsch ernährt werde, nehme das Risiko einer späteren Erkrankung an Speiseröhren- und Darmkrebs zu. Aber das Kind sei doch gar nicht häufig müde und niedergeschlagen, wie es von Zöliakie-Patienten beschrieben wird, wandte ich ein. Im Gegenteil. Mein Sohn sei sehr sportlich, ausgesprochen vital, was die Heidelberger Ärzte immer wieder in das gelbe Untersuchungsheft notiert hatten, und dazu äußerst gutlaunig. Ich suchte nach Argumenten. Da wurde mir entgegengehalten, mir sei wohl die Unterscheidung zwischen Phäno- und Genotyp nicht geläufig. Da gab ich nach und stimmte einer Darmspiegelung unter Vollnarkose zu.

Monatelang warteten wir auf den Termin der Untersuchung. In dieser Zeit stellte ich unsere Ernährung bereits auf glutenfreie Reformkost um. Die lange Zeit der Ungewissheit strapazierte meine Nerven. Ich hielt zwar Ärzte nicht für Halbgötter in Weiß, traute ihnen zu, in ihren Behandlungsvorschlägen eigene Interessen zu verfolgen, die nichts mit dem Wohl des Patienten zu tun haben. Es wäre naiv anzunehmen, finanzielle oder auch ihre Forschungen betreffende Überlegungen spielten für sie keine Rolle. Aber wenn es um das eigene Kind geht, fällt die nüchterne Abwägung schwer. In Hamburg besaß ich keine Freunde, um mich auszutauschen. Meine Mutter lebte nicht mehr. Letztlich war für mich das Motiv, es dürfe nichts versäumt werden, ausschlaggebend.

Diese Maxime betrachten viele Eltern als oberstes Erziehungsprinzip. Und tun dabei zuviel! Zum Nachteil des Kindes und seiner künftigen Entwicklung. Das Leben beider Seiten gerät unter Druck und Stress. Ich wagte nicht, mir auszumalen, was die Diagnose Zöliakie für das gesamte Leben meines Sohnes und für mich bedeuten würde: Den Speiseplan auf Reformhauskost umzustellen, völlig auf den spontanen Genuss von Leckereien wie Schokolade, Eis, Bonbons zu verzichten, nicht mehr im Restaurant zu essen ...

Schon auf dem Weg ins Krankenhaus liefen Tränen über mein Gesicht. Meiner Rolle als Mutter eines kleinen Kindes, dem ich die Angst zu nehmen, das ich zu beruhigen hatte, wurde ich nicht gerecht. Die Angst überwältigte mich. Auf der Tagesstation, wo uns ein Bett zugewiesen wurde, sah ich die vielen kranken Kinder, die dort die Woche verbrachten. Vielleicht würde mein Sohn dazugehören, obwohl er in meinen Augen vor Gesundheit und Kraft strotzte.

Nachdem sich die erste ärztliche Schauermeldung nach unserer Rückkehr aus Vietnam als unbegründet erwiesen hatte, gewöhnte ich mich daran, ihn gesund zu wissen. Seine Gesundheit wurde mir fast selbstverständlich. Vor und während des Adoptionsprozesses hatte ich immer wieder meine Bereitschaft bekundet, auch für ein krankes Kind zu sorgen. Ich glaubte damals fest an meine Einstellung, aber wie tragfähig sie war, wusste ich natürlich nicht.

Ähnliche Symptome bei John F. Kennedy, Nikita Chruschtschow und meinem Sohn

An jenem Tag, an dem wir aus Vietnam kamen, suchten wir sofort einen Kinderarzt auf. In den Gelben Seiten für Heidelberg war ich auf seinen Namen gestoßen. Bevor ich Thien in Saigon abholte, hatte ich mit ihm telefoniert und ihm von meinem Anliegen berichtet: Mit einem frisch adoptierten Kind würde ich aus Vietnam eintreffen. Nach unserer Ankunft sollte er das Baby von Kopf bis Fuß untersuchen. Er schimpfte am Telefon heftig auf die Adoptionsbehörden. Das gefiel mir. Er schien der richtige Arzt für uns zu sein.

Das Baby hatte den langen Flug von Saigon nach Frankfurt in bester Verfassung überstanden. Es zappelte und strampelte unentwegt in seinem hellblauen Strampelanzug und erfreute sich an jeder Zuwendung. Die Sonne wärmte uns frühlingshaft. Es war ein großartiger Tag, mitten im April. Mutter und Kind fühlten sich augenscheinlich in Hochform, in überschäumend guter Laune. Immer wieder warf ich das Kind mit beiden Armen über meinen Kopf, und es lachte, wie mir schien, vor purem Glück. Für mich war es ein großer Tag, der wichtigste in meinem Leben. Mein eigenes Kind nach Hause zu bringen, es sich nicht nur vorzustellen oder ein Foto von ihm zu betrachten, darauf hatte ich jahrelang gewartet. Mein sehnlichster Wunsch war nun Wirklichkeit geworden. Ein unglaubliches und noch kaum zu fassendes Glücksgefühl.

Der Kinderarzt, der den kleinen Buddha, so nannte ich das Baby zärtlich, von Kopf bis Fuß untersuchte, gab sich die größte Mühe, mir mein Hochgefühl zu nehmen und Bestürzung an dessen Stelle zu setzen. Das Kind, so begann er mit ernster, sorgenvoller Miene, habe auf beiden Handinnenflächen eine durchgehende Furche, eine sogenannte Vierfingerfurche, zudem schräggestellte Augenlider. Beide Merkmale seien in Fachkreisen als Hinweise auf Trisomie 21, also auf Down-Syndrom oder Mongolismus, bekannt. Wahrscheinlich liege ein Chromosomendefekt vor. Er rate dringend zu einer humangenetischen Analyse des Blutes, nach zirka sechs Wochen spätestens wisse man Näheres.

Sollte ich lachen oder weinen? In der Konversation mit Kinderärzten war ich vollkommen ungeübt. Darf man Kinderärzte einfach auslachen? Das Risiko, dass sie einem ihre fachliche Unterstützung entziehen, ist groß. Unerfahrene junge Mütter, wie ich, lachen nicht, wenn Ärzte über ihre Kinder sprechen. Dennoch versuchte ich mühsam meinen Verstand zu retten. Die Schrägstellung der Augenlider sei doch ein Merkmal aller Vietnamesen, ja auch bei Japanern, Koreanern, Chinesen und vielen anderen asiatischen Völkern sichtbar. Als Heidelberger, man gehe nur einmal die lange Hauptstraße herunter, sei man doch mit dem täglichen Anblick von Touristen aus Asien vertraut. Müssen alle mit Verdacht auf Down-Syndrom untersucht werden? Alle mongolid?

Der Arzt blieb dabei, es seien ernstzunehmende Verdachtsmomente, Anhaltspunkte, denen unbedingt nachzugehen sei. Ich könne mich in jedem einschlägigen Lehrbuch kundig machen. In vielen Fällen bestätige sich leider der anfänglich gehegte Verdacht. Aber das Kind verhalte sich so lebendig, wandte ich ein. Das habe nichts zu sagen, erwiderte der Experte. Es existierten sehr unterschiedliche Formen der Erkrankung, zwischen Phäno- und Genotyp müsse man unterscheiden. Ein Totschlagsargument, dem ich schon damals nichts entgegenhalten konnte!

So rasch zog an diesem strahlend hellen Frühlingstag der kühle Schatten auf, damit hatte ich nicht gerechnet. Aber noch blieb die Sonne kraftvoll. Das solang erhoffte Zusammenleben mit meinem Sohn in Heidelberg begann mit Sorgen und Ängsten. Obwohl ich nicht glaubte, dass das Kind an Down-Syndrom leide, versuchte ich damals, mich auf unerwartete Sorgen einzustellen. An meiner wachsenden Liebe zu dem kleinen Wesen durfte sich auf keinen Fall etwas ändern.

Viele Freunde kamen zum Willkommensgruß. Mit manchen sprach ich über die Befürchtungen. Marlen wusste zu berichten, dass auch John F. Kennedy und Nikita Chruschtschow durchgehende Vierfingerfurchen besaßen. Ein langes, unbeschwertes Leben garantieren sie einem offensichtlich nicht. Vielleicht eine herausragende politische Karriere im Zentrum der Macht? Das vergnügte Kerlchen, das so wohlwollend alle abrupten Veränderungen seiner Umwelt beobachtete, ließ jedoch weder von einer schweren Krankheit noch von einer künftigen politischen Spitzenposition etwas erahnen. Auch die vielen Besucher, die das Kind, mein Kind, besichtigten und bestaunten, konnten keine Anzeichen erkennen, die in die eine oder andere Richtung deuteten. Glück und Sorge mischten sich.

Nach drei Wochen des Wartens, der Nervosität, hielt ich es kaum noch aus und bestürmte eine Mitarbeiterin des Humangenetischen Instituts, in dem die Blutproben meines Sohnes analysiert wurden, mich nicht länger auf die Folter zu spannen. Die Medizinerin warnte davor, voreilig Schlüsse zu ziehen. Sie schüttelte den

Kopf. Endlich lag das Resultat der Blutanalyse vor: Negativ. Kein Chromosom war überzählig. Also positiv. Der Kinderarzt gratulierte überschwänglich. Von vornherein hätte er kein anderes Ergebnis erwartet. Für meine Ohren hatte das bei unserem ersten Besuch anders geklungen.

Nun formulierte er einen neuen Verdacht, den Verdacht auf Phimose, Vorhautverengung. Inzwischen hatte sich seine Praxis, aufgrund eines Wasserrohrbruchs, in eine Baustelle verwandelt. Alles war durchfeuchtet. Es roch unangenehm. Er bekam cholerische Anfälle und stritt mit den Bauarbeitern während der Sprechstunde. Auch die Beziehung zu seiner jungen Helferin, die ein Kind von ihm erwartete, beanspruchte ihn. Er bat mich um Rat, wie er sich ihr gegenüber in einer Doppelrolle als Chef und Liebhaber verhalten solle. Er denke sogar an Heirat. Seine Unabhängigkeit und sein freies Leben wolle er natürlich nicht aufgeben. Für mich und meinen Sohn war der Zeitpunkt gekommen, den Arzt zu wechseln.

Fortbildung von Müttern für Mütter auf dem Marktplatz

Es genügt nicht, die Gelben Seiten zu studieren, um einen geeigneten Kinderarzt herauszufinden, das lehrten mich meine ersten Erfahrungen mit dem Problem. Mütter mit kleinen Kindern müsste ich kennen und fragen! Kannte ich aber nicht. Denen bin ich bislang weiträumig aus dem Weg gegangen. Und sie mir. Mütter nahm ich als Alltagsexpertinnen für Einzelfälle wahr, während ich, wie alle Wissenschaftler, sofort ohne viel Federlesen, aufs Allgemeine zu sprechen kam. Ihnen ging es ums Praktische, mir bislang ums Theoretische. Die mütterliche Frage nach saugfähigen Windeln, die nicht zur Schädigung der Potenz ihrer Söhne führen, beantwortete ich unmittelbar mit sozioökonomischen Analysen der aggressiven Vermarktungsstrategien der Herstellerkonzerne. Mütter suchten daher nicht gerade meine Nähe und Unterhaltung. Und die Männer meines Bekanntenkreises wussten über die Kinderärzte ihrer Sprösslinge nicht Bescheid.

Da fiel mir etwas ein. Ich hatte beobachtet, dass nachmittags eine kleine Gruppe von Frauen mit Kinderwagen am Mini-Spielplatz auf dem Neuenheimer Markt herumstand. Schon aus der Beobachterperspektive konnte man sich denken, dass sie über ihre Kinder und deren Probleme sprachen. In meiner Zeit als kinderloser Profi schüttelte mich der Anblick, wenn ich an ihnen mit dem Taxi vorbeirauschte, auf dem Weg von einem Termin zum nächsten. Niemals in meinem Leben würde ich dort dabei sein wollen, so vollkommen in der Mutterrolle aufgehend, so ohne Chic, in Latschen und ohne Pumps, und nur unter Müttern. Langweilige unintelligente Frauenwelten, irgendwie klebrig! Aber die Adressen der besten Kinderärzte im Ort kannten die bestimmt!

Ein paar Wochen nach meiner Geburt als Mutter stand ich ebenfalls dort, mit Kinderwagen und vielleicht mit weniger Business-Chic als früher. Dort flossen genau die Informationen, die ich dringend benötigte. Alles über und für das Kind: Wo kaufe ich gute Nahrungsmittel? Welche Milch dürfen Kleinkinder trinken und ab wann? Wo gibt es kleinkindgemäße Spielzeuge? Welche Erfahrungen mit welchen Kinderärzten haben die Frauen gemacht? Gelegentlich stellte ich noch dümmere Fragen und deckte damit auf, dass ich vom Umgang mit Kindern keinen blassen Schimmer besaß. Wie lege ich meinen Sohn so schlafen, dass er nicht erstickt? Wie vermeide ich den plötzlichen Kindstod? Welche Babywäsche ist hautfreundlich, und wo kaufe ich sie? Wie setze ich das Baby richtig in den Kinderwagen, so dass es keine Haltungsschäden davonträgt? Und so weiter. Ich fand, diese Fragen waren für mich von größter Wichtigkeit. In den Läden deutscher und amerikanischer Kinderausstatter, in denen ich fürs Kind eingekauft und das Personal um Rat gebeten hatte, kam ich nicht weiter. Die meisten meiner Fragen blieben dort unbeantwortet.

Nun wollte ich unbedingt zu diesem erlauchten Kreis von kinderwagenschiebenden Müttern gehören. Ich fühlte Dankbarkeit, dass sie mich akzeptierten. Meine ehemalige Beobachterperspektive erschien mir auf einmal arrogant und ignorant. Geradezu dümmlich. Sie wussten nämlich alles über die Kinderärzte im Ort.

Nächte in Panik

Der nächste Kinderarzt war völlig anders. Er bemerkte meine Aufregung und Hilflosigkeit und beruhigte mich erst einmal. Wir kamen eine Zeitlang jede Woche zu ihm. Am Wochenende saßen wir beim Notarzt in der Praxis. Das Baby rollte sich zur Seite und fiel vom Wickeltisch. Es klemmte seinen Finger im Fenster ein. Es saß unter einem Tisch, zog am Tischtuch und eine Tasse heißer, auf türkische Weise aufgebrühter Kaffee ergoss sich auf sein Köpfchen, lief über das Gesicht und tropfte auf die Arme. Der dicke schleimige Kaffeesatz mit viel Zucker hing in den Augenhöhlen. Zwei braune Knöpfe starrten mich an. Das Kind schrie jämmerlich. Meine Gedankenlosigkeit war schuld. Würde es jetzt erblinden? Tatsächlich stellte der Notarzt Verbrennungen zweiten Grades am Ärmchen fest, mehrere kleine Blasen mussten behandelt werden. Die Augen blieben – Gott sei Dank – verschont.

Dann kamen die schweren Hustenanfälle. Pseudo-Krupp. Tagsüber litt das Kind an Schnupfen und Husten. In der Nacht stieg das Fieber plötzlich an. Der Husten wurde schlimmer und führte zu Atemnot mit fürchterlichen Erstickungsanfällen. Das Fieber stieg auf vierzig Grad. Ich bekam es nicht herunter. Das Kind, nur mit einem Höschen bekleidet, schrie erbärmlich und krabbelte in wilder Panik übers Bett, als wollte es vor dem inneren Feuer davonlaufen. Aber es brannte weiter in ihm. Und ich konnte das Feuer nicht löschen. Meine Knie schlotterten vor Angst. Es ging um Leben und Tod. Vom Notdienst der Kinderklinik bekam ich telefonisch Anweisungen. Die Ärzte befanden sich im Einsatz, eine Krankenschwester dirigierte: Wadenwickel zum Zäpfchen, dann das Baby dick vermummen und ans offene Fenster halten, damit es frische Luft einatme. Es dürfe natürlich keine Lungenentzündung bekommen.

Das Fieber sank. Endlich. Der Kleine konnte schlafen. Ich überwachte seinen Schlaf.

In diesen Nächten kamen mir erstmalig starke Bedenken, ob ich es schaffe, solche schwierigen Situationen allein, ohne Partner, zu bewältigen. Die Fieberanfälle ließen sich oft nicht vorhersehen, um meine Mutter oder Freunde im Voraus zu bitten, bei uns zu übernachten. Die Krisen begannen zumeist abends, manchmal bekam ich sie schnell in den Griff und manchmal stieg das Fieber bedrohlich an. Alle Entscheidungen, wann welche Mittel zu geben waren, musste ich allein treffen.

Würde ich in solchen Notlagen immer richtig entscheiden? Wer würde die dringend benötigten Medikamente in der Apotheke abholen? Ich konnte das Kind doch nicht allein zu Hause lassen. Wer würde mich unterstützen? Ich konnte Taxifahrer bitten, Botenfahrten zu machen. Für Alkoholkranke taten sie das selbstverständlich. Und tatsächlich, manche der künftigen Härten meisterten wir mit Hilfe der örtlichen Taxen. Nach kurzer Zeit kannte ich fast alle Fahrer in Heidelberg, und sie kannten das Kind. Wenn das Kind »Aua« sagte, rief ich sofort ein Taxi, und wir fuhren um die Ecke zu unserem neuen Kinderarzt. Der Kinderarzt sagte: »Solche schweren Husten- und Fieberanfälle gehen vorüber. Verzweifeln Sie nicht. Bleiben Sie stark und behalten Sie einen klaren Kopf.« Vernünftige Worte, die ich mir zu Herzen nahm.

Der Kinderarzt wohnte in der Nähe und kam in Krisenzeiten auch tagsüber oft vorbei. Er beruhigte mich. Mein Sohn sei in prächtiger Verfassung, ein tolles Kerlchen. Wir beide, Mutter und Kind, hätten das große Los gezogen. Wenn sich der Arzt mit mir unterhielt und der Kleine auf meinem Schoß saß, hatte er es sich angewöhnt, mit meinen Lippen zu spielen und mir einen Finger in den Mund zu stecken. So war die Kommunikation mit dem Arzt nicht immer leicht. Einmal bekam das Kind eine Impfung in den Po. Beim Auskleiden war ein roter Lippenstiftmund auf dem kleinen Hinterteil zu sehen. Das gefiel dem Arzt, er wünschte sich auch so etwas.

Mein kleiner Buddha wurde immer hübscher und ungeheuer vital. Wenn er einmal ruhig liegen sollte, warf er seinen kleinen Körper nach oben, so als wollte er zuerst mit dem Bauch aufstehen und dann den übrigen Körper nach ziehen. Ich gewöhnte mich an seine Gesundheit und gewann Zuversicht für uns beide.

In Heidelberg hatte ich einen freundlichen liebevollen Kinderarzt auf ungewöhnlichem Weg gefunden. Er begleitete uns in unserer Zeit am Neckar und genoss unser vollstes Vertrauen. Aus unserer heutigen Sicht ist es jedoch bedauerlich, dass er kein sogenanntes Screening des Gehörs veranlasst hat, obwohl eine solche Untersuchung bei Babys bereits in der Universitätsklinik praktiziert wurde. Vielleicht hätte es uns eine lange Phase der Ungewissheit und Unsicherheit erspart und ein früheres Reagieren auf die Hörschwierigkeiten des Kindes ermöglicht.

Nach sechs Jahren Hamburg haben wir noch immer keinen Kinderarzt vor Ort gefunden und fahren weiterhin zur Untersuchung nach Heidelberg. Eigentlich absurd. Die Kinderärzte, die uns empfohlen wurden, nahmen keine neuen Patienten auf. Andere behandelten die Kinder wie am Fließband. Besonders gepriesene Kinderärzte halten Behandlungszimmer und Heilmethoden für Kinder vor, die mit ihren Eltern privat versichert sind, oder sie nehmen Kassenpatienten gar nicht erst an. Eine solche Haltung von Ärzten, die auf Kosten der Steuerzahler und damit auch der gesetzlich Versicherten ihre Bildungs- und Ausbildungskarriere durchlaufen haben, unterstütze ich nicht.

Spielarten des Größenwahns:
der Wachstumskurvenfanatismus

Nach einem Jahr Hamburg und dem völlig überraschenden Tod meiner Mutter während ihres Umzugs zu uns war ich psychisch nicht vorbereitet auf neuerliche Schicksalsschläge und vor allem nicht auf eine so schwerwiegende Bedrohung des Wohlseins meines Sohnes. Ich saß im düsteren Aufwachraum des Krankenhauses und wartete. Kein Zweifel, hier begann der Hades, die Unterwelt, auch wenn sich einige Krankenschwestern über ihr letztes Wochenende unterhielten, als säßen sie in einem Café auf der Mönckebergstraße. Die Angst überwältigte mich. Panik. Wenn ein Patient hereingeschoben wurde, sprang ich auf. »Setzen Sie sich«, befahl die Schwester unwirsch. Mit einem Patienten nebenan gab es Schwierigkeiten. Die Atmung stockte immer wieder. Sekunden, in denen das Leben aussetzte. Für mich verging die Zeit nicht.

Dann brachten sie ihn. Er schlief noch. Ein winziges zartes Figürchen im übergroßen bleichgrünen Krankenhausdress. Die dichten schwarzen Haare gaben nur wenig frei vom Gesicht. Alles sei gut verlaufen, zur Sorge bestehe kein Anlass. Allmählich wachte er auf und fing gleich an zu brabbeln. Vom Krankenwagen, vom Blaulicht und von Kaugummi. Nichts von Ängstlichkeit. Die lag bei mir. Ich versuchte, Gelassenheit zu demonstrieren, aber die Tränen kamen ungebeten und strömten übers Gesicht. Er plapperte weiter, als wir zurück auf die Station fuhren. Wie gute alte Bekannte freuten sich dort die Kinder, Thien wiederzusehen. Er musste sich noch ausruhen und blieb an die Infusionsflasche angeschlossen. Das störte ihn.

Später kam der Endokrinologe vorbei, der mich so massiv unter Druck gesetzt hatte, in die Untersuchung einzuwilligen, und uns dann über Monate hatte warten lassen, bis wir endlich einen Termin für den Eingriff bekamen. Eine Tortur für Menschen wie mich, die mit Gelassenheit nichts zu tun haben. Angespannt wartete ich darauf, was er mir mitteilen würde. Der Verdacht auf Zöliakie habe sich nicht bestätigt. Welche Erleichterung! Einen solchen bemerkenswerten Darm habe er noch nie gesehen. Er unterscheide sich sehr von den Därmen deutscher Kinder. Bei diesen Worten keimte auf einmal eine Vermutung in mir auf. Vielleicht war es ihm vor allem um den Einblick in den Darm eines Kindes vietnamesischer Herkunft gegangen. Beweisen konnte ich es natürlich nicht.

Bei meinen diversen Kontakten mit Ärzten war mir bewusst

geworden, dass sie noch über wenige Erfahrungen in der Diagnose von Kindern unterschiedlicher Abstammung verfügten. Trotz Globalisierung und Migration. Würde er jetzt Ruhe geben? Keine Spur. Er ließ nicht locker. Falls Zöliakie nicht die Ursache für die Wachstumsverzögerung sei, müsse nun eine hormonelle Behandlung ins Auge gefasst werden. Aber ist sein Wachstum überhaupt als verzögert anzusehen? Ich brachte noch einmal die vietnamesische Herkunft des Kindes ins Spiel, jeder Laie würde hier die Erklärung vermuten. Nicht so der Experte.

Es folgten heftigste Diskussionen im Krankenzimmer. Er pries die Vorteile einer Hormontherapie. Auch bei anderen, seiner Meinung nach zu klein gewachsenen asiatischen Kindern habe er damit schon erfolgreich das Wachstum gesteigert. Mir schien, es war seine fixe Idee, die Menschheit damit zu beglücken, die kleineren Exemplare durch Hormonbehandlung zu vergrößern. Diesmal ließ ich mich nicht überzeugen, vor allem konnte er mir nicht einreden, dass die Nebenfolgen einer Hormonbehandlung unbeträchtlich seien. Aufgrund der Untersuchung seiner Handwurzelknochen hatte er meinem Sohn eine Wachstumsprognose von einem Meter fünfundsiebzig bescheinigt. Vielleicht würde er diese Größe auch ohne Hormonbehandlung erreichen. Und wenn er später *nur* bis zu einem Meter siebzig wächst?

Ich dachte an Picasso, an seine Malerei und die vielen schönen Frauen, die ihn körperlich überragten und ihm dennoch bis zur Selbstaufgabe verfallen waren. An Carlo Ponti, dem Ehemann und Förderer der bezaubernden Sophia Loren. Er reichte der Göttlichen lediglich bis zur Schulter. Wir stritten über Napoleon. Ich provozierte mit Fragen: Hätte er den Russlandfeldzug unterlassen, wenn er zehn Zentimeter größer gewesen wäre? War sein Eroberungswille eine Funktion seines Größenwahns, um körperliche Defizite zu kompensieren? Ich sah eher eine politische Strategie Napoleons, durch Krieg nach außen den Frieden nach innen zu bewahren.

Wir kamen zu keiner Einigung in diesen Fragen. Ich hätte ihm von eigenen Erfahrungen erzählen können. In Süddeutschland leben nämlich mehr »kleine Leute« als in Norddeutschland. Da kann Körpergröße durchaus von Nachteil sein. Welcher Vorgesetzte stellt dort schon Mitarbeiter ein, die einen Kopf größer sind? Häufig kommt es jedenfalls nicht vor, dass Chefs die innere Größe haben, in ihrem Team »überragende« Mitarbeiter zu dulden. Körpermaße als latentes Kriterium bei der Personalauswahl? So offensichtlich die Frage zu bejahen ist, so selten wird darüber offen gesprochen. Ein Tabu. Ich gab es auf, diesen Medizinmann zu überzeugen.

Es ist ein sehr schwieriges Unterfangen, sich mit Ärzten ernsthaft und sachlich auseinander zu setzen, ohne sie zu verärgern. Die Gefahr ist groß, dass sie sehr schnell ihre Kompetenz angezweifelt sehen und ihre Motivation, einem zu helfen, schwindet. Schade. Ich war sehr interessiert daran, Ärzte als professionelle Partner meiner Mutterschaft zu betrachten. Professionalität bedeutet mir viel. Aber ich erkenne auch, dass nicht jeder Experte seine persönlichen Einstellungen und Interessen zurückstellt und lediglich auf der Grundlage seiner Expertise urteilt. Plötzlich fiel mir auf, dass dieser Fachmann vielleicht selbst mit dem Problem kämpfte, das er Anderen unterstellte und bei ihnen um jeden Preis therapieren wollte: Ohne seinen weißen Arztkittel wäre er leicht zu übersehen gewesen, denn vor mir stand ein ansonsten unscheinbarer Mann – von eher »kleiner Statur«.

»Bischeune«

Auf der Station verabschiedeten wir uns von den Kindern. Ich hätte gewünscht, Thiens günstiger Befund würde auch für sie gelten und alle könnten gesund und munter entlassen werden. Nach Hause fuhren wir wieder mit dem Taxi. Der abendliche Berufsverkehr war im vollen Gange. Zeitweise kamen wir nur schrittweise voran. Sirenen ertönten. Polizei- und Krankenwagen rasten an uns vorbei. Es war schon wieder dunkel und immer noch nasskalt. Thiens fünfter Geburtstag stand bevor, es gab genug vorzubereiten. Allmählich spürte ich Erleichterung. Aber eine merkwürdige Unruhe ließ mich nicht mehr los, ein Misstrauen gegenüber meinem früheren optimistischen Lebensgefühl. Zuversicht und Zufriedenheit konkurrierten mit neuen Ängsten und Sorgen.

Zuhause, auf unserem Dachboden, konstruierten wir mit Legosteinen phantastische Häuser und Brücken. Thien kreierte ein dunkelgrünes hochgeschossiges fensterloses Bauwerk, das er »Bischeune« nannte und so oder ähnlich schon oftmals gebaut hatte und immer wieder neu baute. Über Jahre. Es bedeutete ihm viel. Was genau, teilte er mir nicht mit. Aber jedes Mal, wenn er eine »Bischeune« fertig gestellt hatte, schaute er voller Stolz auf das Gebäude. In der Mitte wurden Figürchen eingeschlossen und zugemauert, nur gelegentlich gewährte er ihnen Außenkontakt durch ein kleines Fenster. Beim Bauen mit Legosteinen erzählte er spontan über vieles, was ihn bedrückte. Und da gab es bereits einiges. Das glückliche Zeitalter in unserer Geschichte ging allmählich zu Ende, aber nicht das spontane Glück, das ich immer wieder neu in Gegenwart meines Sohnes empfinde. Wenn ich in seine schönen braunen Augen sehe, wenn ich ihn beobachte, wie er konzentriert mit etwas beschäftigt ist, wenn er sich freut, wenn er nach Hause kommt, wenn er entspannt und ruhig schläft ...

KAPITEL ZWEI

Mitteilungen vom Glück

Kann ein alltagsferner Berufsmensch für ein Kind sorgen?

Die glückliche Zeit währte ungefähr dreieinhalb Jahre. Unsere gemeinsamen Heidelberger Jahre. Es begann nach und nach. Die Ergebnisse der Blutuntersuchung mit Verdacht auf Down-Syndrom waren negativ, und ich bekam etwas Routine, mit Thiens schweren Hustenanfällen umzugehen. In der ersten Zeit kontrollierte ich den Schlaf des Babys stündlich, aus Angst vor dem bekannten Phänomen des plötzlichen Kindstodes. Dementsprechend übermüdet war ich am Tag. Wenn das Kind endlich schlief, schlief es tief und zufrieden. Es lag dann mit seinen zu beiden Seiten des Kopfes nach oben ausgestreckten Ärmchen, mit offenen Handflächen, hingebungs- und vertrauensvoll auf dem großen Kopfkissen. Überwältigt betrachtete ich stundenlang dieses Bild.

Der Winzling schlief in meinem riesigen Bett, umrandet von vielen Matratzen und Kissen, damit er weich landete, falls er einmal heraus fiel. Das Schlafzimmer konnte kaum noch betreten werden. In Vietnam hatte Thien mit den Angehörigen von Nounou, seiner Betreuerin, im einzigen Bett der Familie geschlafen. Er war die Körperwärme anderer Menschen gewohnt. Da wollte ich in Heidelberg nicht sofort einen Einschnitt herbeiführen. Freunde warnten mich eindringlich, mit jedem Tag würde es schwieriger werden, das Kind zum Schlafen im eigenen Bett zu veranlassen. Diese Warnung hat sich als äußerst weitsichtig erwiesen.

Unsere glücklichen Jahre begannen, als sich meine Ängste

und Zweifel langsam verflüchtigten, ob ich, der alltagsferne Berufsmensch, überhaupt in der Lage sein würde, für ein Kind zu sorgen. Lange bevor ich darüber nachdachte, mit einem Kind mein weiteres Leben zu teilen, träumte ich immer wieder, ich hätte ein Kind und würde es irgendwo vergessen, verhungern oder verdursten lassen. Mit Entsetzen wachte ich morgens auf. Ohne meine Träume einer tiefgreifenden Freudschen Traumanalyse zu unterziehen, schien mir ihre Bedeutung auf der Hand zu liegen. Sie funktionierten als eine Art Frühwarnsystem, das mir meine Grenzen aufzeigte und mich davor warnte, diese zu überschreiten. Na gut, dann eben kein Kind, dachte ich viele Jahre lang.

Auch wenn mir klar war, dass ich nicht als Unschuldsengel durch das Leben schwebte, körperlichen Schaden wollte ich niemandem zufügen. Aus Angst, einen Menschen zu überfahren, versehentlich oder vielleicht absichtlich in einem unvorhersehbaren Anfall von Machtbesessenheit, habe ich nie einen Führerschein gemacht, obwohl mir mein Vater schon mit zwölf Jahren das Fahren seines Dienstwagens beibrachte. Eine solche Schuld oder ein solches Versagen, einen Menschen zu verletzen oder gar zu töten, würde mir meine spontane Lebensfreude und Zuversicht für alle Zeit nehmen. Der schwerste Unfall, den ich bislang verschuldet habe, war ein Fahrradunfall im Frankfurter Nordend, Klettenbergstraße. Tief in Gedanken versunken fuhr ich seitwärts in ein anderes Fahrrad hinein. Der Fahrer stürzte zu Boden, ich ebenfalls. Dort blieben wir sitzen und stellten fest, dass wir uns auf dem Weg zur selben Party befanden. Als Mitbringsel hatte er eine Flasche Champagner dabei, die glücklicherweise den Sturz überstanden hatte. Wir tranken sie noch an Ort und Stelle leer.

Aber ich hörte auch von schrecklichen tragischen Erlebnissen, die meine Ängstlichkeit, Verantwortung zu übernehmen, verstärkten. Es passierte meiner Zeitungsfrau, die ich sehr mochte. Nachdem sie schwanger wurde, sah ich sie lange Zeit nicht mehr. Als sie nach vielen Monaten wieder im Laden erschien, gratulierte ich ihr enthusiastisch zur Geburt und zum Kind. Sie blickte mich traurig an. Sofort begriff ich, etwas Schreckliches war geschehen. Sie sprach von einem Unfall, der ihr das Kind genommen hatte. Ich schwieg betreten. Nach einiger Zeit öffnete sie sich mir. Der kleine Junge war sechs Monate alt, sie badete ihn in einer Badewanne mit Kindereinsatz. Da quengelte ihre vierjährige Tochter aus der Küche, sie war hungrig und wollte ein Nutellabrot essen. Die Mutter verließ das Badezimmer. Als sie zurückkam, war der Junge vornüber aus dem Einsatz gefallen. Mutter und Ärzten gelang es nicht, das Kind wiederzubeleben. Eine nicht in Worte zu fassende Verzweiflung bemächtigte sich der Familie. Die Mutter suchte nach einiger Zeit eine Selbsthilfegruppe auf und fand etwas Trost in der Vorstellung eines ewigen Lebens. Diese Geschichte konnte ich lange Zeit nicht vergessen.

In Vietnam litt ich manchmal, wenn ich das Baby im Arm hielt, unter Panikattacken, ich würde das Persönchen fallen lassen und es könnte sich verletzen. Dann setzte ich mich hin, atmete tief durch und überzeugte mich, dass mit dem Baby und mit mir alles in Ordnung sei. Diese Ängste verschwanden nie völlig, aber mit der Zeit nahmen sie irgendwo im Hintergrund meines seelischen Geschehens Platz.

In Phasen starker Arbeitsanspannung drängen sie wieder an die Oberfläche. Mein Leben lang bin ich ein Mensch mit erheblichen Skrupeln gewesen und werde es immer bleiben. Trotzdem zweifelte ich mit der Zeit immer weniger an meiner Fähigkeit, beruflich etwas Besonderes auf die Beine zu stellen, nachdem ich einmal – nach langer Inkubationszeit – mein Ziel vor Augen hatte. Ich vertraute meiner Bereitschaft, mich außerordentlich zu engagieren und starke Belastungen mit Lust und guter Laune durchzustehen. Außerdem fühlte ich mich in meinem Büro wohler als daheim in meinem Wohnzimmer. Und die Wohnzimmer, die ich mir eingerichtet habe, sahen allesamt wie Büros aus.

Mein Berufsleben entsprach viel mehr meiner psychischen Tiefenstruktur, meiner Persönlichkeit, als mein Privatleben, mit dem ich immer unzufrieden war und das, nach einer intensiven

Anfangsphase, wenig Beständigkeit aufwies. Ich traue mir danach kein Gefühlsleben und keine intimen Beziehungen mehr zu, die sich über Jahrzehnte, von Tag zu Tag, bewähren würden, die verlässlich und stabil Sturmflut und Orkanwetter standhielten.

Angst vor der Verantwortung

Meine Mutter hatte an der Produktion meines geringen Vertrauens in meine Lebenstüchtigkeit einen gewissen Anteil. »Ohne mich kommst Du in Deinem Leben nicht zurecht!«, »Du besitzt überhaupt keine Menschenkenntnis!«, »Du wirst niemals selbständig!«, beliebte sie nach erfolgreich bestandenen Prüfungen wie Promotion und Habilitation zu sagen. Häufig klagte sie über mangelnde Dankbarkeit meinerseits. Bei dieser Gelegenheit wies ich sie auf meine veröffentlichte Doktorarbeit hin, die eine Widmung für sie und meinen Vater in Dankbarkeit enthielt. Sie antwortete lapidar, das Buch lese doch keiner.

Seit meiner Kindheit klagte sie über meine dünnen Haare, über die roten Äderchen auf meinen Wangen, die ich von ihr geerbt hatte und über meinen männlichen Gang, der, wie mein gesamtes Wesen, so gar nichts Frauliches zum Ausdruck bringe. Zwar hatte sie mir immer wieder vorgehalten, dass sie auf keinen Fall als zweites Kind noch ein Mädchen bekommen wollte, sondern, wenn überhaupt, einen Jungen mit Namen Michael, aber als ich schon früh alles Mädchenhafte ablehnte und Jungenmanieren annahm, war ihr das auch nicht recht. Meine Heiratschancen schätzte sie äußerst gering ein. Da sie meinen hässlichen langen Hals nicht sehen wollte, musste ich während meiner gesamten Kindheit Rollkragenpullover tragen. Auch im Sommer.

Ein Psychotherapeut, bei dem ich nach einer Fehlgeburt ein paar Sitzungen verbrachte, riet mir eindringlich, mich von meiner Mutter zu distanzieren. Er schlug mir vor, meine Wahrnehmung nach dem Prinzip der Drehtür umzufunktionieren: Jeden, der mir unaufgefordert zu nahe tritt und der mich verletzt, sollte ich gleich wieder aus meinem Inneren herausdrehen. Vor allem meine Mutter.

Das Bild mit der Drehtür gefiel mir sehr gut, und ich wende es gelegentlich zur Lösung meiner emotionalen Probleme mit anderen Menschen an. Ein guter Mechanismus, seinen Freundeskreis auf Null zu bringen! Aber auf meine Mutter konnte und wollte ich es nicht anwenden. Der Therapeut dachte eindimensional. Er schob beiseite, dass aus der Eltern-Kind-Beziehung nicht nur den Eltern gegenüber ihren Kindern, sondern auch den Kindern gegenüber ihren Eltern Verantwortung zuwächst. Erwachsenwerden der Kinder bedeutet diese Verantwortung zu tragen! Auch wenn es sich bei den Beziehungen zwischen Eltern und ihren Kindern um notorisch schwierige Beziehungen handelt! Wie Eltern ihre Kinder nicht durch die innerpsychische Drehtür hinauswerfen dürfen, so sollten auch die erwachsenen Kinder ihre Eltern nicht herausdrehen, wenn diese alt und bedürftig werden. Moralisch betrachtet. Gegenbeispiele gibt es genug. Wie in jeder Beziehung entstehen moralische Verpflichtungen für beide Seiten, für Eltern und Kinder sind sie allerdings zeitversetzt einzulösen.

Die Ratschläge des Therapeuten belegten mein Vorurteil, dass Psychotherapie etwas für Egoisten ist oder für solche, die es werden wollen. Ihr fehlt die ethische Fundierung. Hilft es dem Einzelnen wirklich, wenn er nach langjähriger Psychotherapie zwar seine Bedürfnisse kennt und bedenkenloser befriedigt, dafür aber die Befindlichkeiten anderer Menschen ignoriert? Gewissenskonflikte werden durch solche Verhaltensorientierungen vorprogrammiert.

Vor der Adoption hatte mich meine Mutter vor die Entscheidung gestellt: Entweder ich spiele in deinem Leben die zentrale Rolle oder ein Kind. Ich habe sie aber nie glücklicher und engagierter gesehen als nach der Adoption mit dem kleinen Kerl im Arm.

KAPITEL ZWEI

Ein Winzling verändert alles

Zufriedenheit stellte sich ein, als ich bemerkte, dass das Kind strahlte, gut genährt, hübsch gekleidet und medizinisch bestens versorgt war. Keine Spuren von Verwahrlosung waren an ihm zu erkennen. Der neue Kinderarzt sprach immer wieder von einer prächtigen Entwicklung des Kindes. Ein Volltreffer für uns beide. Das Glück lag in dem täglichen Staunen über die Existenz dieses Kindes. Alles veränderte sich. Alles.

Verwundert betrachtete ich mein Apartment. Bücher stapelten sich in allen Ecken. Zeitungen, Manuskripte und Kleidungsstücke lagen überall herum. Es sah aus wie immer, und doch war es nicht wie immer, sondern ganz neu, und es würde nie mehr so sein, wie es einmal war. Das war nicht mehr dasselbe Apartment, sondern hier wohnte jetzt ein neuer Mensch. Ein Baby.

Im Schlafzimmer lag dieses kleine eingepackte Bündel, ein Päckchen Mensch, das atmete und leben wollte, das lachte und zappelte, wenn es mich sah. Die alte Welt geriet völlig aus den Fugen. Die alltäglichen Dinge bekamen eine neue Bedeutung, eine neue Aura. Auch die Geräusche veränderten sich. Oftmals blieb alles sehr still, kein Radio und kein Fernseher waren zu hören, damit ich sein Stimmchen, das manchmal schon erstaunlich ungeduldig klang, jederzeit sofort vernehmen konnte. Dieses Kerlchen bestimmte meine Gedanken, mein Leben, mein Glück, meine Sehnsucht. Noch hatte es sich nicht die ganze Wohnung erobert und in jedem Zimmer als Zeichen seiner Herrschaft seine Spielzeuge aufgestellt. Und dennoch: Eine Revolution hatte in dieser Wohnung, in meinem Leben stattgefunden, wie ich sie niemals vorher beim Wechsel des Berufs oder des Liebhabers erlebt hatte. Eine Revolution des Geistes, der Seele, der Sinne. Ich war vollkommen angespannt, verliebt und glücklich.

Als wir von Vietnam kamen, hatte uns Tom Gewinner, einen Strauß roter Rosen im Arm, am Frankfurter Flughafen abgeholt und mit seinem schnittigen tintenblauen Jaguar nach Hause gefahren.

Liebevoll besorgt lud er uns dort aus, schleppte noch die Koffer nach oben und fuhr dann in sein Büro an die Universität nach Mannheim. Danach sah ich ihn nie wieder. Bis heute nicht. Sein vietnamesischer Mitarbeiter Khanh hingegen suchte uns von nun an regelmäßig auf. Aus patriotischen Gründen. Er kontrollierte, dass ich das Kind nicht zu sehr »eindeutschte«. Jedes Mal sprach er lange vietnamesisch auf es ein und betonte seinen Namen in einer Weise, die ich – trotz vieler Mühen – nicht beherrschte. Immer überbrachte er von Tom die herzlichsten Grüße.

Die Großmutter

Meine Mutter war sofort zur Stelle. Ein Junge. Und was für einer! So zugewandt. So leicht zu erfreuen. So lebendig. So bedürftig. Er benötigte so dringend ihren Schutz. Auch vor der Unbeholfenheit und der Erfahrungslosigkeit ihrer Tochter. Eben davor, dass ich alles falsch mit ihm anstellte. Es war eine Freude zu sehen, wie sie für sich eine neue Lebensaufgabe entdeckte, welchen Schwung und welche Jugendlichkeit sie dabei entfaltete. Immerhin war sie gerade sechsundachtzig Jahre geworden.

Alles was das Kind anbelangte, nahm in meinem und meiner Mutter Leben oberste Priorität ein, alles war ernst und musste mit großer Sorgfalt überlegt werden. Nichts durfte dem Zufall überlassen werden. Wir standen stundenlang vor unserem »Päckchen«, bestaunten es wie ein Wunder und konnten uns über die Lebhaftigkeit des Kindes nicht beruhigen. Leute kamen, um dem Neuankömmling ihre Reverenz zu erweisen. Meistens übernahm meine Mutter die Konversation. Ich beobachtete die Szene aus dem Hintergrund, eben wie Väter das gelegentlich tun: Etwas entlastet, aber sehr zufrieden, froh und überaus stolz. Besuchte uns meine Mutter, wechselte ich in die Vaterrolle, und sie spielte die maßgebliche Mutter des Kindes. Sie ordnete alles mit klarem Verstand. Wenn ich das Baby badete, stand sie unmittelbar daneben, gab mir detaillierte

Anweisungen, um schließlich doch an meiner Stelle weiterzumachen. Damit es sich nicht erkälte!

Ein guter Freund, mein Lehrer im Abitur, nahm ebenfalls den Neuankömmling in Augenschein. Er brachte blaue Strampelanzüge und einen wunderschönen weißen Teddybären mit. Das Kind könne an den Härchen des Steiff-Tiers ersticken, meinte meine Mutter. Lieber behielt sie den Bären für sich und setzte ihn auf ihr Kopfkissen im Gästebett. Das Baby weckte in uns allen die längst verschüttete Kindheit mit angenehmen Erinnerungen und einer Lust an vergessenen und verdrängten Dingen der Sinnlichkeit und des Spielerischen.

Meine Mutter besuchte uns sehr oft. Für ihr Alter sah sie sehr jugendlich aus. Seit Thien bei uns war, schien sie noch jünger zu werden. Dann kam die Zeit, da ihr Beinleiden medizinisch versorgt werden musste, eine äußerst schmerzhafte Angelegenheit, die sie tapfer ertrug und die sie nicht hinderte, sich um das Kind zu kümmern. Sie kochte nach altbewährten Rezepten und kaufte ein. Keinen Gang unternahm sie in die Stadt, ohne etwas Nützliches für das Kind mitzubringen. Wie sehr freute sich Thien jedes Mal, wenn wir sie am Bahnhof abholten und sie später ihren Koffer auspackte. Da musste es unbedingt dabei sein, und nach einiger Zeit kannte es den gesamten Inhalt des Koffers. Koffer ein- und auspacken gehörte schon bald zu seinen Lieblingsspielen.

Abends las sie ihm vor. Das Kind bestand darauf, dass es sein Köpfchen genau unter ihr Kinn klemmte und dass diese Haltung während des Vorlesens nicht verändert werden durfte. Ihren eisernen Willen richtete meine Mutter darauf, die Nummer Eins für Thien zu werden. Aus dieser Haltung heraus trat sie nicht nur zu mir, sondern auch zu meinen Tagesmüttern und Babysittern in schärfste Konkurrenz. Vor persönlichen Verletzungen schreckte sie nicht zurück. Dann hatte ich alle Hände voll zu tun, die Fronten wieder abzubauen. Dadurch wurde unser Leben nicht gerade einfacher.

Stereotypen der Wahrnehmung

Im Sommer gab ich eine große Party zu Ehren meines Sohnes. Alle Gäste bewunderten das Päckchen, das bei so viel Trubel nicht schlafen wollte und sich mehrfach mit Champagner hochleben ließ. Unter den Gästen befand sich eine Koreanerin, die unsere Heidelberger Zeit mit vielen Geschenken für das Kind begleitete. Plötzlich begannen einige Gäste zu tuscheln, es sei zu augenfällig, dass sich Thien besonders zu ihr hingezogen fühle. Sein Gesichtchen strahle eine große Zufriedenheit in ihrer Nähe aus, wahrscheinlich fühle sich das Kind bei ihr heimatlich geborgen. Nachvollziehen konnte ich diese Ansicht nicht. Warum sollte sich Thien bei einer Koreanerin instinktiv heimisch fühlen, schließlich war er in der Nähe von Saigon geboren? Ein deutsches Kind hätte beispielsweise auch keine Veranlassung, sich instinktiv bei einer Engländerin heimisch zu fühlen.

Tatsächlich wurden Thien und ich zu einem Magneten für Zugezogene aus Asien, aus Japan, aus Korea, aus China und aus Taiwan, zumeist Studierende am Seminar. Eng befreundeten wir uns mit einer japanischen und einer chinesischen Familie und ihren Kindern, die zu den ersten Freundinnen meines Sohnes gehörten. Aber ich glaube nicht, dass der Grund für unsere neuen Freundschaften etwas mit Thiens Instinkten zu tun hatte. Ausschlaggebend war vielmehr mein Wunsch, das Kind frühzeitig an einen selbstverständlichen Umgang mit Menschen aus anderen Ländern, natürlich auch aus Asien, zu gewöhnen. Dazu boten sich in Heidelberg viele Gelegenheiten. Alle Beteiligten ergriffen sie beim Schopf. In dieser weltoffenen Stadt lebten die Leute nicht aneinander vorbei, sondern sie kamen miteinander ins Gespräch, tauschten Erfahrungen aus. Die Weltoffenheit von Heidelberg ist eben nicht nur ein Mythos!

Liebe

Ich lebte im Zustand permanenter Aufgeregtheit. Es fiel mir nicht schwer, die neuen Prioritäten und eine völlig andere Einteilung der Zeit in meinem Leben zu akzeptieren. Obwohl mein Zeitplan früher auch ohne Kind voll ausgebucht war, entdeckte ich Zeitreserven, die ich nutzen konnte: Ich saß nicht mehr stundenlang im Bistro, um dort alle verfügbaren Zeitungen von hinten nach vorne zu lesen. Das Fernsehgerät wurde gänzlich stillgelegt. Auf die zeitfressenden abendlichen Telefonate über Nichtigkeiten verzichtete ich gern. Verabredungen traf ich nur noch themenzentriert, in beruflicher Absicht. Aber in einem Leben ohne Zeitpuffer verlernt man allmählich die Kunst des Small Talks, der assoziativen Plaudereien, die doch die Beziehungen zu anderen Menschen liebens- und lebenswert machen.

Mit Leichtigkeit und ohne jegliches Bedauern nahm ich die Veränderung meines Lebens wahr. Zwischen mir und dem Kind empfand ich eine außerordentlich starke körperliche Nähe. Von Anfang an. Kaum vorstellbar für mich, dass der Geburtsvorgang die enge Beziehung zum Kind noch mehr intensiviert hätte. Es gewöhnte sich so schnell an meinen Körper, suchte sich anschmiegsame Positionen zum Schlafen heraus, kratzte und fummelte, um sich zu beruhigen, an winzigen Unebenheiten meiner Haut, an kleinen Vertiefungen oder an Pickeln herum, bis sie sich entzündeten. Es sah ganz danach aus, als würde Thien später einmal Schönheitschirurg werden.

Faszinierend und überwältigend waren vor allem die tiefen Blicke, mit denen das Kind mich manchmal ansah, so als würde es auf den tiefen Grund meiner Seele blicken und alles von einer höheren metaphysischen Warte aus erfassen. Wahrscheinlich schauen alle Babys so durchdringend, berauscht von den Farben, Tönen und Schwingungen, die sie umgeben und die ihre Aufmerksamkeit bannen, aber ich empfand, dass diese Blicke mir allein galten, nur mir.

Bei Arthur Schopenhauer las ich, dass sich die Liebenden irren, wenn sie glauben, das Wesen ihrer Liebe sei das einzigartige Gefühl für den Anderen um seiner selbst, seiner Individualität willen, das sie einander wechselseitig entgegenbringen. Der Geschichtsphilosoph G. W. F. Hegel hat dafür den wunderbaren Begriff »im Anderen bei sich selbst sein« gefunden. Kratzbürstig wendet dagegen der große Stilist und Philosoph Schopenhauer ein: alles Illusion, alles Irrtum, zumeist verhängnisvoll. Liebe sei lediglich ein Gattungsgeschehen, nichts Persönliches, sondern vom Willen zur Erhaltung und Fortpflanzung der Menschheit diktiert. Mit Blindheit und Torheit seien die Liebenden geschlagen, weil sie nicht erkennen, wie sie durch den unpersönlichen Gattungstrieb geknechtet und gesteuert werden. In ihrer Sehnsucht nach dem konkreten Anderen vergrößern sie ihr Leiden, anstatt sich davon zu befreien. Eines wird in dieser faszinierenden Deutung jedoch übersehen: Falls die Liebe tatsächlich auf Irrtum und Illusion beruht, so erleben die Liebenden eine nur ihnen eigene Geschichte der Intimität und Poesie. Für sie spielt es letztlich keine Rolle, ob ihre Geschichte auf wahren Interpretationen oder auf Irrtümern beruht. Aus ihrem Gefühl für die Exklusivität ihrer Begegnung, nicht aus den nackten Tatsachen heraus, entwickeln sich die Dichte und die Innigkeit ihrer Beziehung, das Bewusstsein der Differenz zu allen anderen Menschen. Hegel spricht daher von einer subjektiven Welt wechselseitiger Anerkennung.

Auch die Beziehung der Eltern zu ihren neugeborenen Kindern lässt sich damit vergleichen: Vielfältige Übertragungen und Erwartungen, die in der Geschichte der Eltern angelegt sind, spielen eine große Rolle und bilden Wahrnehmungs- und Verhaltensmuster, die wesentlich zur Entwicklung der Kinder beitragen. Im Lichte dieser Projektionen gewinnen sie, wenn auch im Laufe ihrer eigenen Geschichte vielfach gebrochen, ihr besonderes Ich.

Niemals zuvor hätte ich mir vorstellen können, so ergriffen zu werden, wie ich es nun mit meinem Sohn erlebte, war ich doch früher zutiefst von dem erfahrungsgesättigten Seufzer der wundervollen Lilli Palmer in »Bezaubernde Julia« überzeugt: »Was ist die Liebe gegen Bratkartoffeln mit Speck!«

Wenn Eltern zuviel lieben

Auf unseren kleinen wunderbaren Ausflügen am Neckar entlang bis zur Alten Brücke, wo wir der schon von Friedrich Hölderlin verehrten steinernen Göttin Athene »Hallo« sagten, schien das Kind oftmals zuviel trennende Distanz zwischen mir und ihm zu empfinden. Es strampelte so lange aufgeregt, bis es von mir aus dem Kinderwagen herausgehoben wurde. Dann schob ich das leere Gefährt vor mir her und trug das Baby auf dem Arm. Passanten blieben kopfschüttelnd stehen.

Es gelang mir auch nicht, das Kind an sein Gitterbett und an das Ställchen zu gewöhnen. Das Baby protestierte so vehement, bis die grausamen Gitterstäbe verschwanden, die mich an Gefängnisse erinnerten. Besaß ich zu wenig Abstand? Wie sollte ich zu einem Wesen Distanz halten, auf das ich so viele Jahre meines Lebens gewartet hatte und das mich so bezauberte? Schier unmöglich. Mein Inneres wuchs zu diesem Baby hin. Gitterstäbe erschienen mir verachtungswürdig und kinderfeindlich. Ich musste an den Panther im Gedicht von Rainer Maria Rilke denken. Mein Sohn sollte das Leben niemals so traurig erfahren, wie es einst der Dichter beschrieb: »Sein Blick ist vom Vorübergehen der Stäbe / So müd geworden ... / Ihm ist, als ob es tausend Stäbe gäbe / und hinter tausend Stäben keine Welt.«

Selbstverständlich war mir klar, dass sich das in der Wohnung herumkrabbelnde Baby ohne Schutz verletzen konnte. Also sorgte ich dafür, dass sich immer jemand, zumeist ich selbst, um es kümmerte, so dass es die Welt niemals aus der Perspektive der Einsamkeit und Trostlosigkeit kennen lernte, wie Rilke es für den Panther beschrieb. Diese Gefahr hatte ich ausgeräumt. Dafür setzte ich mich gewaltig unter Druck, immer bereit zu sein, auf die Wünsche des Kindes nach Aufmerksamkeit und Zuwendung einzugehen. Die Kehrseite meines Verhaltens bestand jedoch darin, dass ich ihm Lernprozesse erschwerte, sich mit sich zu beschäftigen und für eine Weile allein sein zu können. Seine Selbständigkeit, das muss ich leider zugeben, habe ich auf diese Weise nicht gefördert.

Unser wunderschöner Alltag

Thien gefiel es am besten, von mir oder der Oma durch die Wohnung getragen zu werden. Wir blieben am Fenster stehen und erfreuten uns an den vielen krächzenden Papageien, die die umliegenden Dächer und Bäume bevölkerten. Diese Edelsittiche, genauer Halsbandsittiche (Psittacula krameri), haben sich die Gärten von Neuenheim als ihren Lieblingsaufenthaltsort ausgesucht. Die Gegend um das Schloss herum und die Altstadt mögen sie nicht. Auf der Suche nach Nahrung und schutzgewährenden Plätzen kreisen sie in Gruppen und Schwärmen, fern ihrer Heimat südlich der Sahelzone und auf dem indischen Subkontinent. Auch die milden Heidelberger Winter verbringen die Vögel vor Ort. Besonders gern nisten sie sich in der Wärmedämmung der Häuser ein. Zum Leidwesen der Besitzer nehmen sie dort kleine Umbaumaßnahmen vor, um es noch gemütlicher zu haben. Von Jahr zu Jahr vermehren sie sich. Wenn sie im Frühjahr mit ihrem grasgrünen Gefieder zwischen den rosaroten Blüten der Zierkirschen sitzen, glaubt man plötzlich, die eigenen Sinne halluzinierten, so farbenprächtig und unwirklich sieht das Bild aus. Mittlerweile erfreuen sich die Neuenheimer leider nicht mehr so uneingeschränkt an ihnen. Es wird geklagt, dass diese Vögel mit Migrationshintergrund die heimischen Arten vertreiben, die Fassaden der Häuser beschädigen, die Obstbäume plündern und ihr Gekreische den Mittagsschlaf der Anwohner stört.

Besonders amüsierte sich Thien, wenn ich ihm mein begrenztes Repertoire an Liedern vorträllerte. Die Darbietungen begannen mit Weihnachtsliedern, dann präsentierte ich einige Kunstlieder von Schubert und steigerte mich mit Songs aus der amerikanischen Bürgerrechtsbewegung. Ich sang nicht ohne schlechtes Gewissen, in der musikalischen Früherziehung des Kindes gänzlich zu versagen, denn aufgrund der Kommentare meiner Mutter, die mich früher in der Kirche, neben mir sitzend, anherrschte: »Sei still! Du triffst den Ton nicht!«, wusste ich, dass mein Gesang Anderen keinen Genuss, sondern ästhetische Pein bereitete. Dennoch sang ich oft und gern. Ich bemühte mich um einfache Melodien, da konnte ich nicht so viel falsch machen. Mit Hingabe intonierte ich einen, in tiefer Seele gespeicherten Song, der mir meistens, wenn ich singen wollte, in den Sinn kam: »We Shall Overcome«. Besonders hatte es mir die Strophe »The truth will make us free« angetan. Inbrünstig, geradezu euphorisch gab ich dieser Hoffnung immer wieder Ausdruck. Ob der Funke auf das Baby übersprang?

KAPITEL DREI

Kind und Beruf:
zwei Seiten (m)eines erfüllten Lebens

Zeit für das Kind, Zeit für den Beruf –
so müsste es funktionieren

Schon nach kurzer Zeit grub sich in mein Leben, getragen von meinem eigenen überschäumenden Enthusiasmus, eine Bahn mit zwei Spuren ein, und ich weiß bis heute nicht, ob es jemals wieder eine weitere ausgebaute Spur geben wird: Auf der einen, sehr breiten Spur ereignet sich alles, was mit meinem Sohn zu tun hat. Auf der anderen, gut begradigten soliden Spur findet mein Berufsleben statt. Außerhalb dieser zweispurigen Fahrbahn herrscht undurchsichtiges, sumpfiges, für mich nicht zu betretendes Gelände. Innerhalb kürzester Zeit erlitt ich einen vollständigen Gedanken- und Phantasieverlust, mir Wege ins Gelände vorzustellen. Für mich konnten das nur Abwege sein, die, schon aufgrund der Anspannung, in der ich lebte, nicht in Frage kamen.

Es ist in Deutschland immer noch eine derart anstrengende und komplizierte Angelegenheit, Beruf und Kind zu vereinbaren, dass die Zeit von Erziehenden davon vollständig beansprucht wird. Für weitere Betätigungen wie Freundschaften pflegen, Hobbys nachgehen, am Kulturleben der Stadt teilnehmen bleibt kaum Zeit übrig. Hinzu kommt, dass soziale und berufliche Milieus nicht auf die Präsenz von Kindern eingestellt sind. In der Arbeitswelt, insbesondere an den Universitäten, wird Mobilität erwartet, ohne die Familiensituation der Berufstätigen zu berücksichtigen. Der Hinweis in Berufungsverhandlungen, zumeist von Gleichstellungsbeauftragten vorgebracht, eine weibliche Bewerberin habe längere Phasen für die Erziehung der Kinder aufgewendet, gilt nach wie vor als Hinweis auf das Defizit einer eingeschränkten Mobilität.

Daher übertragen die berufstätigen Männer die Aufgabe der Kindererziehung an ihre Frauen. Die Ehefrauen sind dann zuständig, kindgemäße Kontakte in der Nachbarschaft, beim Einkaufen, über Geburtsvorbereitungskurse oder über Kindergärten zu knüpfen. Frauen, mit keinem oder deutlich geringerem beruflichen Engagement als ihre Männer, konzentrieren ihren Ehrgeiz darauf, den Kindern eine ihnen gemäße Umwelt zu schaffen. Das ist gar nicht so leicht. Welche Optionen würden für mich und mein Kind offen stehen?

Ursprünglich hatte ich geplant, das Kind, das von nun an zu mir gehörte wie meine lange Nase, überall mit hin zu nehmen. Ich wollte auch beruflich nicht mehr ohne Kind verstanden werden. Die einseitige Welt des Berufs sollte durch mich und meinen Sohn von ihrer Blindheit gegenüber dem wirklichen Menschen befreit werden. Diesen Plan gab ich rasch auf. Er war für das Kind nicht geeignet. Für die Berufswelt auch nicht. Niemals erschien ich, wie ich es zunächst vorhatte, zu Seminaren, Vorträgen, Teambesprechungen, Fachbereichssitzungen oder Empfängen mit dem Baby auf dem Rücken oder auf dem Schoß.

Die Konsequenz war, dass ich überhaupt weniger am informellen Leben innerhalb und außerhalb der Universität teilnahm. Für das sogenannte Networking und die Mikropolitik fehlte mir die Zeit. Aus dieser Abstinenz erwuchsen Nachteile. Für mich persönlich nahm ich sie in Kauf. Ich war und bin der Typ, der offene Gefechte bevorzugt und der eine außerhalb der Gremien agierende Mikropolitik, das permanente Getuschel, verdächtigt, Ziele vorbei an demokratisch legitimierten Verfahren durchzusetzen. Mit der Zeit bemerkte ich aber, dass ich mit meinem Stil weniger erreichte, wenn ich vorher beim Klüngeln, bei den Vorgesprächen, nicht dabei war und die Zeit dafür auch nicht aufbringen konnte. Alle anderen hatten sich ihre Meinung bei wichtigen Abstimmungen schon vorher gebildet und hielten zusammen. Von solchen Informationskanälen hatte ich mich notgedrungen abkoppeln müssen, und in der Folge wurde ich noch weiter »abgehängt«. Plötzlich spürte ich, dass der Boden, auf dem ich mit meinen Mitarbeitern stand, wankte.

Verärgert musste ich zur Kenntnis nehmen, wie sich meine Abstinenz bei der Bildung informeller Netzwerke zum Schaden meiner Mitarbeiter auswirkte. Sie gerieten zusehends in schlechtere Positionen gegenüber ihren Kollegen, deren Chefs allzeit zugegen waren und die Netzwerke am Laufen hielten.

In Zeiten, in denen die Universitäten in Baustellen verwandelt werden und die bisherigen Fundamente wegbrechen, erwachsen zudem schwere Nachteile für das eigene Fach, wenn man sich nicht auf der Ebene informeller Beziehungen engagiert. Aber wie viel Zeit geht dafür drauf! Schließlich sollte und wollte ich noch forschen!

Mit meinen neuen Familienpflichten hatte ich schlechte Karten im universitären Dschungelkampf um Stellen, Ausstattung und Reputation. Der ehemalige Verfassungsrichter Paul Kirchhof, einer größeren politisch interessierten Öffentlichkeit auch als »der Professor aus Heidelberg« bekannt, erzählte einmal, dass er einen Bewerber um eine wissenschaftliche Mitarbeiterstelle gefragt hatte, ob er Familie habe. Der Bewerber habe darauf geantwortet, er sei noch verheiratet, aber er, Kirchhof, möge keine Sorgen haben, die Scheidung sei bereits eingereicht. Offensichtlich glaubte der Bewerber, als ein Geschiedener habe er an der Universität mehr Chancen als ein Ehemann mit Familienpflichten.

Rasch musste ich einsehen, dass Zeit für berufliches und privates Engagement die wichtigste Ressource ist und dass Zeit, wenn sie zwischen Kind und Beruf aufgeteilt wird, immer knapp ist. Für den Erfolg im Beruf und für die glückliche und harmonische Entwicklung des Kindes, für beides, ist Zeitdruck Gift. Über genügend Zeit zu verfügen, ist ein hohes Gut. Alle infrastrukturellen Maßnahmen, welche den Erziehenden Zeit geben, helfen daher, Kind und Beruf zu vereinbaren und, was so wichtig ist, die Gesundheit der Betroffenen zu erhalten.

Die anstrengende Welt der Professoren:
kaum Zeit für Kinder und Familie

In der Frage: »Wie willst du es denn machen, mit Kind und Beruf, und ohne Mann?«, die mir immer wieder von bemitleidenswerten, phantasiearmen Menschen aus meiner Umwelt gestellt wurde, schwang im ungeduldigen Unterton die Auffassung mit, ich sei ziemlich verbohrt, nicht einzusehen, dass so ein Experiment schief gehen müsse. Ich kontere immer mit der Gegenfrage: Welche Bevölkerungsgruppe soll überhaupt in der Lage sein, Kinder zu erziehen, wenn nicht die damals im Vergleich mit anderen Berufsgruppen noch begünstigte Professorenkaste? Sie verfügte in der Vergangenheit und gelegentlich noch heute über unbestreitbare Privilegien wie die Möglichkeit, Zeit flexibel zu handhaben, viele Tätigkeiten von zu Hause aus zu erledigen, dazu eine weitgehend selbstbestimmte Arbeitssituation, lange Semesterferien. Vor allem nimmt der Beamtenstatus die Angst vor unvorhergesehenem Arbeitsplatzverlust.

Manche Vorteile dieser Arbeitsplatzsituation, die eine Vereinbarkeit von Beruf und Familie begünstigen, werden aber durch Nachteile entwertet, die zu starken Belastungen des akademischen Personals führen und mir besonders zusetzten: Seit langem ist das Hochschulsystem unterfinanziert, und die Lehrenden sind überlastet. Die Betreuungsverhältnisse zwischen den Studierenden und ihren Betreuern entwickeln sich für beide Seiten entsprechend ungünstig. Mittelbaustellen werden abgebaut. In jüngster Zeit kommen die Verschulung der Studiengänge und die Absenkung der Bezüge im Zuge der Besoldungsreform hinzu. Die lange Durststrecke zeitlich befristeter Arbeitsverhältnisse bis zur späten Berufung auf eine Dauerstelle bildet einen erheblichen Karrierenachteil im Vergleich zu akademischen Berufen in Wirtschaft und Verwaltung. Die Gründung von Familien wird dadurch erschwert und oft zeitlich soweit hinaus geschoben, bis es dafür zu spät ist.

Als ich studierte, gehörten Forschung und Lehre noch eng zusammen. Professoren trugen aus den Manuskripten ihrer Bücher vor, die demnächst erscheinen sollten. Die disziplinären Voraussetzungen, um folgen zu können, hatten wir, die Studierenden, uns gefälligst selber zu erarbeiten. Das tat ich mit Vergnügen. Selbststudium war Trumpf.

Aber bereits zu meiner Studentenzeit kippte die Situation. Viele Faktoren stellten diese Form der Universität für hochmotivierte Lernende und Lehrende in Frage. Allem voran die Entstehung von Massenuniversitäten. Die Bildungsreform der sechziger und siebziger Jahre des letzten Jahrhunderts, die zur Erhöhung des Anteils der Abiturienten geführt hatte, schwemmte immer mehr Studenten und vor allem Studentinnen in die Hörsäle. So erhielt auch ich, wie andere Mädchen aus dem Mittelstand, die Chance zu studieren. Viele meiner Kommilitonen interessierten sich aber weniger für die Inhalte des Studiums als für die zu erlangenden arbeitsmarkttauglichen Zertifikate, denn auf dem Arbeitsmarkt bekamen akademische Abschlüsse ein immer höheres Gewicht, um eine passable Position zu besetzen. Solche legitimen, aber letztlich äußerlichen Motive führten zu großem Unbehagen bei den Lernenden und Lehrenden, deren Erwartungen nicht mehr miteinander übereinstimmten. Studienwechsel und -abbruch gehörten nun zum Alltag deutscher Universitäten.

Auch der Fortschritt der Forschung in den einzelnen Fächern hin zu einer nur noch schwer überschaubaren Differenzierung und Spezialisierung trägt dazu bei, dass kaum noch die Grundlagen eines Faches mit dem neuesten Forschungsstand in der Lehre zu vermitteln sind. Der gesellschaftlich steigende Druck, den Studierenden verwertbares berufsbezogenes Wissen mitzugeben und die rasante Wissenschaftsentwicklung, an der die Universitäten und damit die Professoren, ihre Mitarbeiter und Mitarbeiterinnen maßgeblich beteiligt sind, haben zu einer Veränderung des Hochschullehrerberufs geführt. Mancher aufstrebende junge Wissenschaftler verliert bei den vielen Anforderungen, die heutzutage an ihn gestellt werden, das Gefühl für sich, sein Talent und sein persönliches Glück und glaubt, auf Partnerschaft und vor allem auf Kinder verzichten zu müssen.

Universitäre Arbeitswelt im Wandel

Oft habe ich mich gefragt, worin eigentlich meine zentralen Aufgaben als Hochschullehrerin bestehen. Forschung und Lehre bilden zwar immer noch den Kern, aber das Berufsbild hat sich um Tätigkeiten erweitert, die Professoren in früheren Zeiten weit von sich gewiesen hätten wie Verwalten, Texte verarbeiten, Managen, Vermarkten, Teams leiten, Ressourcen einwerben, um überhaupt arbeiten zu können und vieles andere. Wer allen Erwartungen gerecht werden will, bringt überhaupt keine Qualität in Forschung und Lehre zustande. Es wurde mir klar, dass ich nun als Alleinerziehende, ohne Ehefrau (!), die mir den Rücken frei hielt, ein anstrengendes Leben führen würde und beruflich meine Priorität auf Qualität legen musste. Aber was bedeutet Qualität unter heutigen Bedingungen?

Das klassische Gelehrtenideal, der Generalist, von dem in der Öffentlichkeit so gern ausgegangen wird, findet sich heutzutage selten im universitären Alltag. Dieser Gelehrte ging ganz und gar von seiner eigenen Lehrmeinung aus, auf die der anderen schaute er wenig, schließlich lebte er mehr von seinem Privatvermögen als von den Hörgeldern der Studenten. Die heutige Universität als technologisch aufgerüstete bürokratische Großorganisation, die teilweise selbstverwaltet wird, benötigt den Fachmenschen und Organisator, der Macht akkumuliert, um seine Forschungsprojekte durchzusetzen. Tagtäglich muss er sich mit dem Regelwerk von Kommissionen und Gremien befassen, sich darin zurechtfinden und es für sich nutzen. Eine vernünftige Teilung und Entlastung der Arbeit gibt es nicht.

In unserem »nachmetaphysischen Zeitalter« wird empirische Forschung betrieben. Der moderne Experte weiß daher von einem immer kleineren Forschungsgegenstand immer mehr. Das Bild des einsam im Elfenbeinturm Forschenden entspricht nicht der Existenz des heutzutage real existierenden Professors. Empirische Wissenschaft ist größtenteils Teamarbeit geworden, findet in Scientific Communities statt und erfordert Austausch und Kommunikation mit Kollegen über Universitäts- und Landesgrenzen hinaus. Viele Professoren lernen die Welt erst als Reisekader, von Konferenz zu Konferenz, kennen.

Zudem ist die Forschung teuer geworden, und deshalb haben sich viele Wissenschaftler zu regelrechten Drittmitteljägern entwickelt. Der Unterhalt eines Forschungsnetzwerks, in den Naturwissenschaften versehen mit Maschinenparks und Laboratorien, in denen auch Aufträge seitens der Industrie abgearbeitet werden, macht aus manchem Professor unversehens einen Unternehmer oder Manager im Beamtenstatus. Diese vielfältigen Tätigkeiten verleiten manche Kollegen dazu, auf allen Ebenen erfolgreich sein zu wollen. Sie machen auf die Studierenden einen extrem gestressten Eindruck und altern früh. Andere tauchen in dieser allgemeinen Unübersichtlichkeit unter. Woran sie eigentlich arbeiten, weiß keiner.

Auf absehbare Zeit würde ich mich nur meinen unmittelbaren Pflichten in Forschung und Lehre widmen können, gelegentlich einen guten Aufsatz publizieren, ein Buch schreiben, nicht jeder akademischen Mode nachjagen und die Jagd auf Drittmittel anderen überlassen. Mehr würde, realistisch betrachtet, nicht gehen.

Akademische Karrieren

Ich beobachtete, dass auch das Privatleben deutscher Professoren sich allmählich änderte. Die Generation, die vor der Bildungs- und Universitätsreform studierte und die Lehrstühle für sich reservierte, kam aus einem gehobenen bildungsbürgerlichen Milieu. Väter schickten ihre Söhne gern an die Universität, an der sie schon studiert hatten, am liebsten an dieselbe Fakultät. An der Universität Heidelberg sind manche Lehrstühle über Generationen hinweg mit demselben Familiennamen verbunden. Bildungsbürgerliche Dynastien. Dieser Gelehrtenstand betrachtete sich mit einer großzügigen Noblesse als Elite. Aus patriarchaler Haltung heraus herrschten Willkür und Wohlwollen gegenüber Studenten und Assistenten.

Im Zuge der Bildungsreform und des Ausbaus der Hochschulen stieg die Zahl der Professoren, die aus anderen Milieus kamen. Obwohl zunehmend Frauen akademische Abschlüsse vorwiesen und wissenschaftliche Laufbahnen einschlugen, gelang ihnen äußerst selten der Aufstieg in die Spitze der universitären Einrichtungen. Die Professoren blieben also vorwiegend männlich. Aber die Ehefrauen waren als Schattenexistenzen durchaus am akademischen Aufstieg ihrer Männer beteiligt. Gegenüber der ersten Nachkriegsgeneration der Professoren aus bildungsbürgerlichem Milieu mussten die nächsten Generationen von Akademikern wesentlich mehr Zeit und Energie in den sozialen Aufstieg investieren. Die Lehrstühle fielen ihnen nicht mehr in den Schoß.

Auf der Berufungsleiter hochkletternd entwickelten sich die angehenden Professoren zu den Workaholics ihrer Fächer. Dabei halfen ihnen die Frauen. Ihre Männer hatten sie zumeist während des Studiums kennen gelernt, im Seminar, manchmal auch im Sekretariat. »Seine« Karriere wurde zu ihrem gemeinsamen Projekt. Während die Männer konsequent ihre Selbstverwirklichung im Beruf betrieben und die Absicherung des Familieneinkommens in Angriff nahmen, bereiteten sich die Frauen nach anfänglicher Berufstätigkeit auf die sozialen Aufgaben einer künftigen Professorengattin vor. Es herrschte traditionelle Arbeitsteilung. Sie sorgten dafür, ein bürgerliches Heim einzurichten, standesgemäße gesellschaftliche Kreise um die Familie herum zu etablieren, sie erzogen die Kinder und hielten ihren Männern den Rücken frei, sich den beruflichen Anforderungen voll zu widmen. Daneben unterstützten sie ihre Ehepartner gelegentlich als Sekretärinnen und Lektorinnen bei der Bearbeitung von Manuskripten, als Klagemauer über uneinsichtige Kollegen und Studierende und als Therapeutin, um Selbstzweifeln den Garaus zu machen.

Herr Professor, seine Frau und seine Kinder

Bevor ich mein Kind »bekam«, wurde ich öfters eingeladen in die trauten Heime der Kollegen, mit Kind schon erheblich weniger. Zumeist wurde deutlich, wozu die Ehepaare es gebracht hatten: Eigenheim (selten in bester Lage, die neueren Heidelberger Professoren wohnen zumeist außerhalb der Stadt, die Studierenden innerhalb), bescheiden geschmackvoll möbliert, zwei Autos, zwei Kinder mit besten Bildungs- und Karriereaussichten. Die Väter engagierten sich als Vorsitzende der Elternbeiräte in den Gymnasien ihrer Kinder. Einer wirklich großzügigen Lebenshaltung bin ich selten begegnet.

Überhaupt waren diese Einladungen nicht immer eine große Freude. Gerieten die Gespräche auf wissenschaftliches Terrain, versäuerlichte sich die Miene der Professorengattinnen. Manches Mal unterhielt ich mich mit den Ehefrauen über den Nachwuchs, dann begannen die Herren Kollegen unter sich mit Gesprächen über Politik oder Wissenschaft, was mich viel mehr interessierte. Verschiedentlich nahmen mich die Frauen beiseite und packten aus: Sie erzählten von Nervenzusammenbrüchen ihrer Ehemänner vor den ersten größeren Vorträgen, dass deren häufig zitiertes Buch nur mit weiblicher Hilfe fertig gestellt werden konnte oder dass sie eigentlich das Schlusskapitel in der Doktorarbeit geschrieben hätten und Ähnliches mehr. Mit anderen Worten: Sie hatten viel in den Erfolg ihrer Männer investiert, aber selten Anerkennung dafür erhalten.

Häufig versuchten Professorengattinnen Bündnisse mit mir zu schließen, die latente Botschaft dahinter lautete zumeist: »Mein Mann ist gar nicht so toll, wie Sie vielleicht denken. Kommen Sie ihm bloß nicht zu nahe.« Welche Fehleinschätzung! Wie kamen diese Damen auf den Gedanken, dass Frauen, die sich, wie ich damals, in den besten Jahren befanden und schon über einige Erfahrungen verfügten, an »ihren« Männern mehr als nur ein kollegiales Interesse haben könnten!

Es gab aber auch Kollegen, die regelmäßig zu sich nach Hause einluden, deren Ehefrauen die Feierlichkeit hatten vorbereiten dürfen und die verschwinden mussten, wenn die Party begann. Moderne Formen der Sklavenwirtschaft eben!

Die zweite Chance

Mehrfach bin ich Hochschullehrern begegnet, die lange Zeit hochkonzentriert mit ihrer Forschung im Institut und auf Tagungen beschäftigt waren und kaum Anteil am Leben ihrer Familie nahmen. Dann geschah es. Sie entdeckten eine junge Studentin, ließen sich scheiden, heirateten neu und gingen nun – nachdem schon der berufliche Zenit erklommen und überschritten war – ganz in der ihnen bis dahin fremden und der ersten Frau vorenthaltenen Rolle des liebenden aufmerksamen Ehemanns und Vaters auf.

Die Campus-Literatur, vor dem Hintergrund der angelsächsischen Universitäten geschrieben, erzählt diese Geschichte in immer neuen Variationen. Das enge Zusammenleben von Lehrenden und Studierenden auf dem gemeinsamen Campus erweist sich dort als äußerst förderlich für den Partnertausch zwischen den hauptsächlich beteiligten Gruppen, den älteren Professoren und den jüngeren Studentinnen: Die älteren Professoren besitzen die in den Augen ihrer Studentinnen als unwiderstehlich empfundene Aura der Macht, die Studentinnen bringen den Eros der Jugend, die Neugier und manchmal auch den Willen mit, ihre Attraktivität zu nutzen, um im Kampf um Aufstieg und Platzierung Vorteile zu erlangen.

An alteuropäischen Universitäten wie Heidelberg gibt es genügend Beispiele für die Liaison zwischen diesen Statusgruppen, auch wenn in Deutschland, anders als an vielen amerikanischen Universitäten, Studentenwohnheime und die Wohnquartiere deutscher Professorenfamilien weit voneinander getrennt liegen, sozial deutlich unterscheidbar.

Tragisch für die betroffene Ehefrau empfand ich den Fall eines Hochschullehrers aus Süddeutschland, der über viele Jahre erfolgreich seiner Ehefrau ihren Wunsch nach einem Kind abschlug. Stattdessen genoss er ausgiebig mit ihr die Freuden des Double-Income-No-Kids-Lebensstils: ein karriereorientiertes inspiratives Berufsleben, ausgiebige Reisen und ein inniges Liebesleben. Beide kultivierten einen ästhetisch exklusiven und kulinarisch verwöhnten Habitus. Schließlich verliebte er sich in eine Studentin. Als die neue Geliebte ein Kind bekam, zog er von einem Tag zum anderen aus der Designervilla aus und mutierte zum hingebungsvollen, glücklichen Familienvater in beschränkten Verhältnissen. Seine Ex stürzte in eine tiefe Krise. Die Chance, Mutter zu werden, war längst vertan.

Diese Frauenrollen gefielen mir partout nicht und kamen für mich nicht in Frage.

Das Leben der Professorinnen

Vereinzelt traf ich auch auf Hochschullehrerinnen in den Männerdomänen. Sie konnten die Vorteile ihres Jobs genießen, aber mir schien ihr Schicksal nicht sehr rosig zu sein. Am besten hatten es wohl diejenigen getroffen, die ästhetische Abstriche in Kauf genommen und einen Kollegen geheiratet hatten. Ihr informelles Netzwerk lag mit ihnen im Bett und konnte nicht unerheblich zur Steigerung ihrer beruflichen Chancen beitragen. Im glücklichen Fall für die Eheleute bildeten sie buchstäblich eine Hausmacht im Fach, gegen die nur schwer anzukommen war. Im unglücklichen Fall setzten sie den wissenschaftlichen Streit um das bessere Argument zu Hause fort, zu Lasten der vielen anderen Amüsements, die sich Männer und Frauen bieten können, wenn sie einmal unbeobachtet sind. Von einigen solcher Ehen hörte man schon bald, dass dritte Personen, vom Ehemann in Augenschein genommene junge Damen, ins Spiel kamen und den nonverbalen Part übernahmen.

In Köln gratulierte ich einmal einem Kollegen zu dem hervorragenden Festvortrag, den seine Frau auf einer internationalen Konferenz gehalten hatte. Einen Monat später reichte er die Scheidung ein. Er konnte wohl nicht verkraften, dass sie »besser« war, bei den Wissenschaftskollegen eine höhere Reputation genoss als er. In seinen Publikationen hatte er sich vehement für die öffentliche Anerkennung und Förderung der Erwerbsorientierung von Frauen eingesetzt. Privat war ihm, wie seine Wiederverheiratung zeigte, eine Frau lieber, die finanziell von ihm abhängig war.

Die meisten Professorinnen, unverheiratet und kinderlos, laufen, wenn sie sich nicht Frauennetzwerken anschlossen, ziemlich vereinsamt herum. Vielleicht ergeht es ihnen so, weil sie nur zur Bindung auf »standesgemäßer Grundlage« bereit sind, wahrscheinlicher aber ist, dass sie mit ihrem Beruf Tag und Nacht verheiratet sind und niemand ihnen den Rücken frei hält, um durchzuatmen.

Rollenwandel und -teilung im akademischen Milieu

Ich fiel aus allen Rollen und Milieus heraus und fand daher selten Verbündete. Mitte Vierzig das erste Kind zu bekommen und sein Leben derart vom Kopf auf die Füße zu stellen, das hatte Seltenheitswert. Gleichaltrige Eltern im akademischen Milieu hatten zumeist ihre aktive Erziehungszeit bereits abgeschlossen und sehnten sich nach mehr Zeit für Selbstverwirklichung. Mit den Problemen der Kleinkinderziehung wollten sie nicht mehr behelligt werden. Anderen Kollegen waren und blieben diese Themen fremd – für alle Zeit. Im Umkreis meines Arbeitsfelds freuten sich dennoch viele über mein neues Glück.

Am Seminar gab es viele gute Ratschläge. Ein Mitarbeiter beeindruckte mich am meisten. Er hatte sich intensiv darüber informiert, wie man Babies richtig festhält, nämlich indem man mit der Hand von hinten zwischen den Beinen durchgreift und sie in der Handfläche zu sitzen kommen. Damit waren die besten Voraussetzungen gegeben, mit ihm und einem weiteren Mitarbeiter auf eine Vortragsreise nach Wien zu fahren. Während ich Vorträge hielt, hüteten die beiden Männer das Kind, sahen sich die Stadt an und flirteten mit jungen Frauen, mit denen sie auf diese Weise unverkrampft ins Gespräch kamen und sich in der Vaterrolle für ähnliche Aufgaben künftig empfahlen. Eine schöne kleine Reise mit der Arbeitsgruppe und mit Baby. So richtig nach meinem Geschmack.

Es dauerte nicht lange, da heiratete einer der beiden und schmiss sein Dissertationsprojekt hin. Seine Frau, eine junge Studentin aus Sachsen, war keineswegs bereit, ihre Bedürfnisse nach Konsum und Lebensstil für eine unabsehbare Zeit einer mühseligen und entbehrungsreichen wissenschaftlichen Karriere ihres Mannes zu opfern. Auf der Hochzeitsfeier trug mein Sohn ein weißes Polohemd und eine dunkelblaue Hose. Er wackelte zwischen den Beinen der Gäste durch und kletterte auf einen Barhocker. Noch nicht zwei Jahre alt liebte er schon den Platz an der Bar. Von dort hatte er genügend Überblick. Ich rauchte eine dicke Zigarre und trank Champagner.

Am nächsten Tag flogen Thien, ich und ein Babysitter nach Singapur. Dort bekam der Junge seinen ersten Haarschnitt, der zehn Dollar kostete. Wir besichtigten die Stadt und genossen ein Musikfestival im Park. Dann flogen wir weiter nach Sydney und Canberra, wo ich Vorträge hielt und an einer Tagung teilnahm. Es war großartig, die Welt mit dem kleinen »Päckchen« zu erobern. Überall kamen wir ins Gespräch, lernten Leute kennen und staunten über die fremde schöne Welt. Eine tolle Entdeckungsreise für uns alle! Das Kind erfreute sich an den kurvigen Fließbändern mit dem Fluggepäck bei der Ankunft, an den riesigen Rolltreppen neben künstlichen Wasserfällen in den eleganten Hotelhallen und an den Kakadus vor unserem Fenster in Canberra.

Meine jungen Studierenden und Mitarbeiter, denen ich jedoch nur selten auskömmliche Stellen anbieten konnte, waren alle zutiefst von der Idee einer neuen Arbeitsteilung zwischen Männern und Frauen überzeugt. Die Gespräche in der Mensa oder in der Cafeteria kreisten um diese Thematik. In den Publikationen der Arbeitsgruppe befassten wir uns mit Modellen gleichberechtigter Arbeitsteilung, wie sie eher in den skandinavischen Ländern praktiziert werden. Dort sind die Frauen normalerweise vollzeiterwerbstätig und haben dennoch Kinder. Einigen Studentinnen, die das Seminar mit Bestnoten verließen, sagte ich eine hervorragende Karriere voraus, wenn sie konsequent an ihren beruflichen Zielen festhielten, was dann leider selten der Fall war. Der männliche Nachwuchs hingegen konzentrierte sich selbstverständlich auf den beruflichen Aufstieg. Viele von ihnen wünschten ausdrücklich, die Haus- und Familienarbeit partnerschaftlich mit ihren Frauen zu teilen.

Umso bedauerlicher war es, wenn diese Abgänger nach einigen Jahren des Berufseinstiegs desillusioniert waren und nur noch von unrealistischen Träumen sprachen, die zwar im Studentenmilieu gelebt werden, aber an der harten Praxis des Arbeitsmarkts und des beruflichen Werdegangs scheiterten. Die Phase des Berufseinstiegs saugte die Energie der jungen Männer auf und beherrschte ihre Konzentration. Konnte ich es ihnen verdenken? Mobilitätsdruck und das Engagement, um nach der Probezeit behalten zu werden, stellten alle weitergehenden Erwartungen an die eigene Entwicklung und die Partnerschaft in den Hintergrund. Die Frauen gingen an der Seite dieser überbeschäftigten Partner ihr Berufsleben nur zögerlich und halbherzig an und begannen, die Familienphase zu planen, für die sie sich vorrangig verantwortlich fühlten. In Deutschland erscheint diese Entwicklung der Arbeitsteilung zwischen den Partnern zwangsläufig und nicht anders vorstellbar: Der Blick auf andere Länder, vor allem auf die skandi-

navischen, aber auch auf Frankreich, belehrt einen, dass eine volle
Berufsorientierung von Frauen mit der Gründung von Familien
einhergehen kann.

Die »kindorientierte Männlichkeit« der jungen Männer und der Realitätsschock beim Einstieg in den Beruf

In diesem Zusammenhang ist die Geschichte eines Mitarbeiters, Andreas Held, ein typisches, aber leider eher trauriges Beispiel. Andreas Held vertrat in vielen Diskussionen vehement die These, der gesellschaftliche Strukturwandel in Deutschland könne erfolgreich nur durch neue Formen der Arbeitsteilung zwischen den Geschlechtern bewältigt werden. Er war mit einer starken Frau verheiratet und hatte keine Loyalitätsprobleme, für mich zu arbeiten. Seine Frau hatte sich in Karlsruhe als Werbegrafikerin etabliert, besaß ein technisch perfekt ausgestattetes Studio und verfügte über einen ansehnlichen Stamm von lukrativen Kunden. Als sich unsere Arbeitsgruppe auflöste, trat Andreas Held eine Stelle in einer Organisationsberatung in der Nähe von München an. Seine Frau, Anfang dreißig, bekam ein Kind und sah sich leider gezwungen, ihr Studio aufzulösen und mitzuziehen. Ein beruflicher Neuanfang gelang ihr dort nicht.

Mit der Zeit verlor sie ihre Kunden aus der Rhein-Neckar-Region. Andreas Held startete beruflich erfolgreich. Aufgrund seines langen Arbeitstags sah er seine kleine Tochter Miriam viel zu selten, obwohl er ein ambitionierter Vater war. Da ergab sich eine Möglichkeit, befristet aus der Firma auszusteigen, um sich weiterzuqualifizieren. Er erhielt eine halbe Stelle an der TU Harburg und arbeitete in einem hamburgweiten wissenschaftlichen Netzwerk mit. Außerdem bekam er die Chance zu promovieren und konnte seine Zeit flexibler gestalten. So lebte er seine kindorientierte Männlichkeit voll aus, schrieb an seiner Doktorarbeit und kümmerte sich rührend um die Tochter. Das gesamte Thema Hausarbeit blieb weiterhin Sache seiner Frau, die auch in der Medienstadt Hamburg keinen erneuten Berufseinstieg in dem hart umkämpften Feld fand.

Andreas Held, ein kluger wissenschaftlicher Kopf, erlebte dagegen eine phantastische Zeit. Seine Arbeit in der Gruppe gefiel ihm, die andere Hälfte des Tages widmete er Kind und Frau. Da sie keiner formellen Erwerbstätigkeit nach ging, bekam sie in Hamburg nur einen Halbtagesplatz für ihre Tochter und ging nur mit halber Kraft auf Jobsuche. Gelegentlich beobachtete ich bei ihr Anzeichen von Neid auf die hohe Arbeitsmotivation und -zufriedenheit ihres Mannes. Mit häufigen Anrufen im Büro nervte sie die Arbeitsgruppe. Das zweite Kind kam. Andreas Held wurde mit Bravour promoviert, aber eine Stelle mit einem Verdienst, der ausreicht, eine vierköpfige Familie zu finanzieren, konnte ihm nicht angeboten werden. Nun legte seine Frau Wert auf ein möglichst hohes Einkommen des Familienernährers. Unter diesen Voraussetzungen blieb der Familie keine Alternative als zurück zu der Firma nach Bayern zu gehen.

Gegenwärtig befindet sich das Unternehmen, in dem er wieder arbeitet, in einer forcierten Rationalisierungsphase. Wer nicht täglich seine Überstunden leistet, fliegt raus. Mit seinen Kindern beschäftigt sich Andreas Held nur am Wochenende. Unter der Woche sieht er sie kaum. Seine Frau hat, für längere Zeit ohne Alternativen, die traditionelle Hausfrauenrolle übernommen, den Anschluss an die neuen Entwicklungen in der Werbegrafik hat sie längst verpasst. Beide sind überglücklich über ihre beiden Kinder, aber frustriert über die Einseitigkeit ihres Lebens. Ein Ausweg ist nicht in Sicht. Leider ist Familie Held kein Einzelfall.

Die kindlichen Seelen der akademischen Männer sind für emanzipierte Frauen kein Kindersatz!

In Sydney und Canberra trafen wir Valentino, einen liebenswürdigen italienischen Freund, und viele andere Kollegen. Valentino G. Amato, wie ich ihn hier nenne, gelegentlich auch Tino, fiel aus dem Rahmen, deshalb mochte ich ihn. Er prägte den Ausruf: »Da ist Thien, il va bien!«, den wir alle bei jeder Gelegenheit wiederholten. Aus Italien brachte er ihm einen wunderbar glänzend lackierten Pinocchio mit. Leider verlor der Pinocchio schon am nächsten Tag seine Füße mit den Schuhen.

Abends begab ich mich im schwarzen Talar zum Essen in die Mensa, wie es in Sydney am College der University of New South Wales üblich ist. In einer schönen alten Mensa nahm der Lehrkörper an den Tischen auf einer Bühne Platz und blickte auf die Studierenden hinab. Zum Gebet hielten alle inne. Danach ging es laut her mit Geschmatze, Gesprächen und Liedern. Wir wohnten in einem leicht zerfallenen Gemäuer auf dem Campus. Valentino, der unentwegt umher reiste, von Tagung zu Tagung, von Gastprofessur zu Gastprofessur, aber nie mehr als drei Tage an einem Ort verweilte, ohne eine Frau zu erwählen, die sich zärtlich um sein Gesamtwohl bemühte, seinen Schreibtisch aufräumte, für ihn kochte und ihm alle erotischen Wünsche erfüllte, konnte diesmal gut auf meine Dienste verzichten. Er hatte eine Tasmanierin gefunden, die sogar gewillt war, ihm nach Bologna zu folgen.

Wir kannten uns recht gut. Meistens trafen wir uns im Ausland. Dort entdeckten wir Gemeinsamkeiten. Auf angenehme Weise konnten wir unsere Neugier auf die Welt stillen, unsere beruflichen Interessen verfolgen und persönliche Sehnsüchte ausleben. So erlebte ich New York, Washington, Vancouver, Durban, Toronto, Sevilla, Paris, London, Lancaster und York als Tagungsorte von irgendwelchen wichtigen Konferenzen, auf denen wir beide Vorträge hielten und noch genügend Zeit fanden für Kunst, Kultur und andere Freuden. Valentino kannte überall die für das Fach bedeutenden Leute und wurde von allen gemocht. Von allen gemocht zu werden, kommt unter Wissenschaftlern höchst selten vor. Meistens mag einen keiner.

Wir lernten uns eines Abends beim Essen in meinem Apartment in Heidelberg kennen. Eine Einladung aus Pflichtgefühl. Valentino nahm eine Gastprofessur an unserem Seminar wahr. Zu seinen Vorlesungen zu gehen, hatte ich keine Zeit. Ein Italiener aus Virginia. Als elftes Kind des ehemaligen italienischen Vizejustizministers, eines Vorbildes im katholischen Glauben, war er sehr klein geraten und stark kurzsichtig. Ein Wurzelmännchen. Später erfuhr ich, dass seine Mutter nie genug Zeit und Liebe für ihn gehabt hatte und häufig erschöpft war. Kein Wunder, bei so vielen Geschwistern. Nach der Zuwendung der Mutter suchte er sein Leben lang. Er schätzte sich als besonders hilfsbedürftig ein und glaubte fest daran, die Hilfe anderer Menschen, vor allem von attraktiven Frauen, zum Überleben zu benötigen. Er bekam ein reichliches Übermaß an Zuneigung und Aufmerksamkeit nachgeliefert! Vor allem von Frauen. Diese hatten das Gefühl, dass allein ihre mütterliche Weiblichkeit diesem charmanten Wuschelkopf mit den dicken Brillengläsern das Zurechtkommen in der widrigen kalten Umwelt ermöglichte. Sie fühlten sich gebraucht.

Kaum hatte ich an jenem Abend in Heidelberg die Vorspeise serviert, schüttelte ihn schon ein heftiger Weinkrampf, der seinen Wuschelkopf in meinen Schoß fallen ließ. Er schluchzte herzzerreißend über sein vermeintlich zerstörtes Leben. Alice, seine amerikanische Ehefrau, die in einer palladioesken Villa in Virginia saß und sich meditativ mit Teppichknüpfen beschäftigte, wollte ihm nicht nach Europa, nach Bologna folgen. Dort nahm er, obwohl er sich schon in seinen Sechzigern befand, also in einem Alter, in dem sich die deutschen Professoren in ihren Ruhestand begeben, noch einen Ruf an eine renommierte internationale Universität an.

Seine ehemalige Geliebte in Berlin ließ sich leider nicht zu einem Wohnungswechsel nach Bologna überreden. Seine neue Freundin, eine Bibliothekarin aus Barcelona, mit der er dort während eines Forschungsaufenthalts angebändelt hatte, deutete an, zu einem Umzug nach Bologna bereit zu sein. Vielleicht. Aber die Vorstellung, dass dann die Scheidung von seiner Ehefrau drohte, ängstigte ihn sehr. Nie würde Anna, seine zutiefst katholische Tochter, in eine Scheidung einwilligen. Von deren Zustimmung fühlte sich der harmoniebedürftige Tino aber besonders abhängig.

Noch vor dem Hauptgang, den meine Freundin Marlen für mich zubereitet hatte und der im Kühlschrank darauf wartete, serviert zu werden, geriet er in Panik. Er schlafe nicht mehr und glaube, zusehends zu erblinden. Wie zuverlässig würde die Spanierin, Maria aus Barcelona, sein? Diese Frage konnte ich nicht beantworten, ich kannte sie ja nicht. Während seines Gastaufenthalts in Heidelberg, so klagte er, müsse er unzumutbare schwere und weitreichende Entscheidungen treffen. Unter dieser Last breche er zusammen. Er sei am Ende. Wie könnte ich ihm helfen? Diese Frage stellte er mir. Ernsthaft überlegte ich. Mit ihm zu leiden, das half schon etwas. Ihn zu bewundern, was für ein unglaublich toller Mann er doch sei, das half noch ein wenig mehr. Und wenn ich ihm eine gewisse Portion Schmeichelei zukommen ließ, konnte es helfen, sein Ego allmählich wiederaufzurichten. Weinerlich klagte er, das Buch, an dem er arbeitete, über den Staat, über den grausamen Leviathan, der seine Bürger verschlingt, sein liebstes Forschungsobjekt, käme nicht voran. Er benötigte Liebe, auch in Heidelberg, noch in diesem Semester, am besten jetzt gleich, auf der Stelle. Der Hauptgang wurde dann nicht mehr serviert.

Tino liebte es, geliebt zu werden. Er forderte, aber er gab auch Liebe und Sympathie zurück. Jederzeit war er bereit, diejenigen, die ihn verehrten, ebenso zu bewundern. Er vernetzte sich unentwegt kommunikativ und vernetzte andere gleich mit. Ich mochte seine Weltläufigkeit, seine Vertrautheit mit den Flughäfen und Airlines der Welt, seine unmännliche Kindlichkeit. Er konkurrierte nie und mit niemandem, gab seinen Kritikern immer recht, baute niemals Fronten auf und machte dennoch eine hervorragende europäisch-amerikanische, eine internationale Karriere.

Endlich verbrachte ich wieder die Wochenenden in Italien mit Italienern, bei einer riesigen italienischen Großfamilie, bestehend aus Professoren, Richtern, Priestern und Geisteskranken. Ein paar Weihnachten feierte ich mit ihnen, sah Rom wieder und Neapel. Vor allem Bologna und Florenz. Zu Gast bei Italienern in Italien zu sein, ist immer schön. Valentinos Brüder und Schwestern, gestandene Persönlichkeiten des öffentlichen Lebens, konnten sich manchen erstaunten Blick auf mich nicht verkneifen, verwundert darüber, dass es dem winzigen, von der Natur in seinem Äußeren nicht gerade bevorzugten Bruder immer wieder gelang, eine neue Frau zu erobern, manchmal auch zwei gleichzeitig, die dann zum großen Familienessen an Heiligabend mitgebracht wurden. Seine Autorität war unumstritten, alle Frauen wurden selbstverständlich und freundlich von der Familie aufgenommen.

Die beiden alleinstehenden Schwestern, Professorinnen der Biologie und Geographie, übernahmen in den kurzen Interimsperioden zwischen dem Stabswechsel der Freundinnen bereitwillig den fürsorglichen Part in Valentinos Leben, gern auch für länger. Aber längere frauenlose Phasen gab es nicht. Mit dieser Verwandtschaft verstand ich mich ausgezeichnet. Valentino zog aus der Neuen Welt zurück in die Alte Welt, ins italienische Herz Europas. Wir suchten viele seiner alten Freunde auf, die er Jahrzehnte nicht gesehen hatte. In einer Woche verabredeten wir uns mit mehr Leuten als ich später in Hamburg in einem ganzen Jahr traf.

Seinen Freunden aus der italienischen Jugendorganisation der katholischen Kirche (Gioventú Italiana di Azione Cattolica), Umberto Eco und Antonio Negri, begegneten wir in Paris. Der eine war inzwischen ein berühmter Linguist und Romancier geworden, der andere lebte zu dieser Zeit als flüchtiger Terrorist und Asylant auf Kosten des französischen Innenministeriums und seiner wohlhabenden Geliebten. In Italien hatte das Gericht bei diesem angeblich genialen Intellektuellen eine Mitschuld an den Bombenattentaten der Roten Brigaden erkannt und ihn verurteilt. Er äußerte stets, dass er von seiner Unschuld überzeugt war. Wir suchten ihn in seiner traumhaft schönen Wohnung auf, die buchstäblich über den Dächern von Paris lag. Ein Bohemien trat uns entgegen, kultiviert und charmant. Die linken Promis gingen bei ihm ein und aus. Welches Leben würden die Opfer der Attentate heute führen, wenn sie noch lebten? Diese Frage passte nicht in das Szenario. Ich stellte sie trotzdem. Eine Antwort bekam ich nicht. Die Frage sei Ausdruck einer unangenehmen typisch deutschen Denkweise.

Das Gespräch drehte sich um Spinoza und Marx. Toni Negri untersuchte keimende revolutionäre Bewusstseinsspuren bei den Produktionseliten der französischen Unternehmen. Sofort kreierte er einen neuen Mythos mangels empirischer Evidenz. Es hörte sich alles, was er sagte, romantisch an, gefährlich romantisch. Nachdem die Liaison mit seiner französischen Freundin beendet wurde, wahrscheinlich wurde er von ihr ausquartiert, ging er zurück nach Italien, dort lebten seine italienischen Frauen und Kinder, und stellte sich der Polizei. Eine Weile saß er im Gefängnis in Rom, schließlich wurde er Freigänger, und seit einigen Jahren ist er auf freiem Fuß. Mit einem seiner jüngsten Bücher hat er wieder einen verstiegenen Bestseller über die totalitären Strukturen des Kapitals geschrieben. Blind für Rechtsstaatlichkeit und Demokratie. Valentino schrieb zwar unentwegt über den Staat, war aber persönlich völlig unpolitisch und würde sich niemals über politische Fragen streiten. Schon gar nicht mit einem Freund aus alten Tagen. Das kostete seiner Meinung nach nur unnötig viel Nerven.

Um seine Nerven nicht zu strapazieren, spielte der Schlaf eine große Rolle im Leben von Valentino. Aber der allabendliche Schlaf kam nicht wie gerufen, dazu bedurfte es einiger Vorkehrungen, die nicht immer zum gewünschten Erfolg führten. Ich staunte, wie kompliziert manche Dinge von ihm gehandhabt wurden. Regelmäßig nahm er vor dem Einschlafen eine Beruhigungstablette. Dann legte er sich eine Augenbinde an, wie im Flugzeug. Blind tastete er nach dem Recorder am Kopfende. Die obskure Stimme eines Gurus befahl Entspannung, dann forderte sie zur Konzentration auf bestimmte Körperteile auf, schließlich führte sie auf eine Wanderung über Wiesen und Felder, vorbei an Büschen und Seen, untermalt von psychedelischen Klängen. Vorschriftsgemäß sollte nun der Schlaf eintreten. Zumeist aber klingelte jetzt das Telefon.

Der Schlaf kam dann nicht. Die Rituale funktionierten nämlich nur bei völliger Ruhe. Man hätte das Festnetz- und das Mobiltelefon abstellen müssen. Aber so abrupt aus dem Kommunikationsnetzwerk herauszufallen, das erzeugte Angstattacken, die den Eintritt des Schlafs ebenfalls gefährdeten. Bei diesem riesigen, rund um den Globus verteilten Freundeskreis mit Mobilfunk gab es immer jemanden, der Valentino, gerade wenn er mit dem Schlaf kämpfte, etwas unaufschiebbar Wichtiges mitzuteilen hatte. Schlief er gerade ein, kam bestimmt der Anruf, der ihn wieder aufweckte, oftmals mit alarmierenden Nachrichten aus der Welt der Scientific Community. Dann fing das Ritual von Neuem an. Diese Nächte waren angetan, mich äußerst nervös zu machen. Auch das alte Meublement, mit dem Schlafzimmer in Italien häufig vollgestopft sind, ließ bei mir keine Entspannung aufkommen. Konnte er nach mehreren Versuchen nicht schlafen, heulte er los und verlangte nach Trost. In seinem langen weißen T-Shirt sah er aus wie ein kleiner, frühzeitig gealterter Junge. Oder wie Rumpelstilzchen, das beleidigt auf den Boden stampft, das glaubt, ihm würde Unrecht getan.

In diesen Nächten dachte ich immer dasselbe: Die Tatsache, dass es mir wiederholt gelang, Valentino mit viel Einfühlungsvermögen und zärtlichen Zuwendungen aus seinen regressiven und verzweifelten Zuständen herauszuholen und auf die Beine zu stellen, zeigte mir, dass auch ich, obwohl das bei meiner Umwelt kaum bekannt war, über einige mütterliche Verhaltensmuster verfügte. Wenn ich als Quasi-Mutter eines kindlichen Mannes gar nicht so schlecht war, vielleicht ging es auch mit einem »echten« Kind! Davon wollte Francesco natürlich nichts wissen. Es gab latente Spannungen, da sich meine Absicht, ein Kind zu adoptieren, festigte und nicht mit seinen Plänen traf. Und wie meine Mutter brachte er bei Diskussionen in solchen Situationen stets mit weinerlicher Stimme vor: Entscheide dich für ein Kind oder für mich. Wir blieben nach der Adoption in lockerem freundschaftlichem Kontakt. Er konnte wunderbar witzig mit Kindern umgehen. Thien mochte ihn sehr gern.

In Bologna hatte Valentino schon bald eine fürsorgliche Dame gefunden, die sich um sein Wohl kümmerte. Sie erkrankte jedoch schwer und starb. In dieser Zeit begann seine Liaison mit der Tasmanierin. Plötzlich traf ein versöhnlicher Brief von seiner Frau Alice aus der Neuen Welt ein. Valentino beschloss daraufhin, die Beziehung zu ihr wieder aufzunehmen, trennte sich mit vielen Tränen von der Tasmanierin und kehrte für ein Semester an seine alte Universität nach Virginia zurück. Da eröffnete ihm Alice, dass ihr nur noch eine geringe Zeit zu leben bliebe. Heroisch versprach Valentino, zu ihr zu ziehen und gemeinsam den Krebs, der ihr Leben bedrohte, zu bekämpfen. Sie bestand jedoch darauf, dass er weiterhin reiste und seine Vortragsverpflichtungen wahrnahm.

Als er eines Abends von einem Vortrag aus Washington zurückkam, fand er einen Brief von seiner Frau vor, an die Haustür geheftet. Sie dankte ihm für die gemeinsamen letzten Wochen, teilte ihm aber mit, dass sie ihn nicht weiter mit ihrer Krankheit belasten wolle. Aus voller Überzeugung habe sie daher den Freitod gewählt. Sie beschrieb ihm detailliert, in welchem Zimmer ihre Leiche liege und gab ihm genaue Anweisungen, was noch – nicht viel – zu tun sei. Per E-Mail habe sie sich schon von ihren Freunden verabschiedet. Nur noch einige weitere, bereits vorbereitete E-Mails, den Ablauf der Bestattung betreffend, seien abzusenden. Ich habe ihn nie gefragt, ob er an jenem Abend noch in das Zimmer gegangen sei, in dem seine Frau lag.

Tino war verzweifelt und rief mich in Heidelberg an. Mit Kind und Beruf sah ich keine Chance, ins nächste Flugzeug zu steigen und zu ihm zu eilen, um ihn zu trösten. Dann kontaktierte er die Tasmanierin in Tasmanien. Nach den Trauerfeierlichkeiten flog er zurück nach Bologna. Die Tasmanierin mit Tochter packte Hals über Kopf ihr geringes Hab und Gut zusammen und traf mit der nächsten Maschine bei ihm ein. Nach einer gewissen Phase wurde geheiratet. Diese Frau schien mir tollkühn, einen solchen Schritt zu wagen. Natürlich konnte das Weltenbummelantentum mit Tino sehr amüsant sein, dazu die Gespräche mit einem humorvollen Mann von enormer europäischer Bildung, aber wie konnte sie glauben, es sei auszuhalten, mit ihm Tag für Tag unter einem Dach zu leben, auch wenn das Dach häufig wechselte?

Die pubertierende Tochter erhielt einen Vater und eine neue Schulklasse, Mutter und Tochter besuchten Italienischkurse, eine geräumige Wohnung konnte mit dem von Alice geerbten Vermögen gekauft und möbliert werden. Irgendwie schaffte sie es, dass er ihr die Wohnung überschrieb. Ein paar Monate lang versuchte sie, einen anderen Menschen aus ihm zu machen. Sie äußerte ihre Wünsche, wie sie sich das alltägliche Zusammenleben vorstellte, den für sie nun unerlässlichen Konsum an Luxusartikeln, das allabendliche Ausgehen und das Sehen und Gesehen werden. Sie sehnte sich danach, ihren sozialen Aufstieg aus dem Prekariat Tasmaniens in vollen Zügen zu genießen. Solche unerwarteten Lifestyle-Ansprüche machten den nun völlig überforderten Professor fassungslos. Von seiner Persönlichkeit her war er in keiner Weise veranlagt, sein Leben nach ihren Vorstellungen zu verändern. Daraufhin entzog sie ihm zunächst ihre Bewunderung, dann ihre Mütterlichkeit.

Dramatische Szenen brachten das Alltagsleben durcheinander. Valentino hasste Streitereien. Besserung war nicht in Sicht, jeder blieb bei seinen Erwartungen. Da reichte sie die Scheidung ein. Mit dem kleinen Vermögen, auf das sie nach kurzer Ehedauer ein Anrecht hatte, und mit ihrer Tochter flog sie zurück nach Tasmanien. Für sie hatte sich der Ausflug nach Europa gelohnt.

Aber damit war das Buch der Frauen in Tinos Leben längst nicht beendet. Mit siebzig Jahren bekam er einen Ruf an die Universität nach Triest, wahrscheinlich aus einem Nachwuchsförderungsprogramm der italienischen Regierung, eigens für ihn aufgelegt. Schon bald fand er dort die aufopfernde Unterstützung einer Finanzbeamtin, bei der er seine Steuererklärung einreichte, der aparten Paola, einunddreißig Jahre jünger.

Schade, dass das Leben nicht wie eine Opernvorstellung funktioniert, bei der am Ende alle Mitwirkenden wiederauferstehen und in einer langen Reihe auf der Bühne vor das Publikum treten. Seine vielen Frauen könnte man dann nebeneinander aufstellen und überlegen, ob sie sich ähneln. Ich glaube nicht. Es gibt darunter junge und alte, attraktive und hässliche, kluge und schlichtgestrickte, Adlige und Arme, Karriere- und Hausfrauen, Mütter und Vamps, alle waren in unterschiedlichen Arrangements und Phasen zu Liebes- und Betreuungsdiensten bereit. Vielleicht sind alle diese Frauen der üblichen männlichen Männer überdrüssig, die wahrscheinlich genauso bedürftig sind wie Tino, es aber hinter »tausend Fassaden« verstecken und um keinen Preis zeigen. Auch viele Männer, das konnte ich immer wieder beobachten, wirkten in Valentinos Gegenwart weniger gespreizt und viel herzlicher als sonst. Sie belohnten ihn dafür, dass er ihnen versicherte, schon vor dem Kampf das Feld zu räumen und nicht mit ihnen zu konkurrieren, indem sie ihn großzügig an ihren Ressourcen partizipieren ließen. Das tat er dann auch ausgiebig und verschaffte sich auf diese Weise viele Vorteile für seine steile Karriere.

Mir wurde klar: Männer sind kein Kindersatz, auch wenn mich kindliche Charaktere bei Erwachsenen faszinieren und Menschen, die nichts Verspieltes haben, abstoßen.

KAPITEL VIER

Wir erobern das Weltdorf

Keine Zeit für alte Freundschaften

Valentino G. Amato besuchte Thien und mich lediglich ein paar Mal in Heidelberg. In den ersten Lebensjahren des Kindes schickte er ihm wöchentlich Kunstpostkarten von seinen Vortragsreisen durch die Welt. Ich hängte sie über der Wickelkommode im Kinderzimmer auf und hoffte, dass sie die kindliche Seele nachhaltig beeindrucken. Seine Anrufe von immer neuen Tagungsorten, rund um den Erdball, unterbrochen von vielen nervösen »pronto, pronto«, erreichten uns seltener. Leider sah ich auch viele andere Freunde kaum noch, mit denen mich Gespräche über Literatur, Philosophie, Soziologie und Politik verbanden. Unsere gemeinsame Maxime damals lautete: Wir tauschen Gedanken miteinander aus, also sind wir.

Besonders gern debattierte ich mit Simon T. Brooks, meinem amerikanischen Freund in Heidelberg. Wöchentlich traf ich ihn zu Konversationen über die amerikanische Literatur. Immer Freitag mittags, ein Höhepunkt der Woche. Simon kam aus Brooklyn und hatte seine Kindheit im jüdischen Milieu in New York verbracht. Darüber schrieb er einen witzig-traurigen Roman. Nicht über die wohlhabenden Juden der Upper Westside von New York, deren Leben so oft in der Literatur und im Kino beschrieben wird, sondern über die armen, die Familien der Arbeiter und der kleinen Angestellten. Das Buch wurde zu Recht von der internationalen Kritik hochgeschätzt, mit Preisen überhäuft und in viele Sprachen übersetzt. Auch in Israel wurde es bekannt. Reichtum erlangte er dadurch nicht.

Etwas Geld verdiente er mit seinen Sprachkursen, die in Heidelberg berühmt waren. Vollkommen unterbezahlte Kurse, angeboten von einem Autor, der Weltliteratur produziert. Da er sich linguistisch und literarisch mit Witzen beschäftigte, gab er in diesen Kursen viele Jokes zum Besten, die sofort weitererzählt wurden. Über seine Witze lachte die ganze Stadt.

Er war ungemein beliebt. Sein hageres, zotteliges Aussehen mit der Pudelmütze, vereinzelt lugten graue Haare hervor, dazu sein dunkelgrüner Parka vertrieben Gedanken an die höheren Weihen, die ihm eigentlich zukamen. Mit kindlich großen braunen Augen sah er einen unverstellt und offen an. Ein Schriftsteller zum Anfassen, vielleicht ein wenig scheu. Ohne den opportunistischen Instinkt von Aufsteigern, die auf die Gunst der Stunde warten, eine mächtige, die Literaturszene beherrschende Person kennen zu lernen, die ihnen die Tür zum künstlerischen Erfolg öffnen würde. Auf sein Treffen mit Arthur Miller blieb Simon dennoch sehr stolz, auch dann noch, als Miller aus der Mode kam.

Es war und ist nicht schwer, in Heidelberg Menschen zu treffen, die sich den Künsten verschrieben haben, die sich in der Tradition der Stadt zu Hause fühlen und die in ihrem offiziellen oder imaginierten Hauptberuf schreiben, dichten, malen oder singen. Der Unterschied zwischen den meisten von ihnen und Simon ist dennoch beträchtlich. Er ist ein Meister.

Heidelberg profitierte enorm von seiner materiellen Armut. Scharenweise belegten vor allem Frauen, aber auch Männer, aus allen Schichten seine Kurse. Für noch weniger Geld gab er eine Übung zum kreativen Schreiben nach amerikanischem Vorbild am Department für Amerikanistik, Sprache und Literatur. Eine Kostbarkeit, mit der das Department und die Studierenden reich beschenkt wurden. Sie hätten keinen besseren Dozenten finden können. Ein Profi. Irgendwann im Zuge der universitären Sparpolitik wurde der Entschluss gefasst, seine Übungen zu streichen. Komplett. Für Simon

Brooks war dies eine ungeheuere Kränkung. Erkannte die Professorenschaft dort nicht den Rang, den sein Werk einnimmt? Das würde mich sehr erstaunen, denn einige unter ihnen arbeiteten, wie Simon, wissenschaftlich und literarisch. Oder sollte Neid, mangelnder Großmut und vor allem kein Respekt vor der herausragenden Leistung bei der Entscheidung, die Veranstaltungen, die zur Zier des Departments gehörten, zu streichen, mit im Spiel gewesen sein?

Simon praktizierte einen spartanischen, konsumabstinenten Lebensstil. Nicht aus Not, sondern aus Überzeugung, wie er immer wieder vehement behauptete. Dazu gehörte sehr frühes Aufstehen, Joggen, wenig Essen und Trinken, kein Fleisch, kein Alkohol, nur kontrolliertes regelmäßiges Schreiben, konzentriertes Musikhören und größtmögliche Askese gegenüber Überflüssigem und Unwesentlichem aller Art, wozu seiner Meinung nach aber nicht die Sexualität zählte.

Er war mit einer Sängerin verheiratet, die mit jüdischer Musik tourte, und hatte etwas Liebeskummer, als wir mit unserer Konversation begannen. Da wir häufig über die Frauen-Männer-Geschichten in diversen Romanen von Philip Roth sprachen, dessen Roman »Der menschliche Makel« war gerade in den USA erschienen, kreisten unsere Gespräche immer wieder um Sexualität. Letztlich blieben wir gesprächsweise, auch ohne den Umweg über Literatur zu nehmen, bei diesem Thema hängen.

Ich erläuterte ihm meine Sichtweise der Sexualität am Beispiel des Ablaufs eines Tennis-Matchs. Man reibt sich vorher mit einem Frotteehandtuch die Hände ab, jeder mit seinem eigenen. Dann gehen die Spieler auf ihrer Seite in Position. Man spielt drauflos, hält sich an gewisse Regeln, schlägt schöne lange Bälle, greift an, zieht sich zurück, freut sich über Treffer, wechselt die Seite, man kämpft hart, aber man bleibt, ob Gewinner oder Verlierer, auf gleicher Höhe. Am Ende des Spieles reicht man sich die Hand, trocknet sich mit seinem Frotteehandtuch den Schweiß von der Stirn, trennt sich mit Humor und geht zu seinen Sachen zurück.

Simon fand diesen Vergleich empörend und beleidigend. Wochenlang versuchte ich ihn zu überzeugen, dass Humor, Fairness, Distanz und Sportlichkeit auch in diesen Dingen das Zusammensein erleichtern, ohne Erfolg. In mancher Hinsicht war er eben doch ein typischer moralisierender Amerikaner, der die Verklärung braucht! Selten konnten wir uns einigen, ob die Probleme nach pragmatischen oder nach prinzipiellen Aspekten zu lösen sind. Irgendwann ärgerte er sich so sehr über mich, dass er mir aus dem Weg ging. Erst auf meine Initiative hin versöhnten wir uns wieder. Ich mochte ihn sehr. Letztlich blieb er bei seinen romantischen Vorstellungen über Sexualität, die ihn immer wieder in neue Enttäuschungen und Ängste trieben. Gemeinsam probierten wir niemals aus, welche Erwartungen der Realität näher kommen.

Nachdem ich mit meinem Kind zusammenlebte, sahen wir uns nicht mehr regelmäßig, obwohl er immer wieder betonte, ich sei ein viel liebenswerterer Mensch geworden, auch charakterlich hätte ich gewonnen. Aber die Ausübung meiner neuen Mutterrolle ließ kaum Zeit für entwurzelte Gespräche über Literatur und Sexualität. Meine Alltagssorgen interessierten ihn nicht. Überhaupt mochte er nicht, wie früher auch ich nicht, mit dem alltäglichen Leben anderer Leute konfrontiert werden. Damit würde seine Konzentration und zuviel von seiner dem täglichen Schreiben gewidmeten Zeit unnötig verloren gehen. Den Sommer verlebte er immer mit seiner Frau in New York. Von dort brachte er Thien einen dunkelblauen Sweater mit Kapuze und der Aufschrift »New York University« mit, der erst viele Jahre später passte und dann stolz von dem Kind getragen wurde. In Hamburg sahen wir ihn nur ein einziges Mal.

Heidelberger Kreise

Nach meinem existenziellen Wandel vom Single zur Mutter veränderten sich die Beziehungen zu meinen Heidelberger Freunden und Freundinnen. Zum Bäumchen-Wechsel-Dich-Spiel, welches in den Kreisen des gehobenen Mittelstands so gern und ausgiebig gespielt wurde, fehlte mir nun gänzlich das Interesse. Die auf den einschlägigen Partys häufig anzutreffende Bereitschaft von gebildeten Frauen, Männer unentwegt jeden Blödsinn reden zu lassen und dabei hingebungsvoll an ihren Lippen zu hängen, stieß mich immer schon extrem ab. Ich verzichtete daher weitgehend auf das abendliche Ausgehen und arbeitete zu Hause in die Nacht hinein. Dennoch – ohne Freunde kann man nicht leben und die intellektuelle Offenheit der Heidelberger Kreise findet man anderswo nicht so schnell.

Seit jeher ist die Stadt berühmt für ihre Formen von Geselligkeit, die Kreise, die sich immer wieder erneut bilden, scheinen nicht zu altern. Schier unerschöpflich viele junge Leute, die semesterweise auftauchen und sich in der Altstadt niederlassen, prägen, neben den Touristenströmen, das Bild der ehrwürdigen Stadt unterhalb der Schlossruine. Die Universitätsnähe stimuliert viele Milieus der Alteingesessenen, manche von ihnen waren zum Studium nach Heidelberg gekommen und sind dann, mit oder ohne Job, hier »hängen geblieben«. Neugier und Offenheit herrscht gegenüber neuen Gesichtern, jungen aufstrebenden Begabungen und inspirativen Erfahrungen. Typische Heidelberger Figuren kultivieren noch lange Zeit nach ihrem Studium Attitüden des studentischen Lebens wie die lebenslange Suche nach der wahren Form für die eigene Existenz.

Eine Heidelberger Germanistin, schon weit in ihren Fünfzigern, erzählte mir ernsthaft, dass eines Tages ihr Prinz auftauchen würde, der ihr alle bislang ungelebten Liebessehnsüchte erfüllt. Sie hatte wahrscheinlich zu oft das nahezu unerträgliche Pflichtprogramm für Zugereiste, »The Student Prince« von Sigmund Romberg, im Freilufttheater am Schloss gesehen.

Nirgendwo konnte man nach einer anstrengenden Familienphase oder einem langen Auslandsaufenthalt so problemlos wieder ins jugendgesättigte Milieu eintauchen wie in Heidelberg und dort anknüpfen, wo man vor Jahren aufgehört hatte. Manche Menschen schienen niemals zu altern, wie der Graphiker Klaus Staeck, der in seiner Werkstatt in der Altstadt tüftelte und das künstlerische Leben in der Kurpfalzmetropole beeinflusste.

Den berühmten Philosophen Hans-Georg Gadamer sahen die Heidelberger bis zu seinem Tode mit hundertundzwei Jahren in den Gassen und beim Italiener. Er nahm rege an den Veranstaltungen der Stadt und der Universität teil, und als er starb, trauerte die ganze Stadt um ihn. Seine wissenschaftliche Post ließ er sich von einem jungen Mitarbeiter in der Weinstube, nahe dem Rathaus, vorlesen. In den kleinen Weinlokalen saßen allabendlich die Stammtischler, jahrzehntelang ziellos Wartende. Sie freuten sich über jeden integrationswilligen Neuzugang. In den Cafés an der Hauptstraße lauerten angeblich Professorenwitwen, um sich mit dem Blut von jungen Studenten aufzutanken.

Die kindungemäße Erlebnisgesellschaft

Die romantische Lebensauffassung, für die Heidelberg seit dem Aufenthalt der Freunde Josef von Eichendorff und Achim von Arnim berühmt war, fand noch immer Ausläufer in diesem akademischen, an Selbstverwirklichung und an der Ästhetisierung des Alltagslebens orientierten Milieu, welches vor allem das westliche Ufer des Neckars besiedelte. Dort wohnten wir. Man gab sich kunstsinnig und unpolitisch, wie es die Romantiker propagiert hatten, obwohl aus deren Programm konservative und reaktionäre Revolutionäre hervorgingen, die leider, auch von Heidelberg aus, den Boden für den Ersten und Zweiten Weltkrieg bereiteten.

Zu unserer Zeit wimmelte es dort von Psychotherapeuten. Sie lieferten dem Milieu die wissenschaftlichen Weihen, die Philosophie der Egozentrik, die Seelenmassage des Mittelstands. Man konnte ihnen, obwohl sie untereinander stark verfeindet waren, kaum ausweichen. Sie gaben die gängigen Begriffe und Denkmuster vor, nach denen Mann und Frau sich und den sogenannten Anderen suchten, ohne je zu finden. Ich hielt immer etwas Distanz.

Irgendwie verstand ich meinen Kollegen, der auf die Frage, was er zur Wahl seiner Frau zur Abgeordneten ins Parlament meint, geantwortet hatte, es sei doch viel besser, sie nehme wöchentlich an den Sitzungen des Parlaments teil, als dass sie zum Psychotherapeuten ginge.

In mir hatte sich unwillkürlich die Meinung durchgesetzt, dass jedes Thema seine Zeit in der eigenen Biographie finden und irgendwann auch abgeschlossen werden müsse. Die thematische Fixierung über mehrere Etappen der eigenen Lebensgeschichte hinaus auf »Liebe als Passion« (Niklas Luhmann) erschien mir wie eine Verlängerung der Spätpubertät und gesellschaftlich völlig überbewertet. Da ich diese Auffassung immer wieder offen äußerte, fiel ich sowieso als gewünschte Gesprächspartnerin bei den Einladungen des auf ewige Adoleszenz eingestellten Akademikermilieus aus. Obwohl als »Psycho-Killerin« verschrien, hegte ich dennoch einige freundschaftliche Beziehungen zu ihnen. Eine Freundin, Erika, die als Spieltherapeutin mit Kindern in einer Reha-Klinik in Ziegelhausen arbeitete, beriet mich im Vorfeld der Adoption, wie ich zu einer vernünftigen Selbsteinschätzung gelangen könne und ob ich so viel Rollenwechsel vom Berufsmenschen zum Muttertier verkrafte. Sie gab mir außerdem den »Kinsey-Report« zu lesen, den ich sehr interessant fand. Dort erfuhr ich manches Neue.

Aufgrund vieler Gespräche hoffte ich, Erika als Verbündete zu gewinnen, die sich für das Kind interessierte und meine Sorgen, zumindest ansatzweise teilen würde. Sie wirkte ausgesprochen warmherzig mit ihren blonden, lockigen Haaren und blauen Augen, und ich war überzeugt, dass sie sich hervorragend mit Kindern verstand. Finanziell ging es ihr ausgesprochen gut, sie lebte am Ufer des Neckars allein in ihrem eigenen Häuschen, voller ausgewählter geschmackvoller Gegenstände. Alles Unikate. Zusammen mit ihrem damaligen Freund besaß sie noch ein Haus in der Toskana. Bei diesem Freund lagen ihre Sorgen und Nöte. Klaus-Dieter, ein Psychoanalytiker aus Schlierbach, angeblich ein zweiter Sigmund

Freud, mochte nicht mit ihr zusammen wohnen, er mochte sie nicht heiraten, er mochte sie nicht einmal regelmäßig in der Woche und am Wochenende treffen. Sie kannten sich über zwanzig Jahre, aber über die Frage, wie viel Zeit sie miteinander verbringen wollten, erzielten sie niemals Einigung. Zwei Jahrzehnte hielt er sie hin, zwei Jahrzehnte ließ sie sich von ihm hinhalten. Familienplanung war unter diesen Bedingungen nicht möglich. Von ihm auch nicht gewünscht. Wollte sie Kinder? Schwer zu sagen.

Erika konzentrierte sich mit allen ihren verfügbaren Energien auf diesen Mann, der nicht ihr Mann sein wollte, der sich von ihr aber auch nicht trennte. Sie benötigte ihre Freundinnen und Bekannte, um ihr Unglück von Woche zu Woche zu verarbeiten. Alle Beteiligten kostete es viel Kraft, Beistand zu leisten. Wir besprachen wöchentlich, manchmal täglich mehrere Versionen zur Lösung der Probleme für das Wochenende, für den Monat, für das Jahr, für die gesamte Beziehung. Im Alltag dieses unseligen Paars herrschte jedoch Stillstand. Klaus-Dieter bewegte sich nicht. Darüber kam Erika nicht hinweg. Ob auch die Patienten unter ihrer Frustration litten, die sich nach einem gemeinsam mit Klaus-Dieter verbrachten Wochenende kurzzeitig auflöste und in der Mitte der Woche rapide zunahm, wenn die Unsicherheit wuchs, ob er sie am Samstag treffen würde? Das mit sich uneinverstandene Paar war über seine Querelen, den Heidelberger Gepflogenheiten zum Trotz, älter geworden. Erika kämpfte zusehends erfolglos, nicht noch mehr zuzunehmen. Klaus-Dieter ergraute und das Charisma, welches ihm in jungen Jahren fehlte, stellte sich auch im Alter nicht ein.

Beide gaben vor, außerordentlich am Fortgang der Adoption und schließlich an der Geburt meiner Mutter-Kind-Beziehung interessiert zu sein. Sie sahen es, so äußerten sie glaubhaft, als ihre heilige Therapeutenpflicht an, mich über die Gefahr der ödipalen Übertragung aufzuklären. Beide schienen aber selbst mit dem Ödipus-Komplex Probleme zu haben, da sich Klaus-Dieter, nach Erikas Ansicht, zuviel um seine Mutter kümmerte und zu wenig um sie. Das weit verbreitete Vorurteil, dass Therapeuten und Analytiker eigene Probleme an ihren Patienten abarbeiten, drängte sich mir auf.

Meinen Sohn betrachteten Erika und Klaus-Dieter gern aus sicherer Entfernung, eine Neigung, ihn auf den Arm zu nehmen, verspürten beide offensichtlich nicht. Kamen wir zu Besuch, stand ihnen die panische Angst um die teuren Kunstobjekte ins Gesicht geschrieben. Möbel wurden rasch beiseite geräumt. Danach wirkte das Zimmer ungemütlich leer. Auf das Sofa und die Sessel durften wir uns nicht setzen, das Kind könnte sudeln und den Stoff beflecken. So verbrachten wir die Zeit des Besuchs auf unbequemen Stühlen, mit Laken über den Sitzflächen. Nie gab es etwas, was für das Kind bereitgehalten wurde, nicht einmal eine Decke zum Krabbeln oder etwas zum Spielen. Eine beklemmende Atmosphäre herrschte jedes Mal, ich spürte ihre Erleichterung, wenn wir uns verabschiedeten. Im Sommer sollten wir wiederkommen, wenn man uns im Garten empfangen könne.

Plötzlich bevorzugte Erika den telefonischen Kontakt zu mir. Als ihr Freund uns einmal mit dem Auto abholte, bat ich ihn, wegen des strömenden Regens, eine Mutter mit ihrem Kleinkind um die Ecke nach Hause zu fahren. Diese einfache Bitte schlug er ab, da das Abendbrot schon vorbereitet sei. Es fiel mir daraufhin nicht leicht, mitzufahren. Zumal er sich sorgte, Thien könne die Polsterung seiner Limousine beschädigen. Nach diesem Abend trennten sich unsere Wege. Beide gaben mir das Gefühl, mein Kind sei eine Last, nicht eine Lust und nicht ein großes, ja das größte Glück meines Lebens. Inzwischen hörte ich, dass sich Klaus-Dieter endgültig von Erika getrennt habe und nun mit einer sehr jungen und sehr schlanken Frau zusammenlebe. Wahrscheinlich seine ehemalige Patientin! Arme Erika! Hoffentlich findet sie in ihren Unikaten genügend Trost.

Die kindgemäße »befreundete Umwelt«

Diese Erfahrungen beeinträchtigten meine Glücksempfindungen kaum. Insgesamt lebten wir in Heidelberg in einer »befreundeten Umwelt« (Schopenhauer), die uns Freundlichkeit und Anteilnahme widerspiegelte. Tragisch daran ist nur, dass dies einem erst so richtig im Nachhinein bewusst wird, wenn man in einer feindlichen Umwelt gelandet ist.

In meinem Leben ohne Kind kannte ich weder die Nachbarn noch die Verkäufer in den Geschäften, nur die Leute von der Reinigung blieben mir im Gedächtnis haften. Seit ich mit Thien fast täglich kleine Spaziergänge unternahm, lernte ich die Anwohner in unserer Straße und darüber hinaus kennen. Auf dem Wochenmarkt begegneten uns jeden Samstag dieselben Familien beim Einkauf. Die Einzelhändler in unserem Viertel freuten sich, wenn wir bei ihnen auftauchten.

Nach vielen Jahren, in denen ich mich ziemlich fleischlos ernährte, betrat ich zum ersten Mal wieder eine Metzgerei. Das kleine willensstarke Bündel von zwei Jahren zog mich mit allen seinen verfügbaren Kräften in den Laden hinein. Sofort hielt ihm das attraktive Metzgerehepaar eine dicke Scheibe Wurst entgegen. Mehrmals pro Woche suchten wir seitdem das appetitlich saubere Geschäft auf. An den Geruch von rohem Fleisch konnte ich mich dennoch nicht gewöhnen. Dafür wurden wir so freundlich und liebenswürdig bedient, dass wir immer etwas länger blieben und noch plauderten. Umso tragischer empfand ich das Schicksal der Metzgerleute, von dem ich gerüchteweise erfahren hatte. Die gute Seele des Ladens, eine ältere humorvolle Verkäuferin, sei eines Tages schwer erkrankt und nach einigen Wochen verstorben, der stattliche Chef sei an dem typischen Leiden reifer Männer erkrankt und die aparte Chefin, seine elegante Frau, habe sich daraufhin nach einem Liebhaber umgesehen und, zusammen mit den Kindern, ihren Mann verlassen.

Für Thien brach die Welt in Hamburg zusammen, als die

Schlachter in Wandsbek mit kaltem Blick die gewünschte Ware einpackten, ohne die geringsten Anstalten zu machen, ihm eine Scheibe über die Theke zu reichen. Kein Lächeln, kein zusätzliches freundliches Wort für das Kind. Da fiel mir die grausamschreckliche Geschichte »Das Beil von Wandsbek« ein, die Arnold Zweig über ein Schlachterehepaar zur Zeit des Nationalsozialismus erzählt hatte. Der Schlachter verdingt sich für Geld als Henker bei den Nazis. Die Nachbarn erfahren davon und boykottieren ihn. Seine Frau erhängt sich, und auch er bringt sich um. Eine düstere Geschichte. Hatte sie etwas mit dem realen Wandsbek von früher und von heute zu tun?

Der Geschäftsführer eines kleinen Supermarkts in unserer Straße in Heidelberg rief immer, wenn er Thien sah: »Da kommt ja mein bester Freund!« Das Kind freute sich ungeheuer darüber, dass ihn ein so wichtiger Mann, der in diesem Geschäft das Sagen hatte, als seinen besten Freund begrüßte. Als er Laufen konnte, bewegte er sich dort völlig frei, ohne die Artikel aus den Regalen zu räumen. Nur einmal verschwand Thien und blieb lange Zeit unauffindbar. Der Geschäftsführer suchte in den Kühlräumen der Fleischabteilung. Die Verkäuferinnen liefen durch die Regalreihen. Ich rief auf der Straße nach dem Kind. Mit Schrecken dachte ich, dass jetzt eingetreten sei, was ich oftmals in der Zeitung mit Entsetzen gelesen oder manchmal als grauenvolles Geschehen geträumt hatte: Kind entführt, Mutter war nur für einen Moment unaufmerksam. Ein grausamer Alptraum. Was tun? Die Polizei rufen? Noch einmal alles absuchen. Panik. Tränen.

Endlich fand der Geschäftsführer das Kind. Es saß versteckt in einer Nische hinter der Kasse. Vor ihm lag eine aufgerissene Schachtel Würfelzucker. Die oberste Reihe der Würfel fehlte. Ein mit Speichel vermischter dickflüssiger Zuckerschleim floss aus beiden Mundwinkeln, und in den Händen klebten die Stückchen. Welch ein Genuss, welch ein Behagen! Da kümmerte es sich nicht darum, dass es von Mutter, Geschäftsführer, Verkäuferinnen und Kassiererinnen verzweifelt gesucht und gerufen wurde. Eine unvorstellbare Erleichterung ergriff mich. Die Schachtel ging auf Kosten des Hauses. Jedes Mal, wenn wir zum Einkaufen kamen, erinnerten wir uns mit dem Personal an diese Geschichte.

Wenn wir heute Heidelberg besuchen, stellen wir traurigerweise fest, dass immer mehr Geschäfte der Heidelberger Einzelhändler, bei denen wir so gern einkauften, verschwunden sind.

Die evangelische Johannes-Kirche und St. Raffael, das katholische Gotteshaus, lagen in unserer Nähe. Kirchenbesichtigungen gehörten zum Programm unserer Spaziergänge. Thien bewunderte die Engel, die das Kirchenschiff bevölkerten, und die Orgelmusik. Vor allem zur Gemeinde der katholischen Kirche stellten sich schon bald Kontakte her. Mit dem leutseligen Pfarrer plauderten wir gern. Wir bekamen immer etwas zu lachen. So lernten wir auch die Gemeindehelferinnen kennen. Thien liebte es, den Nonnen mit wehendem Schleier auf ihren Fahrrädern hinterher zu schauen. Frau Gärtner, die vier Jungen groß gezogen hatte und im Gemeindeleben der Kirche sehr engagiert war, »arbeitete« mich ins Muttersein ein. Obwohl evangelisch, nahmen wir an den Festen der Gemeinde teil. Meine Mutter, die nicht so leicht Konfessionsgrenzen beiseite schob und sich auf den katholischen Veranstaltungen nicht so wohl fühlte wie ich, überraschte mich mit der Bemerkung, es seien gar keine ausländischen Mitbürger unter den Gästen. Damit hatte sie nicht unrecht.

Unsere Wohnwelt

Wir wohnten in der wunderschönen Gartenstadt Neuenheim mit ihren eindrucksvollen Villen verschiedenster Stilrichtungen und den üppigen, selten gepflegten Vorgärten. Wild romantisch eben. Dort steht allerdings ein schmuckloses, finsteres Haus, das hässlichste der ganzen Gegend. Darin wohnten wir. Das Haus wirkt wie eine Festung, auf Besucher abschreckend. Es wurde in den siebziger Jahren mit grauem Sichtbeton zu einem dreigeschossigen

Apartmenthaus hochgezogen. Darauf setzte man ein merkwürdig schiefes Dach in Dunkelbraun. Vor dem Grundstück ließen die Besitzer eine mannshohe Mauer errichten, ebenfalls in unansehnlich grauem Beton. Hinter und über der Mauer wucherten Forsythien, Schilf und anderes Gestrüpp, so dass das lieblose Haus weitgehend versteckt blieb. Aber auch die Tannen am Eingang konnten nicht verhindern, dass Passanten etwas vom Haus sahen, etwa die braunen Fensterfronten im Obergeschoss oder das schreckliche Dach.

Vom Inneren des Hauses fiel der Blick auf die Sträucher, die wunderschönen Gärten der Nachbarn und die grünen Papageien in den Obstbäumen. Nicht das Haus, sondern unsere Aussicht, eine Zeitlang konnten wir sogar bis zum Heiligenberg schauen, bestimmte unser Seelenheil. Die Planer und Architekten des Hauses hätten nicht nur eine Negativ-Auszeichnung für ihre Umweltvergessenheit und ihren Willen zur Scheußlichkeit verdient, sondern auch für die unbarmherzige Zerstörung der vorhandenen Gartenkultur, die dem Bau zum Opfer fiel. Was haben sich die Fachleute im Stadtbauamt gedacht, als sie die Erlaubnis erteilten, einen von dem berühmten Landhausarchitekten Hermann Muthesius angelegten Garten durch den protzigen Bau dieser Wohnfestung zu zerstören?

Hermann Muthesius (1861–1927) war eine äußerst facettenreiche Figur. Er engagierte sich als Praktiker und Theoretiker der modernen Architektur und gründete zusammen mit Walter Gropius und Henry van de Velde den deutschen Werkbund, nahm dort aber eine Gegenposition zu den Funktionalisten ein. Als Beamter im Dienste Wilhelms II. konnte er Einfluss auf die Städtebauentwicklung im Reich nehmen. Der Kaiser schickte ihn an die deutsche Botschaft nach London. Er nutzte seinen Aufenthalt, um die englische Reformbewegung zu studieren und schrieb einen Klassiker über das englische Haus.

Eine der wenigen von Muthesius in Süddeutschland erbauten Villen mit Garten war von unserem Vermieter in den sechziger Jahren gekauft worden. Das Haus dokumentierte den Stil, den der Architekt propagierte, Abkehr vom Historismus wie vom

Funktionalismus und Hinwendung zur Sachlichkeit, kombiniert mit großzügigem Wohnkomfort. Davon ließ sich der Eigentümer nicht beeindrucken. Kurzerhand verwandelte er das kunsthistorische Juwel in ein Studentenwohnheim, das einige Jahre später wegen Fäulnis und Schwamm geschlossen wurde. Den ebenfalls konzeptionell angelegten Garten zerstörte er bedenkenlos durch den Bau des düsteren, von ihm selbst bewohnten Apartmenthauses, der die Erinnerung an den besonderen Ort tilgte. Er erzählte uns, dass Studenten der Freien Universität Berlin in mühevoller Kleinarbeit versuchten, den Plan des Gartens zu rekonstruieren. Er zeigte ihnen stolz eine alte, halb verfallene Schublade des berühmten Architekten, die er bewahrt hatte und aufhob, während er den Garten, das eigentliche Kunstwerk, der Vernichtung anheim fallen ließ.

Am Eingang gab das Gestrüpp auf der Festungsmauer eine riesige, in weißer Farbe lackierte Acht frei. Unsere Hausnummer. Es war die erste Zahl, die Thien kennen lernte. Beim Nachhausekommen sprach ich sie ihm laut vor. Die Acht ist bis heute seine Lieblingszahl geblieben. Dem Vermieterehepaar gingen wir, wenn möglich, aus dem Weg. Es schien sich nicht darüber zu freuen, dass sich ihre Mieterin, die bindungslose ruhige Akademikerin, Nachwuchs zugelegt hatte, der eventuell die Friedhofsruhe des Hauses stören würde.

Unsere Wohnung mit den dunklen Fensterfassungen hätte bedrückend wirken können, aber ich hängte alle braunen Türen aus, die Fenster standen zumeist weit offen, die Wände waren von breiten Regalen oder von großen Spiegeln bedeckt, so dass alles großzügig wirkte. Jede freie Minute gingen wir nach draußen. Wir verbrachten viel Zeit am Neckar. Oftmals trafen wir Thiens chinesische und japanische Freundinnen. Ein paar deutsche Kinder kannten wir natürlich auch.

Das merkwürdige Zusammenleben von Einheimischen und Zugezogenen

Zunächst lernten wir die zarte Kuniko aus Japan beim Kinderturnen kennen. Sie sah niedlich aus mit ihren geflochtenen Zöpfen, bunten Schleifen und adretten rosafarbenen Kleidchen. Fast immer blieb sie an der Hand ihrer Mutter, traute sich selten zu, allein durch die Halle zu hüpfen oder zu balancieren. Ihre Mutter und ich kamen schnell ins Gespräch. Mit deutschen Müttern ist das nicht immer so leicht. Die Bereitschaft, sich spontan auf die Kommunikation mit anderen Müttern einzulassen, ist eher selten. Es wird auf Distinktion geachtet. In ihren Blicken haben sie ein Frühwarnsystem installiert, um abzuschätzen, ob sich der Kontakt überhaupt lohnt, ob auch die soziale Schicht- und Milieuzugehörigkeit passt. Die Marke des Kinderwagens und der Klamotten der Kleinen verraten schon einiges, etwa wie viel finanzielle Ressourcen die Eltern für die Ausstattung ihrer Kinder aufwenden. Thien und ich waren nicht so leicht einzuschätzen. Es fehlten die geeigneten Raster. Dann ist Distanz in jedem Fall angebracht.

Diese Überlegungen stellte die Mutter von Kuniko nicht an, jedenfalls nicht in diesem Stadium der Bekanntschaft. Wir Mütter der asiatisch ausschauenden Kinder im Turnverein kamen schnell und problemlos miteinander ins Gespräch. Die Kombination, deutsche Mutter mit asiatisch aussehendem Kind, entfachte Neugier, vielleicht auch Hoffnungen, mit der einheimischen Bevölkerung Kontakte zu knüpfen.

Immer wieder beobachte ich mit Erschrecken, wie isoliert ausländische Familien in Deutschland leben, wenn die Väter für einen Gastaufenthalt von Firmen oder von Instituten eingeladen werden, in Deutschland vor Ort zu arbeiten. Zumeist folgen dann ein paar Abendessen mit dem Arbeitgeber und den Kollegen, damit genug. Die Kontakte zu deutschen Familien bleiben spärlich. Rasch dagegen finden die neu angekommenen Familien Zugang zu den Communities der aus dem jeweiligen Herkunftsland Zugewanderten, die seit längerem in Deutschland angesiedelt sind. Diese Communities haben oft auch nicht viele Verbindungen zu Deutschen, aber sie verfügen über Erfahrungen und helfen den Neulingen mit dem Nötigsten. Die Gründe für die langen Phasen des Nebeneinanderherlebens von Einheimischen und Zugezogenen liegen auf beiden Seiten.

Bei den Einheimischen hängt dieses Verhalten damit zusammen, dass deren Mobilität teilweise gering ausgebildet ist. Bei uns haben viele Menschen niemals ihre Heimat verlassen, ihren Wohnort gewechselt oder der letzte Umzug liegt lange zurück. Sie können sich überhaupt nicht vorstellen, wie rundherum bedürftig jemand ist, der sich eine neue Existenz am fremden Ort aufbaut. Oder sie haben Ängste, sich zu sehr engagieren zu müssen und halten sich vorsichtshalber lieber bedeckt. Ich erinnere mich an meinen Versuch, in Bremen Wurzeln zu schlagen. Unterstützung erhielt ich nur von Kollegen, die ebenfalls neu zugezogen waren. Die »alten« Bremer, die an der Universität studiert und dort einen Arbeitsplatz gefunden hatten, hätten uns zweifellos ihre Stadt am besten nahe bringen können. Aber sie öffneten sich und ihre Wohnungen uns Fremden erst zu einem Zeitpunkt, als wir schon unsere Enttäuschung verarbeitet und nun unsererseits die uns entgegengebrachte bremische Reserviertheit zu Eigen gemacht hatten. Da war es zu spät. Auf beiden Seiten. Damals suchte ich bald das Weite und zog nach Bayern um.

Thiens erste Freundin: Kuniko

Noch verhielt sich Thien gleichgültig gegenüber Herkunftsfragen. Kind war für ihn Kind. Er wünschte sich Kinder, die in seiner Nähe waren, die ihm Spielsachen mitbrachten, seine Bauklötze nicht über Gebühr für sich beanspruchten und die sich seinen Erwartungen unterordneten, auf keinen Fall aber viel von ihm verlangten. Kuniko passte gut in dieses Konzept. Sie war genauso alt wie Thien. Die Kinder bauten jeder mit eigenem »My First Duplo« oder legten einen Zoo für ihre Steifftiere an. Es fiel ihnen kaum auf, dass sie nicht dieselbe Sprache sprachen. Die Krisen, die beim Spielen auftraten, wurden sowieso nonverbal gelöst: Wegnehmen oder Geben, Aufessen oder Teilen. Die Mütter verharrten im Status permanenter Interventionsbereitschaft. Im Großen und Ganzen spielten die Kinder friedlich miteinander.

Miyoko, Kunikos Mutter, achtete streng darauf, dass Kuniko etwas beim Spielen lernte. Sie malte viel, wozu Thien niemals Lust hatte. Auf gemeinsamen Spaziergängen blieb Miyoko mit ihrer Tochter bewundernd vor Blumenbeeten und ich mit meinem Sohn vor Baggern stehen. Mit »Schau, die zarten Blüten! Es sind Osterglocken« stimulierte Miyoko die Sinne ihrer Tochter, während ich mit »Guck mal, was der Bagger aufgrund der Hebelwirkung alles heben kann!« Thiens Verständnis für physikalische Gesetzmäßigkeiten zu fördern suchte. Beispiele für eine perfekte geschlechtsspezifische Sozialisation! Im Heidelberger Zoo interessierte sich Thien daher vor allem für den dort aufgestellten Bagger, dann erst für die Elefanten und ein wenig für die putzigen Paviane. Er kletterte schon bald sehr geschickt auf allen Spielplatzgeräten herum, Kuniko dagegen saß ängstlich auf der Schaukel, wenn ihre Mutter ihr vorsichtig einen Anschwung verpasste. Dafür spielte sie geduldig mit Förmchen im Sandkasten, während Thien lieber durch die Gegend krabbelte.

Als mein Sohn einmal mit Buntstiften ein Blatt Papier mit Strichen überzog, die zufällig ein großes T ergaben, war Miyoko bestürzt, dass er offensichtlich schon mit knapp zwei Jahren den ersten Buchstaben seines Namens beherrschte und malen konnte. Miyokos Bildungseifersucht trat heftig und ungeschminkt zu Tage. Woher er das schon könne? Wie oft ich dafür mit ihm geübt hätte? Gar nicht. Ich besänftigte sie. Die Mütter aus den Mittel- und Oberschichten moderner Gesellschaften sind heutzutage besessen davon, dass ihr Kind mehr lernt als andere gleichaltrige Kinder. Sie geizen um jeden Bildungsvorsprung. Bisweilen nehmen sie den

Kindern ihre Kindheit vor lauter Konkurrenzbewusstsein und Bildungssucht. Solidarisch mit anderen Kindern zu spielen, lernen diese Kinder nicht. Ich beruhigte die ehrgeizige Mutter, das T sei aus einer zufälligen Anordnung willkürlich gezeichneter Striche entstanden und nicht bewusst produziert. Ich sah noch keine Notwendigkeit, Thien gezielt das ABC beizubringen. Gut für die arme Kuniko, sonst hätte die Mutter sofort ein japanisch-deutsches Lernprogramm mit ihr gestartet, um Thiens kurzfristigen Bildungsvorsprung zu überrunden.

Die Familie bewohnte eine kleine geschmackvoll möblierte Wohneinheit im Gästehaus eines großen Forschungsinstituts der Universität. Von seinen Forschern verlangt das Institut einen Arbeitseinsatz Tag und Nacht. Den Ehemann sah ich daher selten. Immerhin winkten Nobelpreise. Alle hofften auf Durchbrüche, die Ursachen von Demenz und die Chancen auf Heilung zu erforschen. Miyoko sprach englisch, französisch und deutsch. Ihr Vater war ein berühmter japanischer Mediziner, der viel reiste und seine Tochter öfters in Heidelberg besuchte. Sie verbrachte ihre ganze Zeit mit Kuniko und wollte von mir möglichst viel darüber wissen, wie die Deutschen ihre Kinder optimal fördern. Sie hätte auch gern mit mir Rezepte zum Kochen und Einkaufstipps ausgetauscht. Auf diesen Gebieten kannte ich mich leider kaum aus, aber ich erfuhr einiges von ihr. Sie betonte, es sei wichtig, in der Kindererziehung Regeln aufzustellen und auf Einhaltung zu bestehen. Hier musste ich dazu lernen, denn meine Lieblingsmetapher »alles fließt« eignete sich zunächst ganz und gar nicht dazu, dem Kind die notwendigen Grenzen auf dem Gebiet der häuslichen Ordnung zu setzen und über deren Einhaltung zu wachen.

Im kleinen Wohnzimmer der Familie stand eine zierliche Vitrine als Prunkstück der Einrichtung. Hier stellte die Familie ihr schönes, aus Japan mitgebrachtes Porzellan zur Schau. Zwischendrin standen gesammelte Souvenirs aus Deutschland. Eine Muttergottes aus glänzendem Porzellan, aus Holz Jesus Christus am Kreuz hängend, eine gipserne Büste, die unverkennbar Beethoven darstellte und, ich schaute mehrfach hin, ob ich mich nicht täuschte, aber nein, da stand eindeutig der Kopf von Adolf Hitler. Ich schluckte schwer. Einige Besuche später begann ich vorsichtig, politische Themen anzureißen. Völlig erfolglos. Niemals ließ sich die vornehme Miyoko auf solche Gespräche ein. Mir ließ es keine Ruhe. Als ich ihren Mann einmal traf, sprach ich ihn an. Stolz zeigte er mir daraufhin sein Videoarchiv mit Filmen über die Uniformen und die Abzeichen der SS, über die verwirklichte und projektierte Architektur der Hitler-Zeit, über Albert Speer und über Heinrich Himmlers geplante »Reichsführerschule« auf der Wewelsburg, nahe Paderborn. Sehr speziellen Interessen widmete sich dieser Japaner neben seiner Tätigkeit als Mediziner! Ich staunte. Es gebe in Japan große Informationsdefizite über den Nationalsozialismus, die er zu schließen beabsichtige.

Als ich Kunikos Familie meiner Mutter vorstellte, freute er sich sichtlich, jemanden zu treffen, der Hitler und das Dritte Reich aus eigner Anschauung miterlebt hatte. Er verwickelte sie in ein Gespräch über die Hitlerjugend, über besondere sozialpolitische Maßnahmen wie »Kraft durch Freude«, über den Bau der Autobahnen unter der Leitung von Fritz Todt und so weiter. Über die Vernichtung der Juden sprachen sie nicht.

Meine Anwesenheit bei dieser überraschenden Wendung der Konversation wurde überflüssig. Beide steigerten sich in Begeisterung und ergänzenden Kommentaren. Meine Mutter freute sich, einen Japaner zu treffen – es war sicherlich überhaupt der erste in ihrem Leben, mit dem sie sich unterhielt – der sich so sehr für ihre Vergangenheit interessierte. Das entfachte ihr Mitteilungsbedürfnis und erweckte in ihr das Gefühl einer Mission, einem Menschen, der die Hitler-Zeit nicht miterlebt hatte, »die wirkliche Geschichte« zu erzählen. Der Vater von Kuniko betonte mehrfach, wie beglückt er darüber sei, jemanden gefunden zu haben, der so authentisch und unbefangen seine Erlebnisse preisgab und Hitler noch, wenn auch nur von weitem, gesehen und seine Stimme durch den Volksempfänger oft genug gehört hatte.

Miyoko nahm an diesem Gespräch nicht teil und kümmerte sich um die Kinder. Ich zog mich auf die Gastgeberrolle zurück und servierte. Ich fragte schließlich doch, ob er mit den Nazis sympathisiere. Die Frage verneinte er, es sei ein ausschließlich historisch begründetes Interesse.

Interkulturelle Brücken und Brüche oder tiefe Zuneigung zwischen Müttern und Kindern, jenseits ihrer Herkunft

Plötzlich tauchte im Turnverein noch ein asiatisches Kind auf, in Hosen und mit zerzausten Haaren. Es sah aus wie ein asiatischer Struwwelpeter. Miyoko wusste zu berichten, dass eine chinesische Familie neu im Gästehaus des Forschungsinstituts eingezogen war. Sie rümpfte die Nase. Das Kind tobte wild in der Turnhalle herum, die Mutter hielt sich abseits. Manchmal schrie es, dass die Wände erzitterten. Keine Sprossenleiter war ihm zu hoch, auf allen schiefen Ebenen purzelte es herunter, überschlug sich und stürmte weiter. Thien tat es ihm nach. Mutter und Kind trugen, eurozentrisch betrachtet, Schlafanzüge. Zunächst lief die Verständigung etwas schwierig an. Die Mutter sprach immer von ihrer »daughter«, sie meinte aber wohl ihren »son«. Sie schien andauernd »she« und »he« zu verwechseln. Bald besuchten wir sie im Gästehaus und stellten fest, dass sich in der Wohnung alles »in a mess« befand. Es waren wenig Möbel vorhanden, stattdessen lagen Umzugskartons, Kleider und Bücher durcheinander auf dem Boden und in der Mitte des Zimmers tanzte und sang ein elektronisch gesteuerter Nikolaus mit krächzender Stimme zur Belustigung der Kinder. Mitten im Frühling. Ich versuchte ihr mitzuteilen, dass ihr Kind ein »son« sei, aber sie blieb bei »daughter«.

Wir aßen Chips, später Reis mit Stäbchen. Die Familie kam aus dem südlichen China, der Vater des Kindes, ein junger Arzt mit Schwerpunkt Neurologie, nahm ein Stipendium in der Demenzforschung in Heidelberg wahr und verschwand für die Dauer des Aufenthalts im Labor. Lian, die Mutter, eine gelernte Krankenschwester, begleitete ihn nach Deutschland, bekam aber hier keine Arbeitserlaubnis. Die Familie benötigte verschiedenste Informationen und Hilfestellungen, um in Heidelberg zurecht zu kommen. Die bestens etablierten Japaner, die sich schon gut auskannten, hielten sich vornehm zurück. Sie befreundeten sich nicht wirklich. Vorurteile, die aus der unseligen Vergangenheit der beiden Völker resultierten, pflanzten sich im Dünkel der beiden Familien bis nach Heidelberg fort. Obwohl ihre gleich großen Wohnungen im Gästehaus übereinander lagen, kommunizierten sie fast nur in meiner Gegenwart miteinander, dann natürlich auf freundliche Weise.

Das Kind hieß Hoang-Hoang. War es ein Jungen- oder ein Mädchenname? Keine Ahnung. Es bekam eine Grippe. Ich schickte die Mutter mit dem wilden Kind zu Thiens Kinderarzt. Der beherrschte erstaunlicherweise auch nicht viel Englisch. So gab es Verständigungsschwierigkeiten, vor allem über das Honorar des Arztes und die Funktionsweise der Krankenversicherung in Deutschland, ich sprang ein und dolmetschte. Nachdem der Arzt das Kind untersucht hatte, fragte ich ihn vertraulich, wohlwissend dass er über andere Patienten keine Auskunft geben durfte, ob es sich wirklich um eine »daughter« handele. Medizinisch gesehen bestanden für ihn keinerlei Zweifel: Das Kind war ein Mädchen. Miyoko und ich konnten es noch immer nicht fassen.

Hoang-Hoang zwang Thien, ihr alle seine Spielsachen und Süßigkeiten zu überlassen, die heißgeliebten neu entdeckten Gummibärchen, zu denen Thien immer »Ohmann« sagte. Wir konnten beobachten, wie in Windeseile die kleinen Päckchen mit Gummibären samt Papier in ihrem Mund verschwanden, dem Teddy der Arm ausgerissen wurde und das Bilderbuch seine Seiten verlor. Welch ungebändigte Power! Der Mutter gab ich den vorsichtigen Hinweis, ihre derzeitige Garderobe zu Hause und zum Schlafen zu tragen und sich ein paar neue Outdoor-Klamotten zuzulegen. Von Adolf Hitler und der deutschen Geschichte wusste sie gar nichts.

Ich vermittelte Lian einen Englischkurs an der Universität. Der Chef des Dolmetscherinstituts fasste eine tiefe Zuneigung zu der aparten freundlichen Chinesin mit den glänzenden langen schwarzen Haaren. Auch Thien und ich schlossen sie und ihre Tochter immer mehr in unsere Herzen.

Sensible, gar innige Beziehungen entstehen auch bei begrenzten Möglichkeiten sprachlicher Verständigung. Lians Englischstudium machte rasche Fortschritte, und wir konnten unseren Gesprächsradius erweitern. Thien und ich behielten das exklusive Treffen mit Miyoko und Kuniko einmal in der Woche bei und trafen uns getrennt mit Lian und Hoang-Hoang. Gemeinsam mit den chinesischen und japanischen Bekannten sahen wir uns im Turnverein oder zu unseren Partys. Welche Distinktionsbedürfnisse die Leute unseres Umfelds auch immer untereinander und gegeneinander kultivierten, zu Thiens Geburtstag fand jedes Mal die große Party statt, auf der sie alle gemeinsam miteinander feiern mussten.

Aus Vietnam kamen Khanh, der Mitarbeiter von Tom und ein Professor aus Saigon, der in Mannheim eine Gastprofessur innehatte. Durch die Bekanntschaft mit der japanischen Familie trafen wir einige wohlhabende Koreaner, die in Heidelberg lebten, durch die chinesische Familie lernten wir deren Community kennen und zelebrierten mit ihnen das chinesische Neujahrsfest. Manchmal kam es zu heftigen Auseinandersetzungen über den Weg Chinas in die Moderne, über die Todesurteile für die Mitglieder der Falun Gong-Bewegung, die von den meisten der anwesenden Chinesen gerechtfertigt wurden. Allgemeiner noch sprachen wir über die universelle Geltung der Menschenrechte. Sie verteidigten einen besonderen chinesischen Weg mit eingeschränkter Demokratie. Konsens erzielten wir bei diesen Themen selten.

Im Unterschied zu der hoch gebildeten Miyoko, die sich am liebsten innerhalb ihres Rollenverständnisses als Frau und Mutter bewegte, konnte ich bei Lian keinerlei Züge eines spezifisch weiblichen Selbstverständnisses finden. Weder interessierte sie sich für Kochrezepte und für Mode noch für Männer. Wir sprachen viel und intensiv über Globalisierung, über unterschiedliche Lebensstile in China, USA und Deutschland. Hinzu kam die Freude, die wir über unsere Kinder empfanden. Ein großes Erlebnis für die Kinder war Fasching, und auch ich hatte in meinem Erwachsenendasein noch niemals so viel Spaß an den Karnevalsumzügen gehabt. Das Vergnügen der Kinder, die ihnen von immer neuen Masken zugeworfenen Bonbons zu fangen, war grenzenlos. Ein tolles Spektakel, das wir im kleinen Ziegelhausen und auf der Hauptstraße in Heidelberg miterlebten. Auf dem Kinderfasching in Dossenheim führte Hoang-Hoang die Polonaise an der Spitze an. Auf der Bühne nahm sie selbstverständlich einen Preis der Veranstalter entgegen. Nun schnitt die Mutter die Haare ihrer Tochter nicht mehr kurz ab, sondern ließ sie wachsen. Allmählich schaute sie wie ein verwegenes Mädchen aus. Ich prognostizierte, sie würde einst die Vorsitzende der KP Chinas werden. Thien übernähme dann die Präsidentschaft der Vereinten Nationen. Beide würden heiraten und zu einer weltweiten Durchsetzung der Menschenrechte und zur Versöhnung der Völker beitragen, so spekulierte ich über die Zukunft der Kinder.

Zu den schönsten Erlebnissen gehörten die Radtouren mit den Kindern am Neckar entlang. Die Kinder winkten den Flussschiffern zu und diese winkten zurück. Wir sangen englische, deutsche und chinesische Songs. Wir Mütter wussten beide, dass unsere Kinder etwas zu wild, unbändig und verwöhnt waren und wir künftig konsequenter werden mussten. Aber es ging uns gut. Und es lag noch genügend Zeit vor uns, bis uns unsere Wege wieder in unterschiedliche Richtungen führen würden.

KAPITEL FÜNF

Wie halte ich es mit der Religion bei meinem Kind?

Was soll das Kind glauben?

In unseren glücklichen Jahren, während der sogenannten frühkindlichen Phase meines Sohnes, beschäftigte ich mich wenig theoretisch mit Erziehungsfragen. Ich bekam den Eindruck, ich selbst werde vom Kind erzogen, sosehr veränderte sich mein Leben vom »Berufsmenschen« zum »Muttertier«. Selbstverständlich las ich die üblichen Standardwerke zu den Themen »Mein Kind kann einschlafen«, »Mein Kind kann Regeln lernen«, »Mein Kind kann spielen« und so weiter. Auch gewann ich eine Vorstellung, worauf die »Festhalte-Therapie« hinaus will und wie man die Entwicklung einer tyrannischen Charakterstruktur verhindert. Ebenso beschäftigten mich die Folgen zu großer Liebe der Eltern auf die kindliche Entwicklung.

Aber, um ehrlich zu sein, die Gegenwart erlebte ich als derartig überwältigend, dass das Bücherwissen abstrakt blieb. Lesen und Schreiben, Erfahrungen aufzuarbeiten und auf einem allgemeinen Niveau zu reflektieren, normalerweise meine Lieblingsbeschäftigungen, traten in den Hintergrund. Das Bedürfnis danach war nicht stark genug. G. W. F. Hegel konstatierte einst so treffend für die Weltgeschichte, dass die Perioden des Glücks leere Blätter seien. Mir scheint, dieser Satz ist nicht nur im Blick auf die Menschheit, sondern auch auf Einzelwesen wie mich anwendbar: In unserer glücklichen Heidelberger Zeit blieben meine Blätter leer und den schon beschriebenen Blättern widmete ich mich vorwiegend aus beruflichen Zwängen.

Dennoch ging ich nicht völlig orientierungslos an meine Aufgabe heran, meinen Sohn nicht nur zu »versorgen« und zu »betreuen«, sondern auch zu ziehen, zu »erziehen«. In welche Richtung? Wie viele Eltern wünschte ich mir, dass Thien später einmal ein zufriedenes und, soweit wie möglich, ein freies selbstbestimmtes Leben führen würde, gesund und ohne materielle und psychische Not. Dazu gehört Respekt vor dem eigenen Leben und dem der Anderen zu empfinden. Eine Zeitlang huldigten viele Eltern, die mehr oder weniger vom antiautoritären Zeitgeist gepackt waren, dem Irrglauben, ein solches Wertebewusstsein wachse bei den Kindern spontan und ohne ein besonderes Zutun ihrerseits.

Heutzutage sind Heranwachsende schon sehr früh vielen verschiedenen und oftmals schädlichen Einflüssen ausgesetzt. Den Eltern und Lehrern ist es kaum noch möglich, diese zu kontrollieren oder ihre Kinder davor zu bewahren. So gelang es mir lange Zeit, um ein harmloses Beispiel zu geben, Thien von Süßigkeiten fern zu halten. Bis wir zum Kinderturnen gingen. Die Bekanntschaft mit den Gummibären und Bonbons, Eltern verteilten sie nach der Turnstunde zur Belohnung, entfachten bei meinem Sohn eine solche permanente Lust und Sehnsucht nach Süßem, die ich niemals mehr rückgängig machen konnte. Ein Damm war gebrochen, der sich nicht mehr reparieren ließ. Ähnlich ging es mir mit dem Fernsehen: Der Fernsehapparat blieb über Jahre ein geräuschloser schwarzer Kasten, der im Regal stand. Plötzlich geschah es, Thien, zu Gast bei einem Freund, »glotzte« zum ersten Mal fern, die Teletubbies. Ein unrevidierbarer täglicher Kampf ums Ein- und Ausschalten des Kastens begann.

Zugleich tun sich viele Eltern schwer, eine konsequente, dennoch nicht autoritäre Werthaltung in der Erziehung umzusetzen. Es gilt als besonders fortschrittlich, Kinder nicht religiös, sondern religionswissenschaftlich zu erziehen. Sie stellen ihnen verschiedene Religionen vor, aber sie beziehen keinen Standpunkt. Sicher, der Alltag fordert einen unentwegt heraus, dem Kind zu sagen, was es darf und was es nicht darf, zu entscheiden, was gut und richtig ist und was hier und jetzt getan werden soll. Da geht es nach dem Prinzip »aktio–reaktio«, da bleibt kaum Zeit, Werte zu vermitteln. Aber »warum ist eine Kinderfrage«, schrieb Gottfried Benn einmal, sie wird von Kindern oft gestellt, und »gut« und »böse« gehören zu den grundlegenden Kategorien, die sie zur Markierung und Orientierung in ihrer Umwelt verwenden. Darüber können und müssen wir Erwachsene mit ihnen ins Gespräch kommen, aber vor allem müssen wir ihnen deutlich vermitteln, dass es unsere Werte sind und wir auf deren Einhaltung bestehen. Auch wenn wir nicht bereit sind, den Begründungsdiskurs, den wir selbstverständlich mit unseren Kindern in konzentrierten Augenblicken führen, ins (schlechte) Unendliche zu treiben. Das funktioniert nicht in der Politik und viel weniger im Kinderzimmer.

Die meisten Überlegungen, warum ich mich entschied, meinen Sohn möglichst im christlichen Geist zu erziehen, waren pragmatischer Natur. Von Thiens Vater in Vietnam wussten wir nicht viel. Vielleicht würde sich das Kind einmal nach einem Vater sehnen, an den es sich jederzeit wenden konnte, um ihm seine Wünsche, Hoffnungen, Sorgen und Ängste mitzuteilen. Ich versuchte ihm zu vermitteln, dass Gott für ihn ein solcher Vater sein kann. Jemand der ihm immer zuhört, auch wenn er ihn nicht sieht. Der sich nicht zum Joggen oder zum Urlaub abmeldet. Der ihn im Gebet tröstet, wenn er traurig ist. Die schönen Geschichten des Evangeliums sensibilisieren Kinder dafür, sich als Mensch nicht nur im körperlichen und materiellen Hier und Jetzt zu betrachten, sondern darüber hinaus als geistiges Wesen in einer geistigen Welt. Diese Welt wird auch in der Kunst und in der Philosophie zum Thema, aber im christlichen Mythos erscheint mir der Gedanke für ein Kind fasslicher, sich zu Hause in Gottes Welt zu begreifen.

Gerade ein adoptiertes Kind wird sich mit der Frage, wo es zu Hause ist, auseinandersetzen und vielleicht in der Entscheidung zwischen seiner Herkunft und seinem späteren Lebensweg keine befriedigende Antwort finden. Thiens Schweizer Freundin Ajala, ein aus Katmandu adoptiertes Mädchen, wird von ihren Eltern buddhistisch erzogen. Darüber habe ich selbstverständlich auch nachgedacht und Wege in andere Religionen, auch in den Atheismus, sollen meinem Sohn jederzeit offen stehen, wenn er sich dahin orientieren möchte. Aber ich entschied mich dennoch dafür, ihm das Christentum nahe zu bringen, vor allem die christliche Ethik, die tief in unserer Kulturgeschichte wurzelt. Die christliche Religion bietet ihm weit in die Kultur reichende Möglichkeiten der sozialen und mentalen Integration in unsere Gesellschaft und Geschichte, mehr als andere Religionen. Noch.

Die christlichen Gemeinden als Unterstützungsnetzwerke für Familien

Ich bewegte mich mit dem Kind kirchennah. An wen konnte ich mich wenden bei plötzlichen Lebenskrisen und existenziellen Schwierigkeiten? Eine offene undogmatische Gemeindearbeit der kirchlichen Einrichtungen bietet in Deutschland für viele Menschen die einzige Anlaufstelle, um bei der Bewältigung von schweren Problemen Unterstützung zu finden. Die Belastungsgrenzen von Familienmitgliedern und Freunden sind schnell erreicht. Gerade noch auf die Eltern-Kind-Beziehung richtet sich die Solidarität der Familien, für entferntere Angehörige fehlt ihnen in den meisten Fällen die Kraft. Oftmals sind die Verwandten auch gar nicht am Ort verfügbar.

In Heidelberg bemerkten wir dieses Problem noch nicht, da meine Mutter immer wieder zur Stelle war, aber in Hamburg litten wir immens an diesem Problem und konnten es nicht lösen. Dort bekamen wir zu spüren, wie sehr sich die meisten Familien nur um ihren engsten Kreis kümmern. Außerdem leiden viele Familien unter permanenten Überforderungen, immer am Rande der physischen und psychischen Erschöpfung.

Dahinter verbergen sich nicht nur finanzielle Probleme. Weniger Mütter gehen in Deutschland einer auskömmlichen Erwerbsarbeit nach als in den angelsächsischen oder in den skandinavischen Ländern. Aber auch bei uns nehmen die Erwerbstätigkeit der Frauen und die Mobilität der Familien kontinuierlich zu, dennoch fehlen familiennahe kommunale Netzwerke, um Eltern und Kinder zu unterstützen. Und die vorhandenen kommunalen Ämter sind zu weit weg von Menschen in Bedrängnissen und Notlagen. Vielerorts mögen diese Ämter mit gut ausgebildetem Fachpersonal bestückt sein, für überforderte Familien ist der Gang dorthin endlos weit und mit mentalen Hürden verstellt. Im Kontakt mit den Behörden kommen sich die Betroffenen als »abgerutscht« und »abgehängt« vor. Leichter fällt der Weg zur Gemeinde und zu ihren engagierten Helferinnen und Helfern. Dort wird auch nicht sofort eine Akte über einen angelegt. Eine offene undogmatische Gemeindearbeit der Kirchen vor Ort ist oft die einzige erreichbare Anlaufstelle für Menschen in existenziellen Nöten.

Viele Menschen versuchen sich selbst am Schopf zu fassen und rutschen mit ihren Angehörigen tiefer hinein ins Elend. Manchmal lasten auch die Erwartungen der Familie zu stark auf einem, um die Angehörigen ins Vertrauen zu ziehen. In den letzten zwanzig Jahren haben große Teile der Bevölkerung bis weit in die Mittelschichten hinein die Risiken des Verlusts des Arbeitsplatzes erfahren. Lebensentwürfe wurden unerwartet in Frage gestellt. Zumal wenn zusätzliche Schicksalsschläge auftreten wie der Tod naher Angehöriger, Krankheiten, Behinderungen, schulische Schwierigkeiten des Kindes, beruflicher Ärger, Mobbing, am Ende gar Arbeitslosigkeit. Dann entwickelt sich der Alltag unversehens zu täglichen Zerreißproben, deren Ausgang höchst ungewiss ist. Mit Erschütterung informieren uns die Medien über Verzweiflungstaten von Müttern oder Vätern an ihren Kindern und von isolierten Kindern, die in eine Wahnwelt abgedriftet sind. Über die Nöte, in die manche Menschen geraten und darauf mit Kurzschlusshandlungen reagieren, wundern sich manche Zeitungsleser: »Ach, davon hatten wir keine Ahnung. Das ist ja schrecklich.«

Gelegentlich, wenn ich mich mit Erziehenden über ihre Probleme unterhalte, wundere ich mich und bin dankbar, dass solche Verzweiflungstaten nicht häufiger geschehen.

Religiöse Orientierungen in den modernen Welten unserer Kinder

Die Nähe zur Kirche suchte ich nicht nur aus sozialen Gründen, mir ging es ebenso um Religion, um Antworten auf Fragen nach den »letzten Dingen«. Wenn das Leben einige Erfolge im Beruf und in der Liebe bietet, von denen wir geträumt haben, scheinen wir auf sicherem Boden zu stehen und der Abgrund der individuellen Existenz, die Verzweiflung, weit entfernt. Das kann sich schnell ändern. Der wohlüberlegte, nicht absurde Glaube ist dann vielleicht der einzige Rettungsanker. Gründe der Trauer würden auf meinen Sohn irgendwann zukommen. Woher würde er die Stärke beziehen, dem Leben zugewandt zu bleiben? Schon frühzeitig musste der arme Kerl aus solchen weitgespannten Überlegungen seiner Mutter heraus jeden Abend sein Gebet aufsagen.

In meinem sozialen Umfeld beobachtete ich die ungeheueren Anstrengungen, die Angehörige der Mittelschichten für die Erziehung und Ausbildung ihrer Kinder unternehmen. Die Ziele sind vorwiegend auf den Erfolg der Kinder innerhalb der Schule und später des Berufs gerichtet. Religiöse Erziehung fehlt. Die Kinder lernen unterschiedliche Gottesbegriffe und religiöse Gebräuche kennen, aber keiner spricht mit ihnen über den Sinn des Glaubens. Dieser religiöse Relativismus, den Eltern und Lehrer praktizieren, bietet für die Bildung der Identität und für die Orientierung der Kinder in seelischen Krisen keine Lösung. Die Kinder erfahren vor allem nicht, wie sie sich selbst helfen und wie sie für sich eine Antwort finden können.

Hinter diesem Verhalten stehen tiefgreifende Ängste und Unsicherheiten vieler Eltern vor sozialem Abstieg und damit verbunden ein Misstrauen gegenüber unseren kulturellen Traditionen, in denen sie sich nicht mehr geborgen fühlen. Das Vertrauen auf die Gesellschaft und auf einen Sozialstaat, der ihnen zu einer zweiten Chance verhilft, ist geschwunden. Diese Angst übertragen sie auf ihre Kinder. Seit ein höherer gesellschaftlicher Status für sie schwieriger zu halten ist, konzentrieren sie sich noch mehr darauf, beruflich fit zu sein. Das Berufsleben greift immer tiefer in die Struktur ihrer gesellschaftlichen und individuellen Existenz ein. Sie richten ihr gesamtes Leben nach dem Beruf aus, vor allem dann, wenn sie sich mit der Arbeit identifizieren, hochgradig motiviert sind und der soziale Aufstieg lockt. Es bleibt kaum Platz für andere nachhaltige Erlebnisse. Zwar hat derjenige, der mit Desinteresse zur Arbeit geht, privat das Problem zu bewältigen, sich aus dem Motivationstief wieder herauszuholen und die fehlende berufliche Anerkennung zu kompensieren. Aber für viele Berufstätige gilt, dass der Beruf der faktische und gedankliche Mittelpunkt ihres Lebens ist: ihr Glücksspender, ihr Trost für Entsagungen, aber auch ihr »Gehäuse der Hörigkeit« (Max Weber). Fit im Job sein und eine Familie haben, die dazu passt, so lautet die Maxime der beruflich Erfolgreichen. In den Mittelschichten, in denen die finanziellen Ressourcen zur Abfederung von beruflichen und privaten Risiken begrenzt sind, verzichten viele junge Menschen auf Kinder.

Für mich schienen die Entwicklungsmöglichkeiten, die mir die Arbeitswelt bot, so ungleich interessanter und faszinierender als die Verhaltens- und Rollenmodelle, die mir die Ausübung der traditionellen Frauenrolle gewährt hätte. Von einem Familienernährer abhängig zu sein und auf die häusliche Lebenswelt reduziert zu werden, an deren Gestaltung mein Interesse immer denkbar gering war, kamen für mich nicht in Frage. Ich gehöre einer Frauengeneration an, für die die berufliche Karriere der zentrale Inhalt ihrer persönlichen Emanzipation bedeutete. Nach dem Studium bis zu meiner Geburt als Mutter verlief mein Leben professionell gestylt: Möbel, Business-Kostüme, Make-up, Veröffentlichungsliste. Was war daran schlecht? Nichts. Nur es fehlten Zeit und Raum für Wahrnehmungen und Erfahrungen außerhalb der Sphäre von Leistung, Wettbewerb, Beschleunigung und Status.

Die Berufswelt ist die Sphäre der Gesunden, Starken und Schnellen. Auf der Karriereleiter wird alles poliert und zum Glänzen gebracht. Die Menschen sind aber nicht ihr ganzes Leben lang gesund und stark. Häufig können auch die Erfolgreichsten das Tempo nicht mehr halten. Welch ein Schrecken überfällt einen, wenn man einmal zur Routineuntersuchung das Krankenhaus aufsucht. Man sieht kranke und schwerstkranke Menschen. Panik ergreift einen, es könnte auch einen selbst treffen. Die Berufswelt verwehrt Kranken den Zutritt: Sie werden krankgeschrieben oder scheiden aus. Für behinderte Menschen werden spezielle Arbeitsstätten eingerichtet. Selten sind sie auf den vordersten Plätzen in Wirtschaft, Wissenschaft und Verwaltung zu finden. Als Single kann man sich unentwegt mit neuen höher gesteckten Arbeitszielen antreiben, über Jahre hinweg, ohne zu »schwächeln«. Aber irgendwann relativiert man sein Tun und sucht nach einer tiefergreifenden Definition des eigenen Selbst, in der Erfahrungen der Liebe und des Leidens, der Sorge und des unverdienten Glücks Platz haben.

Thomas Buddenbrook, so erzählt Thomas Mann, suchte in einem Augenblick des Überdrusses an der kaufmännischen Welt den Pavillon in seinem Garten auf und las Arthur Schopenhauer. Religion, Kunst und Philosophie erhalten uns als geistige mitfühlende und den Sinn unserer Existenz begreifende Wesen am Leben. An wen können wir uns wenden, wenn es um unser gesamtes Dasein und das unserer Lieben geht?

Mein Sohn war gerade ein Jahr geworden und hatte sich prächtig entwickelt. An Heiligabend besuchte ich mit ihm den evangelischen Kindergottesdienst. Er saß dick eingepackt auf meinem Schoß. Die Kinder um uns herum konnten kaum von ihren Eltern beruhigt werden. Es ging chaotisch zu. Der Pfarrer gab sich alle Mühe. Dennoch konnte ich kaum die Worte der Weihnachtsgeschichte verstehen. Nur die Orgel klang gewohnt feierlich. Wir sangen »O du fröhliche, o du selige, gnadenbringende Weihnachtszeit«. Plötzlich weinte ich und konnte nichts dagegen machen. Die Tränen flossen aus mir heraus. Hoffentlich beobachtete mich niemand. Das Gefühl einer unendlichen Dankbarkeit für diesen Gott, der unser beider Leben zusammengeführt hatte, durchströmte mich, glücklich und besorgt zugleich. Wie würde das Schicksal meines Kindes verlaufen?

Zu Hause brach Thien beim Anblick seiner Weihnachtsgeschenke in ein erbärmliches Schreien aus. Nichts gefiel ihm davon, und eine blauschwarze Katze aus lackiertem Holz, deren langgestreckter Schwanz künftig als Messlatte für sein Wachstum dienen sollte, jagte ihm schreckliche Angst ein.

KAPITEL SECHS

Das Elend der Kinderbetreuung

Was bedeutet Betreuung?

Nicht immer war unser Leben durch solche Brunnen tiefen Gefühls geprägt wie beim Gottesdienst an Heiligabend. Es galt, unser Leben funktionsfähig zu organisieren, und das war nicht immer leicht. In den ersten Wochen nach unserer Ankunft in Heidelberg, noch waren Semesterferien, versorgte ich das Kind zusammen mit zwei gestandenen Damen, meiner Mutter und mit Frau Gärtner von der katholischen Gemeinde. Eine Übergangslösung. Für die Vorlesungszeit musste eine dauerhaftere Lösung gefunden werden. Zu diesem Zeitpunkt hatte ich noch keine Ahnung von dem immensen Betreuungsnotstand, der in Deutschland herrscht. Ahnungslos und zuversichtlich nahm ich die Bewältigung eines Problems in Angriff, das sich von nun an als Dauerbrenner erweisen sollte, der mich nicht mehr zur Ruhe kommen ließ. Jahr für Jahr, Monat für Monat, Tag für Tag stellte sich erneut die Frage der Betreuung des Kindes, die große Unruhestifterin in unserem Leben. Eine Belastung, die immer wieder auftrat. Jede Lösung erwies sich als nur vorübergehend, als zeitlich befristet, und ich sah mich immer wieder damit konfrontiert, neue Arrangements mit Personen, Zeiten und Räumen zu treffen.

Zum damaligen Zeitpunkt hatte ich mir über den Begriff Kinderbetreuung noch keine Gedanken gemacht. Gemeinhin wird in Deutschland darunter verstanden, dass jemand aufpasst und verhindert, dass Kinder Dummheiten anstellen oder sich selbst gefährden. Aus den Aktivitäten der Kinder soll, während sie betreut werden, kein Schaden für die Eltern erwachsen. Also eine Form der Aufbewahrung. Ein Begriff, den zwar die meisten negativ abgrenzen, aber die wenigsten, auch oftmals diejenigen nicht, die Betreuungsaufgaben wahrnehmen, positiv definieren können.

Bedenkt man, dass es sich dabei um kostbare Lebens- und Lernzeit der Kinder handelt, so ist dieses Verständnis völlig unzureichend. Eine Betreuungspraxis, die auf einem solchen minimalistischen Konzept beruht, stiehlt den Kindern ihre wertvolle Zeit. Dagegen weist die eigentliche Bedeutung des Begriffs auf einen völlig anderen, gegenläufigen Sinn hin. Der Aspekt der Treue wird darin betont, ein Treueverhältnis behauptet. Die Pflichten der Eltern, für das Wohl ihrer Kinder zu sorgen, implizieren ein juristisches und ethisches Treueverhältnis. Die Kinder sind den Eltern anvertraut, sie sind nicht ihr Eigentum, mit dem sie tun und lassen können, was sie wollen. Werden in dieses Treueverhältnis andere Personen einbezogen, so kommt eine komplexe Konstellation zwischen Eltern, Kindern und zusätzlichen Betreuern zustande. Die Treue der Betreuungsperson gilt gegenüber den Eltern, die ihnen die Kinder anvertraut haben, vor allem aber gegenüber den Kindern, die betreut werden. Treue gegenüber den Kindern bedeutet, dass Betreuende ihre Autorität einsetzen sollen, den Kindern zu einem sinnvollen Dasein zu verhelfen, auch im Hinblick auf ihre Zukunft. Dazu müssen die betreuenden Personen sich intensiv mit den Kindern beschäftigen und wissen, was für sie gut und richtig ist. Wir sind in Deutschland noch weit davon entfernt, wie ich leidvoll erfahren habe, ein solches Verständnis umzusetzen.

Es macht mich wütend, wenn ich sehe, dass Eltern ihre Kinder stundenlang vor dem Fernseher »parken«, damit sie Ruhe haben oder Tagesmütter Kinder mitschleppen, wenn sie ihre persönlichen Besorgungen machen.

Die erste Tagesmutter

Meine Mutter und ich inserierten in der Rhein-Neckar-Zeitung: »Tagesmutter gesucht. Wir freuen uns über eine Dame, die Erfahrungen in der Betreuung von Kindern hat und sich liebevoll ihrer neuen Aufgabe widmen wird. Sie sollte zeitlich sehr flexibel sein.« Stapelweise gingen Zuschriften ein, und die Auswahl fiel schwer. Regelrecht führten wir Einstellungsgespräche. Nach einigem Hin und Her fiel unsere Wahl auf eine kleine beherzte Person mit fröhlichem Gesicht, Sommersprossen, großen braunen Augen und rotbraunem Kurzhaarschnitt. Sie hieß Christa Paul, war Mitte Vierzig und lebte mit ihrer erwachsenen Tochter zusammen, die im zweiten Semester Medienmanagement studierte. Schon im Gespräch mit Frau Paul fiel uns ihre spontane, zupackende Art auf. Sie verbreitete überschwänglich gute Laune, lachte viel. Ihr Humor passte zum Baby, das auch gern lachte. Als sie durchblicken ließ, dass sie Einkäufe und Raumpflege mit übernehmen würde, also auch für mich mitsorgte, war ich von ihr überzeugt.

Das Baby gedieh prächtig, umsorgt von drei verschiedenen Müttern, der Adoptivmutter, der Tagesmutter und der Großmutter. Noch schlief es viel. Wenn Frau Paul es zum Spaziergang vorbereitete, strahlte es und glänzte ölig. Ihr fielen allerlei Späße ein, die sein Babyherz erfreuten und belustigten. Mein Kühlschrank war selten so gut gefüllt wie unter dem Regiment von Frau Paul.

Thien nannte sie Gagga, vielleicht weil sie unentwegt »gackerte«. Sie organisierte ausgezeichnet Partys, Kindergeburtstage und Empfänge. Dabei nahm sie gern die Rolle einer der Familie zugehörigen Gastgeberin ein. Ihrem Redefluss waren die Gäste, auch die so gern monologisierenden Hochschullehrer, kaum gewachsen. Monatelang fühlten meine Mutter und ich uns hochzufrieden mit ihr. Eifersuchtsszenen um die Aufmerksamkeit und Liebe des Kindes blieben jedoch zwischen Tagesmutter und Großmutter nicht aus. Besonders als meine Mutter bemerkte, dass mein Vertrauen zu Gagga ziemlich weit reichte und ich ihr unkontrollierte

Hoheit über die Verwendung meiner Haushaltsmittel einräumte, schlug ihr Vertrauen in offenes Misstrauen um.

Fast zwei Jahre lang standen Thien und unser kleiner Kosmos im Mittelpunkt von Frau Pauls Leben. Mit ihr lernte das Kind laufen. Über Thien beliebte sie zu sagen: »Der Kleine hat einen starken Willen. Dagegen komme ich kaum an.« Das wollte viel heißen, denn sie gab sich schon sehr beherrschend, auch mir gegenüber. Sie war immer in Aktion und kaute den ganzen Tag Menthol-Bonbons. Bis heute gehören sie zu Thiens Lieblingsbonbons. Von mir bekommt er sie nicht!

Dann geriet unsere »Perle« zunehmend unter Stress, der sich auch auf uns auswirkte. Frau Paul war geschieden und prozessierte mit ihrem Ex-Mann um Unterhaltszahlungen. Es war mir schon klar, dass sie in ihrem Leben bessere Tage gesehen hatte. Sie und ihre Tochter konsumierten gern, teuer und viel und lebten, was den Geschmack anbelangt, im modischen Trend. Während der Ehe hatte sie das Büro ihres Mannes, eines selbstständig arbeitenden Installateurs, gemanagt. Sie besaß ein großes Talent, mit Handwerkern und Geschäftsleuten umzugehen, Termine zu verabreden und Preise aushandeln. Nachdem die Ehe zerbrochen war, löste der Ehemann das Büro auf und beantragte Insolvenz. Sie konnte dem Gericht nicht nachweisen, wie viel eigene Arbeit sie in das Büro ihres Mannes investiert hatte. Von heute auf morgen stand sie mit ihrer Tochter fast mittellos da.

Der Ex zahlte wenig Unterhalt, nicht regelmäßig und am liebsten gar nicht. Er heiratete wieder und musste die neue Familie ernähren. Mit Hilfe seines Rechtsanwalts versuchte er sie zur Aufnahme einer Arbeit am Arbeitsmarkt zu zwingen. Da sie noch ihre Mutter und ihren schwer erkrankten Vater betreute, dem es immer schlechter ging, wollte sie jedoch keiner formellen Tätigkeit mit festen Arbeitszeiten nachgehen.

Dann trat ein neuer Mann in ihr Leben. Ein Jäger aus der Pfalz. Ausgerechnet! Der pries ihre Kochkünste und wünschte sich, am Wochenende von ihr üppig bekocht zu werden. Nun wollten Menschen an mindestens drei verschiedenen Standorten von ihr betreut und versorgt werden. Auch die Tochter stellte noch Ansprüche. Ich spürte, wie die Überforderung wuchs. Unentwegt schleppte sie das Kind von Supermarkt zu Supermarkt, fuhr mit ihm durch die Gegend, um Besorgungen für sich und die Familie und den Jäger aus der Pfalz zu erledigen. Der Kleine fuhr immer gern mit.

Ich bestand jedoch darauf, dass sie mit dem Kind Spaziergänge unternahm, zum Neckar runter, und auf dem Neuenheimer Markt einkaufte. Wir lebten in der grünen Gartenstadt, von weit her reisten Menschen an, um die Natur zu genießen und um vergnügt bei den kleinen Einzelhändlern zu »shoppen«. Man benötigte hier keine Blechkisten zum Leben und Einkaufen! Außerdem kannte ich ihre temperamentvolle rasante Fahrweise. Dem PKW-Verkehr stand ich immer kritisch, fast ablehnend gegenüber. Die Zerstörung der städtischen Lebensverhältnisse durch ein Übermaß an Verkehr, Lärm und Abgasen erhöht die Lebensrisiken der Anwohner. Autos sind mir ein Dorn im Auge, und ich versuche alles, um meinen Sohn da möglichst rauszuhalten.

Dennoch kam ich immer wieder nach Hause und stellte fest, die beiden waren, statt mit dem Kinderwagen, mit dem Auto unterwegs. Meine Stimmung verschlechterte sich erheblich. Um dem Kind die Kontinuität der Betreuung und der Zuneigung zu erhalten, schluckte ich den Frust eine Zeitlang hinunter, aber Frau Paul wurde immer nervöser. Der Stress und die Hektik, die sie verbreitete, übertrugen sich auf uns alle. Schließlich trennten wir uns.

Einige Monate später befragte mich die Staatsanwaltschaft zu Frau Paul. Ob in der Zeit, in der sie bei uns tätig war, Dinge abhanden gekommen seien. Mit Sicherheit konnte ich diese Frage nicht beantworten, mir fehlte der Überblick. Aber ich verneinte und äußerte mich sehr lobend über sie. Sie tat mir leid. Offensichtlich steckte sie in großen Schwierigkeiten.

Die zweite Tagesmutter

Wie würde es weitergehen? Der Name Tagesmutter bewahrheitete sich: Mutter für einen Tag. Es gaben sich junge, alte, inländische, ausländische, aparte und hässliche Damen die Klinke zum Kinderzimmer in die Hand. Die einen verwandelten das Kinderzimmer in ein Chaos, das sie mir überließen, andere telefonierten, während das Kind die Bücher aus meinen Regalen ausräumte, wieder andere wussten nicht, wie Pampers gewechselt werden oder dass auch Kleinkinder regelmäßig trinken und essen müssen. Kam ein Kind aus der Nachbarschaft zu Besuch, fühlten sie sich überfordert. In dieser Zeit ungelöster Betreuungsprobleme saß ich gelegentlich im Büro und, anstatt Klausuren zu korrigieren, sorgte ich mich darum, was wohl die jeweilige Tagesmutter gerade mit dem Kind anstellte.

Erst Eva Zimmermann, eine ehemalige Krankenschwester auf der Kinderstation der Universitätsklinik, brachte uns wieder Stabilität. Sie überzeugte durch Erfahrung, Professionalität und Zuverlässigkeit. Das Kind schrie zwar herzzerreißend, wenn die Stabübergabe stattfand und es mich gleich darauf von hinten sah. Innerlich ging ich jedes Mal in die Knie, obwohl ich wusste, eine Minute später konzentrierte sich das Kind auf sein neues Opfer. Frau Zimmermann ließ ihren blauen Lupo mit Vorliebe vor unserer Haustür stehen, ging mit Thien zum Spielplatz am Neckar oder kaufte Kleinigkeiten auf dem Markt ein. Wir besprachen ruhig und sachlich, was wir voneinander erwarteten. Ich vertraute ihr vollkommen. Das spürte meine Mutter. Sie reagierte mit Eifersucht und legte mir abends eine Fehlerliste vor. Ich hatte viel Diplomatie aufzubringen, um beide bei der Stange zu halten.

Wenn Frau Zimmermann den Tag mit dem Kind verbrachte, konnte ich wieder konzentriert arbeiten. Allerdings hatte auch sie ein eigenes Leben mit Terminen und Aktivitäten, so dass die Zeit oftmals wie im Flug verging, bis ich wieder erwartet wurde. Zum Bus oder zum zehnminütigen Fußmarsch war es meistens schon zu spät, also nahm ich rasch ein Taxi am Universitätsplatz, um rechtzeitig das Kommando wieder zu übernehmen. Der Konflikt zwischen plötzlich auftretenden zeitlichen Anforderungen meiner Arbeitswelt und Betreuungsangeboten, die mir zeitlich enge Grenzen setzten, zerrte an meinen Nerven. Bis heute. Frau Zimmermann gelang es, das Kind – trotz seines vehementen Protests – zum Mittagsschlaf ins Gitterbettchen zu legen. Sie verstand viel von Kindern, und ich fühlte mich beruhigt. Von ihr konnte ich manches lernen.

Das Elend von Krippen und Kindertagesstätten

Als Thien zweieinhalb Jahre war, mahnte der Kinderarzt, das Kind mehr unter Kinder zu bringen und einen Krippenplatz zu suchen. Es existierten aber kaum Angebote für diese Altersstufe. Einige private Initiativen schieden aus, sie lagen zu weit entfernt. Eine Zeitlang brachte ich Thien mit dem Taxi nach Kirchheim zu einer Tagesmutter, die noch andere Kinder betreute, aber das Projekt scheiterte letztlich am Transport. In unserer Nähe gab es eine Krippe, die von einigen Unternehmen für die Kinder der ausländischen Mitarbeiter während ihres Gastaufenthalts gegründet worden war. Eine intelligente Initiative. Die örtliche Presse lobte die Einrichtung als vorbildlich.

Die beiden Räume der Kinderkrippe lagen im Souterrain eines Wohnhauses, unmittelbar an einer stark befahrenen Straße in Heidelberg. Sie waren spärlich möbliert. Sonnenlicht drang dort nicht hin. Eine Ecke galt als Höhle, ein Hochstuhl als Strafsitz. Im hinteren Raum schlief ein Teil der Kinder nach dem Essen, ein anderer lärmte im vorderen oder musste sich still verhalten, bis die anderen ausgeschlafen hatten. Mir erschien die Einrichtung düster und ungemütlich. Wenig kindgemäß, obwohl ich, mangels Erfahrung, auch nicht positiv wusste, wie eine kindgemäße Krippe ausschaut. Der Kinderarzt meinte, Kinder würden alles anders sehen und vielleicht würde es Thien mit der Zeit besonders gut gefallen.

Das Kind schrie entsetzlich, wenn ich es dorthin brachte und dann verschwand.

Helga und Tatjana, die beiden Erzieherinnen, fand ich nicht unsympathisch. Auch Thien mochte sie und hielt sich immer in ihrer Nähe auf, aber zwanzig Kleinkinder, die noch gewickelt wurden, in zwei mittelgroßen Räumen zu beschäftigen und zu besänftigen, das überforderte ihre Güte erheblich.

Täglich wurden die physischen und psychischen Belastungsgrenzen der beiden überschritten. Sie wussten sich daher nur zu helfen, indem sie die Kinder streng bestraften, wenn sie nicht gehorchten. So saß Thiens Freundin, die temperamentvolle Hoang-Hoang, fast immer, wenn ich ihn abholte, im Strafsitz. Warum? Weil sie den Anweisungen nicht folgte. Das konnte sie auch nicht. Sie beherrschte nur chinesisch und etwas englisch, und beides sprachen die Erzieherinnen nicht. Anderen englischsprachigen und japanischen Kindern ging es ähnlich. Die Kinder wurden in einen Kreis gesetzt und sollten deutsche Lieder mitsingen, deren Texte sie nicht verstanden. Die Stimmung schien nicht gut. Das Beste war noch, wenn die Erzieherinnen mit den Kindern auf den Spielplatz zum Toben gingen. Aber bei kaltem Regenwetter mussten es die Kinder in den düsteren Räumen aushalten. Die Manager der Unternehmen hätten dort einmal einen Tag lang arbeiten müssen, mit Sicherheit hätten sie protestiert. Aber Kindern darf man solche Bedingungen zumuten!

Bald nahm ich Thien wieder aus der Kinderkrippe heraus. Die nächste Station war der evangelische Kindergarten, der sich zwar nicht im Keller, aber im Obergeschoss eines grauen hässlichen Betonbaus der siebziger Jahre befand. Das Haus wurde zu Recht und doch zu spät nach unserem Weggang aus Heidelberg abgerissen. Auch hier wirkten die Räume auf mich nicht wirklich freundlich und kindgerecht, sondern schmuddelig und lieblos. Mir gefiel die humorvolle Leiterin, die »Thienykind« in ihr Herz schloss. Sie nahm ihn immer zu ihren ernsten Streitgesprächen mit dem neuen Pfarrer mit. Wahrscheinlich fungierte

Thien als Anti-Eskalator, denn zwischen beiden krachte es regelmäßig.

Mit seinem Amtsantritt hatte der Pfarrer seine Kinder gar nicht erst in den evangelischen, sondern gleich in den besonders gelobten katholischen Kindergarten geschickt. Der evangelische Kindergarten lag in unserer Nähe und Linh, ein Junge, der ebenfalls aus Vietnam adoptiert worden war und der – wie es der Zufall wollte – in unserer Nachbarschaft wohnte, ging dorthin. Zum Kindergarten gehörte ein sandiger Spielplatz mit wenigen Geräten zum Spielen und Turnen. Einmal saß Thien mitten im Sand und schaufelte sehr konzentriert. »Was machst du denn da?«, fragte die Kindergärtnerin. Ohne sich bei seiner wichtigen Arbeit unterbrechen zu lassen, schaute Thien zu ihr hoch und antwortete. »Ich grabe ein ganz großes Loch für meine Mama.«

Die Gruppen bestanden aus etwa zwanzig Kindern, zu viele für die Erzieherinnen, um auf alle eingehen zu können und mit ihnen pädagogisch sinnvolle Unternehmungen zu starten. Thien verhielt sich sehr zurückhaltend und blieb immer in ihrer Nähe. Wenn sie den Raum verließen, lief er hinterher. Zu den heruntergekommenen Räumen passte das ein wenig schlampig wirkende Personal. Mit Frau Müller, einer etwas behäbigen Erzieherin im weiten sandfarbenen Sakko, die über schlechte Bezahlung klagte und selbst mehrere Kleinkinder hatte, unterhielt ich mich gelegentlich. Als wir einmal unseren Osterurlaub auf Ischia verbrachten, glaubten Thien und ich sie plötzlich auf der Terrasse unseres Hotels zu entdecken. Wir riefen »Frau Müller, Frau Müller« und stürzten auf sie zu. Als wir näher kamen, drehte sich Angela Merkel, damals schon die Vorsitzende ihrer Partei, aber noch nicht Kanzlerin, überrascht zu uns um. Welch eine Verwechslung!

Zumeist holte Frau Zimmermann oder ich das Kind nach dem Essen am frühen Nachmittag ab. Die Zeit, die Thien im Kindergarten verbrachte, schien mir zu kurz, um Einfluss auf die kindliche Entwicklung zu nehmen. So fragte ich nicht nach dem pädagogischen Konzept, sonst wäre mir aufgefallen, dass keines vorhanden war. Da sich Thien nach Auskunft des Kinderarztes und vieler Beobachter prächtig entwickelte, besaß für mich Priorität, dass das Kind unter Kindern spielte und dass die Betreuerinnen Freundlichkeit ausstrahlten. Von meinen heutigen Erfahrungen aus betrachtet, kommt es mir vor, dass in der praktizierten Kindergartenpädagogik riesige Defizite bestanden. Auf diese Weise wurden Chancen vertan, den kindlichen Werdegang zu fördern. Eigentlich waren die Zustände skandalös. Wenn sich das Kind ruhig und nicht auffällig gegen andere Kinder verhielt, war angeblich alles in Ordnung. Wir schrieben das Jahr 2000: Aber weder den Kindergärtnerinnen noch den Eltern war der Begriff der vorschulischen Förderung geläufig. Eine begleitende Elternarbeit fehlte. Die Kinder ärgerten Thien damit, dass er so anders aussah als ich und fragten ihn immer wieder, wann ihn endlich einmal sein Vater abhole. Ich sprach mit seiner Erzieherin darüber, aber sie fand keinen Weg, dieses Problem in der Gruppe aufzugreifen.

Wenn wir vom Kindergarten nach Hause gingen, überquerten wir den Schulhof der Mönchhofschule, einem beeindruckenden roten Backsteinbau im Jugendstil. Die Kinder strömten aus ihren Klassenräumen, warfen ihre Schulranzen in die Ecke und kletterten an den Turngeräten auf dem Hof. Thien turnte mitten unter ihnen. Er war fasziniert von den Kindern, ihren Schulranzen – was mag da wohl drin sein? – und inspizierte die Klassenräume. Schule schien ihm eine geheimnisvolle Welt zu sein. Eines Tages würde er dazugehören. Ob diese Neugier auf die Schule auch nach seiner Einschulung angehalten hätte, wenn wir in Neuenheim geblieben und nicht nach Hamburg umgezogen wären? Die Schule befand sich am unteren Ende der Straße, in der wir wohnten. Schule, Kindergarten, die beiden Kirchen – alle Einrichtungen befanden sich in unserer Nähe, geradezu in unserem erweiterten Garten.

KAPITEL SECHS

Der Besuch der Damen vom Amt

Inzwischen beantragte ich bei den Behörden die rechtliche Anerkennung der Adoption in Deutschland. Zwei griesgrämige, ein wenig verhärmt wirkende Damen vom Amt, neu in dem Referat und schon angegraut, schrieben einen ungnädigen Bericht über meine mangelnde Befähigung als Mutter. Schon bei der Begrüßung an der Wohnungstür spürte ich, dass die »Chemie« zwischen uns nicht stimmte. Als sie fragten, ob Thien nicht doch einen Vater benötigte, meinte ich, sie sollten einmal unters Sofa schauen, da halte er sich für gewöhnlich auf. Es war ihnen nicht klar, ob die Bemerkung ernst zu nehmen war.

Ich stichelte weiter. Mit meinen Nebeneinkünften würde ich mehr verdienen, als die Väter ihrer Kinder zusammengenommen. Sie besaßen keine Kinder. Ich legte nach. Mehr als eine finanzielle Basis für die Familie zu schaffen, gelänge heutigen Vätern nicht. Zu weiteren Aktivitäten seien dann die Familienernährer zu müde. Die beiden Frauen schauten betreten. Was sollten sie zu solchen überheblichen Ansichten sagen?

Wahrscheinlich hatten sie unterwürfiges Verhalten erwartet, weil sie sich zu Herrinnen über die Fortsetzung des Adoptionsverfahrens aufspielen wollten. Aber es gab nichts fortzusetzen. Alles befand sich »in trockenen Tüchern«. Die Adoption, in Vietnam durchgeführt, war auf der Basis internationalen Rechts erfolgt. Dieses Recht galt auch für Deutschland. Es war also eine bloße Formalität, eine zusätzliche Anerkennung der Adoption vor Ort zu beantragen. Nach dem Motto »doppelt genäht hält besser«. Nichts weiter. Es gab kein Zurück, das wusste ich. Sonst hätte ich mich anders verhalten.

Diesmal, im Unterschied zu Beginn des Adoptionsverfahrens, verspürte ich nicht die geringste Neigung, solchen Amtspersonen nach dem Mund zu reden. Im Gegenteil: Ich kämpfte mit mir, meine Aggressionen im Zaum zu halten. Zu viele Kränkungen hatte ich in der Vergangenheit von Seiten der Behörden ertragen. Im Grunde würde die sogenannte Home-Study dieser Damen bedeutungslos sein. Ich spürte deutlich, dass ihnen das nicht klar war. Sie waren zu wenig mit der Materie vertraut. Sie glaubten, sie hätten die Macht, Schicksal zu spielen. Aber nach Jahren der Beschäftigung mit dem Adoptionsrecht, wusste ich es besser. Sie besaßen keine Macht mehr.

Mit Argusaugen beobachteten sie die Interaktionen zwischen mir und dem Kind. Thien funktionierte eine dickschalige, schön runde Apfelsine zum Fußball um, den er den Sozialarbeiterinnen abwechselnd zukickte. Ich ließ es gelassen und wohlwollend geschehen, ohne einzugreifen. In den Augen der Frauen vom Amt ein großer Fehler, über den sie sich seitenlang in der Heimstudie ereiferten. Vietnam war ihnen in der Konnotation mit Krieg, also Vietnamkrieg, bekannt. Der lag schon einige Zeit zurück. Über die Lebensverhältnisse der Kinder in Vietnam und in den anderen ärmsten Ländern der Welt besaßen sie gar keine Informationen.

Die Familienrichterin, die schließlich über die zusätzliche juristische Anerkennung meines Antrags auf Adoption in Deutschland zu entscheiden hatte, ließ sich von dem ungnädigen Bericht nicht beeindrucken und stellte rasch die beantragten Papiere aus. Sie kannte die grauen Mäuse vom Amt und hatte sich, wie sie mir anvertraute, schon mehrfach über kleinmeisterliche Gutachten hinweggesetzt. Von Amt zu Amt werden manche Angelegenheiten völlig anders beurteilt. Die Richterin hörte auf den eindrucksvollen Namen Anke Schlicht, wir führten einige aufschlussreiche Gespräche. In Adoptionskreisen werden viele Geschichten, wenige erfreuliche und viele empörende, über die Reaktionen von Sozialarbeitern und Richtern kolportiert. Kalte Schauer jagte mir der Bericht über die subjektiven Ansichten eines angeblich neutralen Richters über meinen Rücken: Eine Adoption asiatischer Kinder unterstütze er vorbehaltlos, so äußerte er sich, schließlich seien die asiatischen Staaten zunehmend unsere Partner in der Weltwirtschaft. Die Adoption eines schwarzen afrikanischen Kindes könne er jedoch nicht akzeptieren, da sich der Hiatus der Lebensstile zwischen Afrika und Europa vergrößere und niemals schließen werde. Diese Kinder ließen sich bei uns nicht integrieren. Da hatte ich ja noch einmal Glück gehabt mit der Herkunft meines Sohnes!

Es ist doch immer wieder niederschmetternd, dass die persönliche Weltsicht von sehr einseitig gebildeten Amtspersonen für Adoptionswillige und potenzielle Kinder gelegentlich, wenn auch nicht in meinem Fall, schicksalsentscheidend werden können, statt dass die gesetzlichen Vorschriften zur Grundlage von Entscheidungen und Beratungen gemacht werden. Wenn im Gesetz, und das ist der Fall, keine rassistischen Auflagen über die Hautfarbe eines zu adoptierenden Kindes vorkommen, dann darf von keiner Amtsperson in der Hautfarbe ein Hinderungsgrund für die Durchführung einer Adoption gesehen werden. Auch die Adoption eines Kindes mit blauer Hautfarbe und roten Punkten, etwa eines kleinen Sams, ist in Deutschland, wenn sie nach international geltenden Richtlinien im Ausland durchgeführt wurde, juristisch anzuerkennen.

Vor Freude jubelten meine Mutter und ich, als aus Berlin die Eintragung des Namens meines Sohnes ins Stammbuch eintraf und in Heidelberg sein deutscher Pass ausgestellt wurde. Auch ohne die Beantragung der Anerkennung der Adoption in Deutschland, sondern allein auf der Grundlage des in Vietnam nach internationalem Recht durchgeführten Verfahrens, hätte die Eintragung des Namens ins Stammbuch, die Ausstellung des deutschen Passes und damit das Ungültigwerden des vietnamesischen Passes erfolgen können. Jeder, der aufgrund mehrerer Wurzeln seiner nationalen Identität Schwierigkeiten bekommt, den gewünschten Pass zu erlangen, weiß, was für ein Glücksgefühl einen überfällt, wenn er dann endlich in den eigenen Händen gehalten wird. Welch ein Symbol von Sicherheit und Zugehörigkeit! Und Freiheit! Und in meinem Fall war es die Bestätigung dessen, was längst selbstverständlich geworden ist: Thien ist mein Sohn, ein deutsches Kind.

KAPITEL SIEBEN

Der ungewöhnliche Weg zu meinem Kind: am Ziel in Saigon

*Die Angst vor der eigenen Courage,
ein neues Leben mit Kind zu beginnen*

Während der Landung auf dem Flughafen von Ho-Chi-Minh-City, dem früheren Saigon, fühlte ich mich richtig schlapp. Seit dem Zwischenstopp in Bangkok verschwammen irreale und reale Zustände in meinem Kopf. Mein Realitätsbewusstsein übte sowieso lediglich in meinem Berufsleben eine Art Empfindungsdiktatur aus, an der nicht zu rütteln war. Träume wurden dort nicht geduldet, dafür eroberten sie sich mein Privatleben. Meine private Gefühlslage wurde vor allem von plötzlichen Wunschvorstellungen geprägt, die dann genau so schnell wieder verschwinden wie sie gekommen sind, weniger von faktischen Geschehnissen. Viele Pläne spielte ich in Gedanken solange durch, bis sie ihre Faszination verloren hatten. Dabei ließ ich es dann bewenden. Gott sei Dank. Nun war ich drauf und dran, einen Konjunktiv meines Lebens in einen Indikativ umzusetzen, obwohl ich über so viele Dinge im Nachhinein froh war, dass ich sie nicht verwirklicht habe. Wie realistisch war der Plan, mein Leben völlig umzukrempeln, um künftig als Mutter durchs Leben zu schlittern?

Als ich mit dem Heidelberger Shuttlebus auf dem Rhein-Main-Airport eintraf, strotzte ich noch vor Selbstbewusstsein und Initiativgeist, allem Neuen, was auf mich zukommen würde, zu begegnen. Meine »alte« Masche anwendend, strebte ich gleich zum Lufthansa-Schalter und simulierte einen schweren Migräne-Anfall. Besorgt begleitete mich eine Stewardess zum Flieger und bot mir einen Platz in der Business Class an, ich hatte natürlich nur Economy gebucht. Behaglich lümmelte ich mich in meinen komfortablen Sitz ein, ließ mir eine Wolldecke reichen und wartete auf den Champagner. Von Migräne oder Flugangst keine Spur.

Selten verspürte ich solche Hochgefühle wie auf Langstreckenflügen in der Business-Class mit Champagner und einem tollen Film. Irgendein Manager fand sich immer zu kurzem Gespräch und Flirt. Beim Zwischenstopp in Bangkok streunte ich, schon irgendwie benommen und nicht sehr zielorientiert, in Kurven, die langen Gänge entlang. Die vielen Passagiere bewegten sich viel zu schnell an mir vorbei, wie Marionetten auf Fließbändern. Keiner schaute zu mir hin, keiner lächelte. Wenn einen niemand anblickt, beginnt man an der eigenen Existenz zu zweifeln. Wirre Gedanken befielen mich. Sollte ich nicht vorher untertauchen, ehe ich einen so gravierenden Schritt unternahm und mein Leben derart umwandelte? Einfach den Flughafen verlassen? In Bangkok noch einmal alles überdenken? Emotional legte ich mich doch so ungern fest.

Auf dem Weiterflug nach Saigon saßen nur neu zugestiegene Passagiere im Flieger, meine bisherigen Nachbarn waren verschwunden. Ich schlief ein und wollte um jeden Preis weiterschlafen, als die Maschine aufsetzte. Mir ging es wie Karl Rossmann in Franz Kafkas »Amerika«. Rossmann sollte in die neue Welt auswandern. Als sein Schiff im Hafen von New York anlegte, zögerte er, das Schiff zu verlassen und begab sich – grotesk, es sich vorzustellen – in die Kajüte des Heizers und legte sich zu ihm ins Bett. Man erstrebt die Veränderung, aber dann möchte man noch etwas Aufschub, bevor es losgeht. Vielleicht eine Woche Bewegungslosigkeit und dann schauen, ob man noch der Alte ist, der Neues in Angriff nehmen kann. Oder hatte die Hitze meine Psychostruktur schon aufgeweicht? Widerwillig verließ ich die Geborgenheit der Maschine, legte meinen Pass vor und kümmerte mich um das Gepäck. Würde mich überhaupt jemand abholen? Wo ging ich hin, wenn niemand auf mich wartete?

Ich brauchte mir keine Sorgen zu machen. Madame Jen aus dem Team Maria Korter fing mich schon am Ausgang ab, ehe ich sie entdeckte, ehe der heiße Wind mir den Atem verschlug. Sie fischte mich zielstrebig unter den Passagieren heraus: »Madame Benda.« Offensichtlich sah ich aus, wie ich hieß. Sie sprach einen Mix aus Vietnamesisch, Englisch, Französisch und Deutsch. In der eleganten Tracht des Landes, mit einem Ao Dai in leuchtenden weißen und roten Farben bekleidet, sehr gepflegt, wirkte sie würdevoll und streng. Ich reichte ihr die große Tüte mit der Schokolade und den vielen anderen Süßigkeiten, die ich für sie auf Empfehlung in Heidelberg gekauft hatte. Mit guter Schokolade liege man immer richtig. Wahrscheinlich war daraus schon Schokoladencreme geworden.

Im Kleinbus, mit dem wir in die Stadt fuhren, kämpfte ich wieder mit dem Schlaf. Ich wunderte mich selbst, dass ich so gleichmütig auf die Straßenszenen, auf die vielen Velofahrer und noch bezaubernder, auf die Velofahrerinnen mit langen weißen Handschuhen und Mundschutz reagierte, von Neugier kaum eine Spur. Madame Jen sah mich streng von der Seite an, sie schien keinen besonderen Gefallen an mir zu finden, und ich war zu träge, sie für mich einzunehmen. Vielleicht vermisste sie den Mann an meiner Seite, dem sie hätte schöne Augen machen können. Plötzlich stoppte der Bus vor einem Hotel, das ich im ersten Augenblick für ein Parkhaus hielt. Madame Jen gebot mir auszusteigen, mein Zimmer zu beziehen und auf sie zu warten. Eine konkrete Tageszeit, geschweige denn Uhrzeit, wann sie mich aufsuchen würde, gab sie nicht an. Dann fuhr sie davon.

Gemischte Gefühle

Am Eingang blieb ich mit meinem Gepäck stehen. Ich suchte die Rezeption. Ein Pulk von Deutschen, das konnte ich sofort erkennen, scharte sich davor. Nicht dass ich dachte, ich würde die einzige Deutsche in Saigon sein, aber gleich so viele ... Eine große blonde Frau hielt ein vietnamesisches Baby hoch und rief den anderen zu: »Seht mal, das ist Thuy, das Baby von Frau Bender.« Ein Schreck durchzuckte mich. Geradezu Entsetzen. Das konnte doch gar nicht sein! Eben hatte ich das Hotel betreten und schon sah ich ein mir zugedachtes Baby. Ich betrachtete das Kind. Es hatte ein breites Mondgesicht. Instinktiv spürte ich Ablehnung. Überrumpelung. Dass ich das Kind nicht mochte, auf das ich solange gewartet hatte, damit hatte ich vorher nicht gerechnet.

Jedes Kind wollte ich mögen. Schon aus der Traum? Wollte ich den nächsten Flieger nach Hause nehmen und lieber in Vorstellungswelten weiterleben, schockiert von der Plötzlichkeit des Ernstfalls? Suchte die Frau wirklich mich? Damit ich das Baby in den Arm nähme? Wahrscheinlich stank es. Ich erstarrte zur Säule. Keiner achtete auf mich.

»Da ist ja meine Thuy«, hörte ich eine Frau hinter mir, mit stark pfälzischer Intonation. Sie kam zur Tür herein. »Jetzt bekommst du endlich dein Fläschchen.« Das Kind wechselte in den Arm der Pfälzerin, und der Pulk bewegte sich in Richtung Fahrstuhl. Langsam löste ich mich von dem Fleck, auf dem ich klebte. Bevor der Fahrstuhl alle verschluckt hatte, fragte ich noch die Kindesmutter: »Heißen Sie Bender?« Sie nickte. »Ich auch« – die Pfalz ist überall, auch in Saigon.

Später erfuhr ich, dass sie und ihr Mann in der Nähe von Heidelberg auf dem Land lebten und nun zum zweiten Mal in Saigon waren, um das Kind nach der vorgeschriebenen Zeit des Adoptionsverfahrens mit nach Hause, in die Pfalz zu nehmen. Ich beneidete sie und fand die kleine Thuy allerliebst, nahm sie gern auch in den Arm.

Ich checkte ein. Sonderwünsche wurden von der Hotelleitung nicht erfüllt, mein Zimmer lag im siebten Stock. Nachdem ich dem wackeligen Aufzug entronnen war, bemerkte ich, dass die Längsseite des Hauses offen war und ein heißer Wind über die Flure fegte. Einige unbedachte Schritte und man stürzte in die Tiefe. Das

Zimmer lag seitwärts. Eine voluminöse ratternde Klimaanlage verwandelte es in eine Gefriertruhe, aus der sich sogar die Geckos zurückzogen. Der Schrank, der Tisch, die Polsterung der beiden Stühle, der Bettüberwurf, die Vorhänge und die Tapeten waren in unterschiedlichen Schattierungen von Grau gehalten. Das Neonlicht an der Decke betonte die unpersönliche Kühle der Farbe. Ich schaltete das Licht aus. Es dämmerte graublau.

Irgendwie musste ich mich mit dem Zimmer anfreunden. Ich stellte die Klimaanlage ab. Einige Sachen packte ich aus, deponierte manches in dem kleinen Bad und inspizierte das Bett misstrauisch. Würde ich mich dahinein begeben können? Die Müdigkeit siegte, ich probiere die Schlafstellung und schlief ein. Erst spät in der Nacht wachte ich wieder auf. Niemand hatte inzwischen für mich angerufen. Meine Mitbewohner, die Geckos, fanden sich ein. Selbstvertrauen und Energie kamen zurück, nachdem ich in einem kahlen Raum im Untergeschoss eine Reissuppe gelöffelt hatte. Obwohl es kurz nach Mitternacht war, ging ich noch auf einen kleinen Erkundungstrip los. Mein Barvermögen trug ich auf der Haut.

Schnurstracks lief ich zum Majestic-Hotel, wo Graham Greene gewohnt und den Roman »The Quiet American« geschrieben hatte. Das Hotel war ein weiß getünchter Prachtbau im französischen Kolonialstil, der seinen Glanz eingebüßt hatte. Inzwischen ist er neu renoviert worden. Wunderbar am Saigon River gelegen. Die Bar hatte leider schon geschlossen. Ich war aufgeregt. Plötzlich befiehl mich eine große Lust, mich hier einzuquartieren und die Spuren dieses beeindruckenden Schriftstellers und kritischen Zeitdiagnostikers aufzunehmen. Greenes Persönlichkeit, zwiespältig wie die seiner Figuren, hatte mich immer fasziniert. Ein neues Forschungsprojekt? Tun, was ich immer getan habe? Aber deshalb war ich ja nicht hierher gekommen. Mit einer Rikscha fuhr ich zurück, vorbei an dem Präsidentenpalast und an der amerikanischen Botschaft.

Plötzlich waren die Fernsehbilder der letzten Tage des Vietnamkriegs wieder lebendig: der Panzer, der das Tor durchbrach und die Einnahme der Stadt durch den Vietcong besiegelte und der amerikanische Hubschrauber mit Flüchtlingen, der auf dem Dach der Botschaft abhob und viele Verzweifelte zurückließ. Als Teenager hatten mich die Grausamkeiten des Vietnamkriegs schwer erschüttert. Ein Goliath geht auf einen David los. Vor dem Krieg war ich eine kindlich glühende Bewunderin von John und Jackie Kennedy und von Amerika gewesen. Als der Präsident ermordet wurde, richtete ich, etwas schamhaft, in einer Ecke meines Zimmers einen Gedenkaltar für ihn ein und zündete Kerzen an. Wie viele andere auch, glaubte ich, er hätte den Krieg verhindern wollen, aber da täuschte ich mich.

Als die Amerikaner mit dem Luftkrieg begannen, nahm ich an Demonstrationen in unserer Kleinstadt teil – zum Entsetzen meiner Eltern. Obwohl ich gar nicht wusste, wer das war, schrie ich HohohoChiMinh. Damals klang es für mich überzeugend. Mein Vater fand es lächerlich und machte sich über mich lustig. Über das Kriegsende freute ich mich riesig, aber das Leiden der Vietnamesen hörte nicht auf.

Nun war ich nach Ho-Chi-Minh-City, nach Vietnam gekommen, nicht um die Geschichte aufzuarbeiten und meinen eigenen Standpunkt zu klären, sondern um ein Kind zu adoptieren. Das fand ich ziemlich verwirrend.

Emanzipation oder Familienglück?
Die traurige Alternative meiner Frauengeneration

Es war sehr spät, als ich ins Hotel zurückkehrte, aber ich konnte nicht schlafen. Ich saß in Saigon und schien meinem Ziel näher zu sein als jemals zuvor, viel Zutrauen besaß ich nicht. Eine lange komplizierte Strecke lag bereits hinter mir. Warum hatte ich mich darauf kapriziert, ein Kind zu adoptieren, obwohl in Deutschland der Weg dorthin schon für Paare schwierig ist, geschweige denn für Singles? Hatte es nie Alternativen gegeben?

Irgendwie entsprach dieser umständliche Weg der Tiefenstruktur meiner Psyche. Mir fehlte bei vielen Angelegenheiten der Blick für die einfachen Lösungen und für das Naheliegende. Dafür war ich blind. Es zog mich nicht an. Ich erkannte es nicht, und mit der Zeit gehörte es zu mir, die Dinge auf möglichst umständliche Weise anzugehen. Opportunisten, die in allem nach bequemen Wegen suchen, ohne sich sonderlich anzustrengen, kamen, das beobachtete ich in vielen Fällen, auch nicht wirklich voran. Da ich eine gewisse Virtuosität dabei entwickelte, alles möglichst schwierig und aufwändig anzupacken, verbuchte ich manchen Erfolg mit meiner Methode.

Stehe ich an einer Kreuzung und will nach X, so übersehe ich gewiss den Wegweiser vor meiner Nase. Zunächst hole ich meinen notorisch zerfetzten Stadtplan hervor und suche mühevoll, bis ich die eingezeichnete Abzweigung finde. Zur Sicherheit frage ich noch einen Passanten nach dem Weg. Erst jetzt bemerke ich, dass ich vor dem Hinweisschild gestanden habe. Schließlich komme ich an. Freunde meinen, ich zäume das Pferd vom Schwanz her auf, und keiner traue mir zu, dass ich jemals im Sattel zu sitzen komme, aber dann sehe man mich »in guter Haltung« und im Galopp davon reiten. Kurz gesagt: Ich bin ein umständlicher Mensch, habe eine Vorliebe für schwierige Probleme, in die ich mich freiwillig hineinbegebe, zwar dauert es etwas länger, aber dann finde ich eine Lösung.

Wo hätten in meinem Leben die einfachen Lösungen gelegen? Meine Mutter sah in der Realschule mit anschließender Banklehre eine wünschenswerte Perspektive für mein Leben. Gut für die Bank, dass ich diesen Plan immer absurd fand. Eine Heirat mit den Jungs aus den reichen Familien meines Umfelds, die ich gut aus dem Tennisclub kannte, zwecks Existenzsicherung und Familiengründung, kam für mich nicht in Frage. Zu konventionell. Ohne Bildung und Ausbildung hätte ich wohl keine Alternative zur Ehefrauenlaufbahn gehabt. Aber wie viele andere Beamtentöchter profitierte ich von der Bildungsexpansion und besuchte das Gymnasium. Nur, ich schob das Abitur auf, um vorher, mit siebzehn, zu heiraten. Obwohl ich damals der Ehe als sogenannter bürgerlicher Herrschaftsagentur extrem kritisch gegenüberstand und mich nach nichts mehr als einem freien ungebundenen Leben sehnte!

Damals gab ich therapeutische Gründe für die Eheschließung an. Mit meiner Ehe wollte ich die Welt heilen. Mein Mann trug damals die Verzweiflung im Gesicht. Er hatte alle gesellschaftlichen Brücken abgebrochen, zu seiner Familie, zur Schule, zu seinen Freunden und wollte sich in den Abgrund stürzen. Mit seinen schönen schulterlangen schwarzen Haaren sah er aus, wie moderne Indianer eben aussehen. Stolz, unversöhnlich, tragisch. Die Lektüre von siebzig Bänden Karl May, der gesammelten Werke von Sigmund Freud und zweier kleiner Schriften von Karl Marx wirkte sich bei mir, frühreif wie ich nun einmal war, mobilisierend aus. Dieser Mann sollte durch mich gerettet werden. Später übernahm er die Anwaltskanzlei, in der wir geschieden wurden. Das Projekt war also gelungen.

Danach wollte ich endlich etwas für mich, für meine Entwicklung tun und »unbeobachtet« durch das Leben streunen, ohne permanente Kontrolle und Eifersuchtsszenen durch Männer, Väter, Ehepartner oder Freunde.

Ich konzentrierte mich auf mein Studium und achtete streng darauf, dass möglichst Alpen oder Meere zwischen den Wohnorten meiner männlichen Freunde und mir lagen. Die akademisch ausgebildeten Frauen heiraten entweder am Ende ihres Studiums, oder sie bleiben auf lange Zeit allein. Wenn sie noch heiraten, dann sehr viel später, die biologische Phase zur Familiengründung ist dann schon vorüber. Der Erfolg auf den ersten Stellen im Arbeitsleben entscheidet nach wie vor über den weiteren beruflichen Lebensweg. Nach einem langen genüsslichen Studium in Deutschland heißt es: volle Power, um Anschluss an das Berufsleben zu finden. Das gilt für Männer und Frauen, nur dass die Männer oft schon mit Frauen verheiratet sind, die ihre beruflichen Optionen zurückstellen.

Auf meiner ersten wissenschaftlichen Mitarbeiterstelle an der Universität in Bremen hatte ich einen Chef, der mich morgens um sieben Uhr und abends um zweiundzwanzig Uhr anrief und erwartete, dass das Telefon nicht mehr als dreimal klingelte, bis ich den Hörer abnahm. Das galt ihm als Beweis, dass ich schon oder noch am Schreibtisch saß. Er liebte es, seine Herrschaft offen zu demonstrieren. Ich war so vollkommen mit den Erwartungen dieses Chefs, von dem meine Zukunft abhing, und mit meinen Aufgaben befasst, dass mir keine Zeit mehr für das Privatleben blieb. Nun kontrollierte mich zwar kein zeitweise psychisch labiler Ehemann, dafür aber ein neurotisch besessener Boss. Das entsprach zwar auch nicht meinen Wunschvorstellungen, aber man versicherte mir, wenn ich es mir mit ihm verscherze, würde ich keine weitere Chance in meinem Fach erlangen. Tatsächlich verband uns eine tragische Schicksalsgemeinschaft: Er, der äußerste Disziplin von mir verlangte und mich zu Höchstleistungen antrieb, verunglückte und starb an jenem Tag im Sommer, an meinem Geburtstag, als ich kurzfristig die ersehnte Zusage zu einer neuen besseren Stelle in Süddeutschland bekam. Einige Monate später auf einer Tagung zu seinem Andenken erntete ich mit meinem Vortrag unerwartetes Prestige als Mitarbeiterin, die bis zuletzt mit dem Verstorbenen zusammengearbeitet hatte. Meinerseits blieb vieles ungesagt.

Von Augsburg aus wurde mein beruflicher Aufstieg realistisch, unter der Voraussetzung, dass ich meiner Arbeit eine zeitliche Priorität in meinem Leben einräumen würde. Kein Grund zum Verzweifeln, mir blieb genug Zeit, Freitag abends stundenlang in meiner Lieblingsbar, bei Schumann's in München, herumzuhängen. Aber ich durchlebte auch viele ausgebrannte lethargische Erschöpfungswochenenden alleine zu Hause, an denen meine Kraft nicht ausreichte, um ein lausiges Telefonat zu führen.

Nach Augsburg folgten die Stationen Stuttgart und Heidelberg. Mein viertes Lebensjahrzehnt habe ich damit verbracht, die befristeten Anstellungen in eine »feste« Position, in eine Professur, zu überführen. Mit meinem vierzigsten Geburtstag war es geschafft.

Eine lange schwierige Strecke. Es hatte sich gelohnt. Weitere faszinierende berufliche Aufgaben lagen vor mir. Und meine Zeit als unermüdliche Tagungsreisende begann.

Bill Clintons fünfzigster Geburtstag

Auf Reisen durch die Republik Südafrika lernte ich dieses Land lieben. Die neuen Regierungen Mandelas und Mbekis standen nach dem Ende der Apartheid vor den schwierigen Aufgaben, die Rassentrennung zu überwinden und das Land wirtschaftlich voranzubringen. Zwar besaß nun die vormals entrechtete Bevölkerung bürgerliche und politische Rechte, um ihrer Meinung Ausdruck zu geben, um Parteien zu gründen und zur Wahl zu gehen. Aber die sozialen Rechte, vor allem das Recht auf medizinische Versorgung, blieben auf der Strecke. In einigen Regionen erreichen viele Jugendliche nicht einmal das Alter, in dem sie wahlberechtigt werden würden, weil sie schon vorher schwer erkranken und sterben. Viele sterben an AIDS, von ihren Eltern infiziert. Die medizinische Unterversorgung der Kinder schien mir ein gravierendes Argument für das Interesse der südafrikanischen Regierung, Kinder zur Adoption, auch ins Ausland, freizugeben.

Auf einer Tagung in Durban begegnete ich einem Mitarbeiter des Familienministeriums. Als Bure fürchtete er, seine Position an die neue politische Klasse zu verlieren. Daher bat er mich um Hilfe, seine Stellung im Ministerium durch eine besondere Auszeichnung, wie etwa durch eine in Deutschland, sprich in Heidelberg, erworbene Promotion aufzuwerten. Ich trug ihm mein Anliegen vor, ein Kind aus der Regenbogenrepublik adoptieren zu wollen. Aus beiden Vorhaben wurde nichts.

Nach der Tagung in Durban flog ich nach New York, um an einer Konferenz teilzunehmen. Der damalige Präsident der Vereinigten Staaten von Amerika, Bill Clinton, feierte seinen fünfzigsten Geburtstag ausgerechnet in dem Hotel am Broadway, in dem ich untergebracht war. Für die zweite Amtsperiode hatte der Wahlkampf bereits begonnen. Es gelang mir, mich in die Feierlichkeiten einzufädeln. Hillary Clinton trug ein Kostüm in zartem Rosa, während die New Yorker Schickeria in Schwarz erschienen war, wie zu einer Beerdigung. Erstaunlicherweise befanden sich wenige Afroamerikaner im Publikum. Auch im New York der neunziger Jahre setzte sich die Elite der Demokratischen Partei vorwiegend aus White Anglo-Saxon Protestants zusammen. Whoopy Goldberg moderierte souverän, aber Harvey Keitel gelang es nicht, einen Witz ohne Stottern zu Ende zu bringen. Berühmte Soulsänger kreischten. Ein tolles Erlebnis. Zur gleichen Zeit fanden auf der Straße winzige Demonstrationen gegen die Kürzung von Sozialleistungen durch die Clinton-Administration statt.

Das zähe Vordringen von engagierten Frauen in Männerdomänen

In der Nacht durchstreifte ich die Stadt, ohne die geringsten Ängste. Auf der Park Avenue, am oberen Ende, kaufte ich mir um Mitternacht elegante Klamotten. In Gesprächen mit Freunden am Rande der Konferenz festigte ich meinen Adoptionsplan. Vor allem besprach ich mich mit wissenschaftlich exponierten Frauen. Die meisten von ihnen hatten keine Kinder und wollten auch keine. Damals, im Alter zwischen vierzig und sechzig Jahren, gehörten sie zu einer Generation von Frauen, die es noch sehr schwer hatten, sich in ihrem Fach durchzusetzen. Die zusätzlichen Energien, die sie, im Vergleich mit den männlichen Kollegen, im Berufsleben aufbringen mussten, fehlten ihnen im Privatleben. Das frauenfeindliche Klima innerhalb der akademischen Eliten habe ich selbst noch mitbekommen und mit meiner Beharrlichkeit einen kleinen Beitrag für die Emanzipation der Frauen auf dem verminten Feld der wissenschaftlichen Karrieren geleistet.

Meldete ich mich beispielsweise zu Anfang meiner Karriere auf einer Konferenz selbsternannter Vordenker zu Wort, starrte mich die versammelte Männerwelt schockiert an, als sei eine Naturkatastrophe im Anrollen. Was passiert jetzt? Was will sie? Sollen wir das Risiko eingehen und einem weiblichen Wesen das Wort erteilen? Bis dato nahmen die Herren der Wissenschaft kaum Frauen in ihren Reihen auf und schon gar keine Frauen, die nicht als akademische Groupies andächtig lauschten, was die versammelten Alphatiere von sich gaben, sondern die es wagten, sich argumentativ einzumischen. So leicht waren sie jedoch nicht zu überzeugen, Frauen als gleichberechtigte Diskurspartnerinnen anzuerkennen. Als ihnen keine Wahl mehr blieb, auch mit solchen Naturwesen wie Frauen zu diskutieren, legten sie sich eine überhebliche Haltung zu, »lass die doch reden«, damit werteten sie zwar ihre eigenen Diskurse ab, aber ihre Macht konservierenden Old Boys' Networks öffneten sie noch lange nicht. Die Frauen, die sich in den Wissenschaften allmählich durchsetzten, hatten also nicht nur mit ihren Forschungs- und Lehraufgaben zu tun, sondern auch mit der Eroberung von sozialem Neuland, mit dem Abbau von Vorurteilen und mit der Überwindung von kollektiver und individueller Ablehnung.

Einige Frauen heirateten etablierte Kollegen und drangen auf diese Weise in die inneren Kreise vor. Andere lebensbejahende attraktive Frauen stellten sich nach einer gewissen Berufserfahrung die einfache Frage: Wozu das alles? Wozu die doppelte Anstrengung, fachlich und menschlich? Wozu Schönheit und Gesundheit riskieren, um die karge Lebenszeit in tageslichtfreien schlechtbelüfteten Hörsälen zu verbringen, die Wochenenden auf Seminaren mit ungalanten und unerotischen Männern zu opfern, nächtelang an brottrockenen Aufsätzen für Fachzeitschriften zu schreiben, die kaum jemand las, um am Ende, nach all der Mühe, dennoch nicht zur verdienten Anerkennung innerhalb der männerdominierten Scientific Community zu gelangen?

Viele Frauen nutzten ihre Optionen, solange sie noch jung waren, um auszusteigen – trotz ihrer akademischen Qualifikationen.

Dann gab es Frauen, die sich kein Leben außerhalb des eingeschlagenen Weges der wissenschaftlichen Karriere vorstellen konnten und die sich peu à peu durchsetzten, größtenteils unter Verzicht auf Kinder und Partnerschaft. Unstrittig fanden diese Frauen durch ihre Berufsarbeit ein hohes Maß an Befriedigung und Zufriedenheit, insbesondere wenn es ihnen gelang, eine Professur oder eine professurähnliche Stellung mit materiellen Sicherheiten zu erreichen. Sozial verlief ihr Leben dennoch nicht berauschend.

Auch nachdem einige Frauen angesehene Positionen errungen hatten, mussten sie erleben, dass die informellen Kontakte rund um die Universität vorwiegend von Familie zu Familie verliefen oder auf Paarebene. Auch die Kollegen, mit denen wochentags liberal im Team zusammen gearbeitet wurde, nahmen ihre Liberalität nicht mit ins Wochenende. Das verhinderte die notorische Eifersucht der Ehefrauen der Kollegen. So machten diese Pionierinnen die Erfahrung, dass sie zwar in ihrer Arbeit mehr und mehr geschätzt wurden, dass die gleichen Kollegen aber das Wochenende mit ihren Familien und deren Freunden verbrachten. Die Klage über die zwei Welten der männlichen Kollegen hörte ich häufig. Was blieb den Frauen anderes übrig, als auch die Wochenenden durchzuarbeiten! Andere Frauen wieder warteten bis ins hohe Alter auf den sie aus Einsamkeit und Askese erlösenden Märchenprinzen.

Da war ich anders gepolt. Von einem Mann zu erwarten, dass er mich glücklich machte, diese Idee fand ich zum damaligen Zeitpunkt ebenso absurd wie die Idee, ich würde mit einem Partner so viel emotionale und kognitive Übereinstimmung erreichen, dass wir zusammen ein Kind zu seinem Besten erziehen.

Warum es nicht zu zweit versuchen?

Selbstverständlich habe ich nach meiner Scheidung ab und zu darüber nachgedacht, noch einmal einen Anlauf mit einer stabilen Partnerschaft zu machen, schließlich besaß ich schon Eheerfahrungen in einem Alter, in dem sich viele junge Menschen erst allmählich vom Elternhaus lösten. Aber solche Überlegungen blieben theoretisch.

Wenn einmal Kandidaten für dieses verantwortungsvolle Amt auftauchten und um Vorstellung bei meiner Mutter nachsuchten, so kommentierte meine Mutter solche Besuche mit: »Einen solchen Dummkopf bringe bitte nicht mehr nach Hause!« Im Nachhinein fand ich meistens, dass sie Recht hatte. Aber sie konnte in ihren Beurteilungen sehr ungerecht sein. Freunde, die mich entlasteten und umsorgten, ertrug sie an meiner Seite nicht. Solche Männer widersprachen ihrem tief verinnerlichten Männerbild, sie hielt sie für Schwächlinge.

Bei Vorstellungsgesprächen blickte sie den Anwärtern, die äußerst höflich und zuvorkommend auftraten, mit entwaffnender Offenheit unmittelbar in die Augen und bemerkte erstaunt: »Früher brachte meine Tochter so nette Freunde nach Hause und jetzt Sie ... ich verstehe das nicht«. Die Kandidaten traten sofort die Flucht an, da half auch kein Ausdruck der Empörung meinerseits. Verständlicherweise.

*Die Misere der Adoptionsverfahren in Deutschland:
Trägheit der Behörden, lustlose Sachbearbeiter,
unprofessionelle Honorarkräfte in den Vereinen*

Ich flog zurück nach Johannesburg. Dort traf ich wieder auf den Mitarbeiter aus dem Familienministerium, der auch diesmal keine wirkliche Hilfe war. Immerhin gelangte ich zu den richtigen Stellen auf den entsprechenden Ämtern, bei denen ich mein Anliegen vorbringen konnte. Im Familienministerium in Pretoria fand ich Gehör. Gerade wurde ein neues Gesetz zur Adoption erlassen, nach dem bereits vor Ort verfahren wurde. Dieses Verfahren sieht vor, dass in der Behörde im Beisein der Mitarbeiter Adoptionswillige und Mütter, die ihr Kind zur Adoption freigeben wollen, zusammentreffen und sich über einen längeren Zeitraum kennenlernen. Dann wird die Entscheidung getroffen, vor allem von der Mutter des Kindes, ob sie ihr Kind nach wie vor abgeben will und ob sie sich eine glückliche Zukunft ihres Kindes in der neuen, ihr nun bekannten Familie vorstellen kann. Ein tolles Modell. Sofort war ich bereit, zu den nächsten vorgesehenen Terminen wieder nach Johannesburg zu kommen, um an einem solchen Treffen teilzunehmen.

Wovon würde der weitere Verlauf meines Adoptionsantrags abhängen? Die südafrikanische Behörde arbeitete mit dem Internationalen Sozialdienst (ISD) zusammen, der stellte Beobachter, die Informationen über die Antragsteller und über das Verfahren zwischen den Ländern transferieren. Folglich nahm ich Kontakt mit dem ISD in Frankfurt auf, schilderte mein Anliegen und sandte alle erforderlichen Unterlagen zu. In Frankfurt hieß es, man müsse auf Nachricht des Beobachters aus Südafrika warten, also rief ich wöchentlich in Pretoria an. In Pretoria wartete man auf die Beurteilung meines Antrags durch den ISD aus Frankfurt. Ein Teufelskreis. So ging das über Monate, ohne Fortschritt. Gelegentlich erreichte mich ein Schreiben vom ISD, in dem mir mitgeteilt wurde, dass der Sachbearbeiter gewechselt habe, der neue arbeite sich erst ein. Als ich mich in Vietnam aufhielt, traf endlich ein Schreiben des ISD beim Kinder- und Jugendamt in Heidelberg ein. Der Einleitung meines Adoptionsverfahrens in der Republik Südafrika stehe nichts mehr im Wege. Der Beobachter hatte sich endlich gemeldet und seine Zustimmung gegeben. Seit meinem Aufenthalt in Pretoria war mehr als ein Jahr vergangen. Ohne mit mir Rücksprache zu halten, schrieb die Heidelberger Behörde, ich sei nicht mehr interessiert. Darauf beschwerte sich das ISD bei mir persönlich. Der Vorgang hatte kafkaeske Züge.

Ein Kind aus Südafrika zu adoptieren, war meine Lieblingsidee. Aber ich suchte auch nach Alternativen. Ich zahlte die nicht unbeträchtliche Aufnahmegebühr und wurde Mitglied eines Vereins zur Vermittlung von Adoptivkindern. Der Verein betonte, dass er geeignete Familien für Kinder aus der »Dritten Welt« suche und nicht Kinder für Eltern. Ein guter Ansatz. Zentralkomiteehaft residierte er in der Hauptstadt. Dort wurden die Entscheidungen getroffen, während man es vor Ort mit regionalen Gruppen zu tun hat, von ehrenamtlichen Mitgliedern geleitet. Sie wurden auf Honorarbasis bezahlt. So wie ich es erlebte, erfolgte die Aufnahme über mehrere Stufen, und auf jeder Stufe, die man aufwärts schritt, zahlte man neu.

Zunächst kam eine Familie mit ihren bereits adoptierten Kindern zum Hausbesuch. Ihre Aufgabe bestand darin, sich ein erstes Bild von mir zu machen und ein Protokoll über den Besuch an die Zentrale zu schicken. Zur Vorbereitung des Besuchs hängte ich Kinderbilder an die Wände und kaufte Kindergeschirr. Das Ehepaar besaß keine besonderen Kenntnisse, wie man eine Home-Study durchführt. Für sie war es maßgeblich, ob die »Chemie« zwischen ihnen und mir stimmte. Es ist also mehr oder weniger eine Frage des Zufalls, wie man in solchen laienhaft angefertigten Protokollen eingeschätzt wird.

Eine weitere Stufe, die zu absolvieren war, bestand aus einem psychologischen Test, den ein diplomierter Adoptivvater durchführte und für den ich über achthundert Mark zahlte. Danach wurde mir mitgeteilt, dass kein Kind für mich vorhanden sei, zu welchem meine Psychostruktur passe. Das Gutachten über mich bekam ich nie zu Gesicht. Es war ein völlig intransparentes Verfahren. Die Kompetenz des Psychologen erschien mir höchst zweifelhaft. Er sprach ein ausgeprägtes Schwäbisch und immer wieder von meiner »Indentität«, die ihm zu denken gäbe. Mir auch.

Inzwischen hatte ich Kontakte zu Einzelpersonen und Vereinen geschlossen. Ich telefonierte mit Adoptiveltern in Kalifornien, in der Pfalz, in Niedersachsen und in Bayern, mit Rechtsanwälten in Bukarest und Sofia, traf Bürgermeister aus St. Petersburg und Peterhof. Manchmal war von einem konkreten Kind die Rede. Dann keimte Hoffnung auf, aber die Abkühlung folgte schnell. Währenddessen begann ich meine Konversation mit der zuständigen Behörde vor Ort. Von ihr benötigte ich den sogenannten Sozialbericht, der für jedes legale Adoptionsverfahren ein unerlässliches Dokument bildet. Mittlerweile kenne ich viele Geschichten über unprofessionell abgefasste Berichte und inkompetente Sachbearbeiter, die so gern Herren über Schicksale spielten. Sowie ich auf der Behörde mein Leben vorstellte, zumeist in der schriftlichen Form eines Lebenslaufs, brach ein mir anfänglich entgegengebrachtes Verständnis zusammen. Eifrig bemühte man sich, mir meine Adoptionsabsicht auszureden. »Sie gehen doch völlig in ihrem Beruf auf! Sie haben doch Erfolg! Wozu benötigen Sie dann noch ein Kind?«

Eine ebenfalls alleinstehende und voll berufstätige Adoptionsmutter aus einem Provinzstädtchen vor Hamburgs Toren erzählte mir, dass die dort zuständige Sozialarbeiterin vehement versucht hatte, ihr den Adoptionswunsch auszureden. Endlos lange Ergüsse musste sie sich über die Bedeutung einer guten Ehe und über das angeblich ideal funktionierende Familienleben der Dame, über ihren fantastischen und fürsorglichen Ehemann anhören. Dabei waren dessen häufige Liebschaften Stadtgespräch und jedermann wusste, was ihn wochen- und monatelang im »Außendienst« festhielt.

Blinde Flecken in der Selbstwahrnehmung, Vorspiegelungen von Scheinwelten und Doppelmoral begegnen einem auf den Ämtern immer wieder und auch deren Kehrseite: die Demütigung der Antragsteller.

Einmal wurde ich mit einer ungeheuerlichen Einstellung konfrontiert: »Es ist besser, ein Kind stirbt in seiner Kultur, als dass es bei uns einen Kulturschock erleidet.« Was für eine Kultur, bitte, erfahren elternlose Straßenkinder in den Megacities der »Dritten Welt«? Unfassliche Inkompetenz kam in dem Sozialbericht zum Ausdruck, der über mich verfasst wurde. Er beruhte auf einem langen Selbstreport, den ich wahrheitsgetreu und mit Verve über mich niedergeschrieben hatte. Im besten Fall kann so ein Selbstreport eine kritische Auseinandersetzung mit der eigenen Vergangenheit, mit persönlichen Motiven und Fähigkeiten in Gang setzen. Eine

Klärung, eine Bestandsaufnahme, die für einen solchen geplanten Schritt sehr sinnvoll ist. In diesem Sozialbericht wurde mir vom Amt vorgeworfen, dass ich die Kinder meiner Freundinnen, die ich, wie ich schrieb, sehr mochte, nicht mitnahm, wenn ich aus beruflichen Gründen die Stadt wechselte. Da fehlten mir und den Müttern der Kinder die Worte, die noch heute froh sind, dass ich ihre Kinder nicht entführt habe. Außerdem hieß es darin, dass man sich vorstellen könne, wie ich als Löwin für meine Jungen kämpfe, aber nicht, wie ich sie liebevoll umsorge! Eine unglaubliche Unverschämtheit!

Für mich gab dieser Sozialbericht das endgültige Signal, einen Wechsel meines Verhaltens herbeizuführen und nicht mehr aufrichtig und wahrhaftig meine »Karten« auf den Tisch zu legen, sondern mich strategisch darauf zu konzentrieren, wie ich meine Ziele am besten erreichen konnte. Warum sollte ich mir die Verwirklichung meiner vielfach geprüften Vorstellung von einer sinnvollen Zukunft meines Lebens durch Personen zerstören lassen, die mir lediglich vorwerfen konnten, dass ich nicht in ihr persönliches Weltbild, in ihr privates Raster, hineinpasste, das nicht einmal für ihr eigenes Leben wirklich stimmte? Wenn diese Menschen, von denen man im Adoptionsverfahren abhängig ist, über so wenig Fähigkeiten verfügen, von sich abzusehen und die mentalen Weichen einer anders gelagerten Biographie vernünftig zu rekonstruieren, so muss man sie eben mit dem, was sie hören wollen, bedienen. So dachte ich nach etlichen Gesprächen, in denen mir kein Verständnis, sondern Ressentiment entgegengebracht wurde. Von nun an beschloss ich, möglichst wenig von mir Preis zu geben und mich so darzustellen, wie es den Personen gefiel, die ich für die Adoption benötigte.

Vor dem Hausbesuch der Mitarbeiterin des Amts kam ein Großteil der Bücher in den Keller. Auf die Regale platzierte ich Väschen und Gläschen. Nippes hier und dort. Überall an den Wänden hängte ich Kinderbilder auf und erfand zu jedem Bild eine Geschichte. Ein Gärtner aus Neuenheim sorgte für eine flächendeckende Begrünung und Beblumung des Apartments. Sein Kommentar: »Sie werden noch einen Preis in der Aktion ›mein Balkon soll schöner werden‹ erhalten.« Als ich aus Vietnam zurückkam, war leider alles verblüht.

Endlich ein Weg!

Bei diesen Mätzchen dachte ich zufrieden an meine berufliche Laufbahn. Zu ähnlichen albernen Verstellungen fühlte ich mich in der universitären Arbeitswelt nie gezwungen, um meine Ziele zu erreichen.

Mit Maria Korter ging es mir auch nicht wirklich besser, aber für mich zählte, dass ich durch ihre Hilfe zu meinem Sohn gekommen bin. Dafür werde ich ihr immer dankbar sein. Im Rahmen der gesetzlichen Bestimmungen beriet sie Adoptionswillige über Kontakte in Länder der »Dritten Welt«, zu diesem Zeitpunkt vor allem nach Vietnam. Als ich sie kennen lernte, lebte sie noch mit ihren vielen adoptierten Kindern in einem Einfamilienhäuschen in einer kleinen württembergischen Stadt. Dort herrschte sie als Oberhaupt einer Großfamilie oder als Chefin eines privaten Kinderheims, wie man will. Durch Medienberichte erreichte sie bundesweite Bekanntheit.

Eines Morgens suchte ich sie in ihrem Häuschen auf. Ein grauer Tag im Herbst. Ich hatte ein rotbraunes Kleid mit farblich passendem Kaschmirmantel an. Das war bereits mein erster Fehler. Nach kurzer Unterhaltung gab sie mir zu verstehen, dass werdende Adoptivmütter nicht so schick gekleidet sein dürfen. Ein sabberndes Kind in meinem Arm könnte sie sich einfach nicht vorstellen. Warum habe ich mir nicht bei meinem Besuch die Schürze meiner Mutter umgebunden? Dennoch blieb ich hartnäckig, bis sie mir versprach, mich nach Vietnam mitzunehmen und Kontakte zu einem Waisenhaus herzustellen.

Zur Vorbereitung der Reise ließ ich alle benötigten Dokumente von ihrem Dolmetscher übersetzen. Nicht billig. Gelegentlich gab es Probleme, und ich rief sie an. Sehr ungern. Zumeist war eines ihrer vielen Kinder am Telefon. Die Mutter schien immer im Stress zu sein. Dann hörte ich lange nichts mehr. Als ich mich wieder meldete, war Maria Korter erstaunt, dass ich immer noch nach Vietnam wollte. Sie hatte inzwischen von meinen Kontakten nach Bulgarien erfahren und reagierte gereizt. Eine Adoptivmutter hatte von meinem Ärger mit dem Verein gehört und versuchte, mich zu gewinnen, mit mir auf eigene Faust Kinderheime in Osteuropa zu erschließen. Zögerlich ließ ich mich auf den Plan ein. Ein weiterer Fehler in den Augen von Frau Korter! Telefonate mit einem Anwalt in Sofia ermutigten mich aber nicht zu weiteren Initiativen. Die Welt ist auch auf diesem Terrain recht klein, dazu von Missgunst und Eifersüchteleien durchsetzt. Es fehlt eben an Professionalität auf allen Seiten. Maria Korter verlangte Unterwerfung, Glaube an sie. Dazu war ich nicht in der Lage. Dennoch ließ ich nicht locker. Wir blieben dabei, dass ich im Februar nach Vietnam fliegen und sie mir bei der Herstellung eines Kontakts zu einem Waisenhaus helfen würde. Sie nannte mir den Namen eines Hotels, in welchem viele Adoptionswillige absteigen. Dort würde sie mich treffen.

So kam ich nach Saigon, das die Kommunisten in Ho-Chi-Minh-Stadt unbenannt hatten, aber viele Vietnamesen kehren nun wieder zum früheren klangvollen Namen zurück.

Stille Tage in Saigon

Am nächsten Morgen wachte ich leicht unausgeschlafen auf. Ich sah überglückliche deutsche Eltern, die von einem Kinderkrankenhaus kamen und Kontakte mit ihrem künftigen Sohn geknüpft hatten. Artur sollte er heißen. Ich hatte die Wahl, im Foyer zu warten oder durch die Stadt zu streunen. Ich wählte letzteres. In einem Park ließ ich mich auf der Bank nieder, um ein wenig in meinem Reiseführer zu schmökern. Plötzlich belagerte mich eine Schulklasse von allen Seiten. Die Schülerinnen und Schüler trugen Schuluniformen, saubere weiße und blaue Gewänder. Im Grünen wollte der Lehrer auf Fauna und Flora aufmerksam machen, aber die Kids interessierten sich nur für meine Nase, die ihnen ungewöhnlich lang erschien. Ich ermunterte sie, zu genaueren Prüfungen. Circa zwanzig Hände zogen und zerrten nacheinander an der Nase, sie fiel nicht ab. Großes Gelächter. Ich spürte, dass ich diese vietnamesischen Kinder sehr mochte.

Am Abend kam Tom Gewinner ins Hotel. Das war wirklich kurios, dass sich hier unsere Wege schnitten. Tom ist ein Weltbürger, der über die eigentümliche Fähigkeit verfügt, an jedem Ort, wohin ihn seine rege Reisetätigkeit führt, auszusehen, als ob er dort heimisch sei. Am besten passt sein lässig-eleganter Bekleidungsstil, mit Vorliebe für Leinen und Seide in grau-schwarzen Farben, nach New York. In Frankreich geht er mit seinem Schnurrbart als Franzose durch und in Vietnam hielten ihn die Vietnamesen, aufgrund seiner extrem schmalen Augenpartie und dem dunklen Haar, für einen Amerikaner vietnamesischer Abstammung. Seine Korpulenz flößte ihnen kindliches Vertrauen ein, was einige nicht hinderte, ihn gelegentlich um den Finger zu wickeln. Sprachlich gab er sein Bestes. Das wurde ihm in Vietnam durch die Unterschiede der stark akzentbetonten Aussprache zwischen dem Norden und dem Süden besonders schwer gemacht.

Er schwor auf potenzfördernde Mittel wie eingelegte Schlangen und Seepferdchen, die er reichlich zu sich nahm. Im Süden wollte Tom sich ein paar Tage vergnügen, um dann zu seinem deutsch-südostasiatischen Kooperationsprojekt, es ging um Regionalförderung, nach Hanoi und nach Kuala Lumpur weiterzureisen. Er kannte sich gut in Saigon aus. Zunächst zeigte er mir die berühmte Bar »Apocalypse Now«. Dort trafen wir viele junge Vietnamesinnen, Gespielinnen seiner früheren Besuche. Sie schwirrten um ihn herum und ließen sich von ihm in einem Gemisch von Englisch-Vietnamesisch-Gestisch beflirten. Er erklärte mir, dass sie untereinander eifersüchtig darüber wachten, wem er seine Zuneigung schenkt. Mir wurde langweilig.

Wir gingen zum Essen ins »Camargue«. An der Bar tranken wir Champagner, und Tom erläuterte mir ausgedehnt seine Frauengeschichten vor Ort. Wenn mir seine ausschweifende Selbstdarstellung auf die Nerven fiel, es klang, als ob alle jungen Frauen Saigons nur auf ihn gewartet hätten, wechselte ich das Thema und sprach von Doi Moi, der Wirtschaftspolitik der Kommunisten. Seine netteste Freundin Kim-Anh stellte er mir am nächsten Tag vor. Wir suchten sie in ihrem kleinen Café auf. Sie gefiel mir sehr. Mit ihren großen verständnisvollen Augen wirkte sie sehr warmherzig und viel älter als die Mädchen vom Abend zuvor. Wie viele Vietnamesinnen sorgte sie für einen ganzen Familienclan und für ihr eigenes Kind. Neben ihrer Arbeit im Café kopierte sie Alte Meister mit beachtlichem Talent. Kim-Anh hatte Tom bei einem früheren Aufenthalt um Geld gebeten, um fünfhundert Dollar. Davon wollte sie das kleine Café kaufen. Er gab ihr das Geld. Als er wieder nach Saigon kam, gestand sie ihm, dass es nicht ausgereicht habe. Sie benötigte dieselbe Summe noch einmal. Kein Problem, sie bekam noch einmal fünfhundert Dollar. Als wir das Café verließen und die kleine Preistafel am Eingang sahen, konstatierte der bedauernswerte Tom überrascht, dass er für Kaffee und Sandwich dreimal so viel bezahlt hatte wie dort vermerkt – obwohl ihm eigentlich das Café gehörte. Armer Tom.

Graham Greenes Phuong und die Vietnamesinnen von heute

Bei Kim-Anh lernte ich noch andere junge Vietnamesinnen kennen, die mit Europäern liiert waren. Manche Männer finanzierten ihren Gespielinnen eine kleine Unterkunft, andere eine Nähmaschine oder sie kauften Luxusartikel einer bekannten Marke, nach denen die Vietnamesinnen verrückt waren. Kleine Geschenke eben. Bares Geld floss selten, die Illusion der Liebe oder zumindest der Verliebtheit wurde bedient. Mir ging die Geschichte von Phuong und Thomas Fowler in »The Quiet American« durch den Kopf. Wie in Graham Greenes Roman sahen die Liebhaber alle danach aus, als hätten sie schon bessere Tage gesehen und den Zenit ihres Lebens überschritten. Sie profitierten von der Armut der Frauen, von deren Sehnsucht nach einem Leben außerhalb der Armut, vielleicht sogar außerhalb Vietnams, worauf Phuong hoffte. Fowler wollte und konnte Phuong, die er liebte, nicht mit nach England nehmen. Seine Geliebte war nicht allein. Ihre Schwester überwachte sie und drängte sie danach, eine gute Partie einzugehen: mit Pyle, dem Gesinnungsethiker und Terroristen.

Die heutigen Vietnamesinnen dachten ebenso an sich und ihre Familien. Was hatte sich seit der Zeit, als Graham Greene seine Erlebnisse aufschrieb, zwischen Männern und Frauen in Saigon geändert?

Über Toms Großzügigkeit gegenüber Kim-Anh freute ich mich sehr und tröstete ihn, die Geschichte nicht tragisch zu nehmen. Wir lachten beide. Tom besaß genügend Witz und Eitelkeit, um darüber hinweg zu kommen. Er mochte Schmeicheleien. Sein beruflicher Erfolg stieg ihm zu Kopf. Als wir uns an der Universität in München kennen lernten, lebten wir beide unseren beruflichen Höhenflug miteinander aus. Wir waren die klügsten und modernsten Wissenschaftler in unserem Fach, alle anderen kamen bei dem Tempo, das wir vorlegten, nicht mit. Zur Belohnung erhielten wir beide Rufe: er an die Stanford University in den USA, ich »bloß« nach Heidelberg. Ein paar Jahre später kam er nach Deutschland zurück, weil an der Universität Mannheim eigens ein Institut für ihn und seine Forschungsgruppe eingerichtet wurde. Er ist ein Gewinner wie der Name, den ich ihm verpasst habe, schon sagt.

Am neu gegründeten Institut für Regionalforschung konnte Tom erst recht aufdrehen. Er verwandelte seinen Lehrstuhl in ein Unternehmen von mittlerer Größe. Forschungsmittel flossen, Projekte wurden rund um den Globus betreut, sein Mitarbeiterstamm wuchs, er arbeitete Tag und Nacht. Eine Zeitlang waren wir ziemlich wild aufeinander. Unsere Vorstellungen von einem großzügigen Lebensstil ähnelten sich. Einmal, als ich ihm ins südfranzösische Antibes nachgereist war, wo er bis zu meinem Eintreffen an einer Konferenz teilnahm, blieben wir tagelang im Bett. Trotz Mittelmeer und wunderbarem Wetter. Dann fuhren wir nach Nizza und Cannes, im offenen Cabrio, mit lockerem Geld in der Tasche und einer Unmenge an guter Laune.

Dieser Lebensstil stimmte mit Toms erfolgsorientierten Lebenskoordinaten überein, alles drehte sich um Arbeit und Genuss. Vielleicht war ich neidisch auf seine vielen Forschungsmittel aus der Industrie, vielleicht erkannte ich bei ihm keine übergeordnete Idee, die mich auf Dauer hätte faszinieren können, vielleicht sah ich bei ihm eine Grenze der Ökonomisierung und damit der Fremdbestimmung der Universität überschritten, die ich nicht befürwortete, ich distanzierte mich etwas. Ich suchte immer nachdenkliche Menschen, und Tom war zu intelligent für Tiefgang. Wir blieben Freunde und halfen uns in Notfällen gern aus.

Den Abend verbrachten wir wieder im »Camargue« mit Champagner. Dort kamen wir mit einigen Deutschen ins Gespräch, die als Einkäufer für große Modehäuser Südostasien bereisten und sich in den Bars von Saigon, Bangkok und Kuala Lumpur immer wieder begegneten, wie andere in ihren Stadtteilkneipen. Alle mochten diese Bar mit Palmen, schönen Terrassen, luftigen Räumen und einer hervorragenden Küche. Wir trafen uns dort noch ein paar Mal. Dann fuhr Tom mit Kim-Anh und einigen jungen Frauen nach Vũng Tàu ans Meer. Es war zu riskant, solche Unternehmungen in Saigon durchzuführen. Ich war froh, mich wieder meinem eigentlichen Thema zu widmen.

Gescheiterte Adoption

Inzwischen war auch Maria Korter mit ihren Kindern und ihrem Dolmetscher in Saigon angekommen. Sie empfing im Foyer des Hotels. Viele Deutsche saßen um sie herum und hofierten sie. Alle buhlten um Aufmerksamkeit, Ratschläge und Tipps. Ich mochte diese betonte Unterwürfigkeit nicht, aber schließlich benötigte auch ich ihre Unterstützung. Einige Familien hatten nun vietnamesische Kinder dabei. In dieser Runde fühlte ich mich nicht wohl und ging meistens nach kurzer Zeit meiner Wege. Als ich eines Mittags wieder in das Hotel kam, herrschte Krisenstimmung im Kreis.

Eine Frau, die mir bislang nicht aufgefallen war, saß mit verweintem Gesicht neben Maria Korter. Ihr Schicksal erschien mir tragisch und erschreckend. Sie hatte einen Antrag auf Adoption eines vietnamesischen Mädchens vor Ort gestellt. Die Behörde hatte zugestimmt, dass sie, die antragstellende Person, das Kind für die Laufzeit des Antrags zu sich nimmt. Der Antrag wird mindestens vierzig Tage bearbeitet und innerhalb dieses Zeitraums können die Adoptionsentscheidungen von allen involvierten Parteien, den Adoptionswilligen, den Müttern und den Behörden, überdacht und revidiert werden. Diese Regel wird von der Den Haager Konvention vorgeschrieben. Im Fall der Frau mit dem verweinten Gesicht hatte die abgebende Familie die Zustimmung zur Adoption zurückgezogen.

Die Adoptivmutter musste sich sofort von dem kleinen Mädchen trennen, das sie so freudig in ihr Herz geschlossen hatte, mit dem sie schon eine innige Zeit in Vietnam zusammengelebt hatte. Welch ein Schmerz! Das Kind wurde sofort zurückgegeben. Es noch zu behalten, wäre strafbar gewesen. Hintergründe für die Revision der Entscheidung wurden nicht genannt. Die Frau war untröstlich, und alle schauten betrübt. Ich war erschüttert. Frau Maria Korter riet mir, meine Unterlagen dem Konsulat vorzulegen. Am nächsten Morgen brachte ich meine Unterlagen dorthin. Die Sachbearbeiterin führte mit mir ein langes Interview über meine Absichten und mein Vorgehen. Viele Adoptionswillige waren seit einiger Zeit bei ihr erschienen. Sie hegte Zweifel, ob alle auf legalem Weg zu ihrem Ziel gelangten. Aber sie besaß keinerlei Möglichkeiten für eine Überprüfung der Verfahren. Zu Vietnamesen hatte sie kaum Kontakt. Eine traurige Existenz.

KAPITEL SIEBEN

Die Nacht davor

Am frühen Nachmittag machte ich mich auf den Weg, um den Wiedervereinigungspalast, den früheren Präsidentenpalast, zu besichtigen. Die Zeiten ändern sich. Für das Selbstverständnis der jungen Leute, die heutzutage das Bild Saigons prägen, spielt die Erinnerung an den Krieg kaum noch eine Rolle. Begierig werden Einflüsse aus dem Ausland aufgesogen, am liebsten von Amerikanern, den ehemaligen Gegnern. Überall schießen riesige Hoteltürme aus dem Boden, nur ein paar Schritte von ihnen entfernt hausen Menschen in Wellblechhütten, ohne fließendes Wasser und ohne Elektrizität. Das moderne, im Zentrum gelegene New World Hotel erlangte internationale Bekanntheit als Schauplatz des James Bond-Films »Der Morgen stirbt nie«, andere Türme erweisen sich als Objekte von gigantischen Fehlspekulationen und stehen leer, oftmals nur halb vollendet. Besonders gern schmücken sich die Jugendlichen mit Luxusartikeln von westlichen Markenfirmen. Aber die verheerenden Spuren des Kriegs, die Missbildungen und Behinderungen vieler Menschen als Folge des Einsatzes von Napalm und Agent Orange, sind noch überall sichtbar. Eine ausreichende medizinische Versorgung fehlt bis heute. Im Gewühle der Geschäftigen in den Straßen oder abends vor den glamourösen Bars und Diskotheken betteln die Opfer, viele davon die Kinder und Kindeskinder der Kriegsgeneration.

Ein riesiges Werbeschild der »Deutschen Bank«, neben dem Eingang verdeckte den Blick auf den Palast. Dann sah ich das breite repräsentative Bauwerk, und die Erinnerung an die historischen Ereignisse war wieder da. Mit gemischten Gefühlen ging ich durch das berühmte schmiedeeiserne Tor, welches der Panzer des Vietcong am Ende des Vietnamkriegs niedergerissen hatte. Eine Kopie des historischen Geräts mit einem langen, auf den Palast gerichteten Kanonenrohr stand an der Seite der Auffahrt. Der Vietcong verstieß mit der Einnahme des Südens gegen das Pariser Abkommen. Die Marionettenregime, die durch die Amerikaner unterstützt und im

Sattel gehalten worden waren, hatten sich über die Jahre als unfähig erwiesen, das Land zu regieren.

Ich kaufte ein Ticket und begann das von den Franzosen erbaute Gebäude zu besichtigen. Zunächst studierte ich die Repräsentationssäle mit ihren schweren samtigen Vorhängen, Kulissen für koloniale, korrupte und kommunistische Regierungen. Im zweiten Stock befand sich der pompöse Empfangssaal des Präsidenten, der Raum des Drachenkopfes. Der Stuhl am Schreibtisch des Präsidenten war mit furchterregenden Drachenköpfen verziert. Ein Amerikaner ließ sich auf dem Stuhl für einen Dollar fotografieren. Typischer Eroberungsgestus! Er gehörte zu einer Touristengruppe, die einer vietnamesischen Führerin folgte. Die Gruppe schien aus älteren, wahrscheinlich Rentnerehepaaren zu bestehen. Die Männer trugen kurze Hosen, der Schweiß tropfte ihnen von der Stirn. Auf ihren Bäuchen hingen schwere Fotoapparate. Die Frauen waren mit hellen verschwitzten Blusen über weiten Röcken bekleidet. Ihre Frisuren hatten schon längst jegliche Fasson verloren, strähnig fielen die grauen Haare herab. Kein allzu appetitanregender Anblick.

Gerade erzählte eine adrette, sorgfältig gekleidete Führerin die bekannte Geschichte von der Übergabe des Palasts: »Im Empfangssaal wartete Staatschef General Minh, seit dreiundvierzig Stunden im Amt. Als ein Offizier des Vietcong den Saal betrat, soll ihn Minh angeherrscht haben: ›Ich warte hier seit dem frühen Morgen, um Ihnen die Macht zu übergeben.‹ Darauf erwiderte der Offizier gelassen: ›Es geht nicht darum, die Macht zu übergeben. Sie können nicht etwas übergeben, was Sie gar nicht besitzen.‹« Die Amerikaner lauschten den Ausführungen und wischten sich mit riesigen Taschentüchern den Schweiß von der Stirn.

Welche Gefühlsreaktionen löste die Konfrontation mit dem Ende des Vietnamkriegs bei ihnen aus? Zeichen besonderer emotionaler Bewegung konnte ich nicht feststellen. Was hatte sie in den Palast geführt? Absolvierten sie das landesübliche Programm für Touristen? Sahen sie sich die Orte der Ereignisse an, die sie aus dem Fernsehen kannten? Ohne innere Anteilnahme? Inzwischen gibt es einen US-Tourismus nach My Lai, angeblich zur Versöhnung der ehemals verfeindeten Völker, mit medienwirksamen Showeffekten und viel Spektakel. Oder waren es Veteranen, die es sich gesundheitlich und finanziell leisten konnten, ihren Frauen das Land zu zeigen, zu dessen Zerstörung sie einst beigetragen hatten? Ich hoffte jedenfalls, dass sie Scham oder verzweifelte Wünsche empfanden, etwas wieder gutzumachen. Vielleicht fühlten sie aber auch Schmach über die Niederlage, über das traumatische Ende des Mythos' vom unbesiegbaren Amerika? Eine Weile beobachtete ich die Gruppe, konnte aber keine Indizien für die eine oder andere Haltung erkennen. Bei meinen kreisförmigen Streunereien durch die großen Räume stieß ich immer wieder mit ihnen zusammen. Gelegentlich lauschte ich den Erläuterungen der Vietnamesin und ergänzte meinen Reiseführer mit neuen Informationen. Stets achtete ich auf Abstand, damit niemand auf den Gedanken käme, ich gehörte zu diesen Touristen.

Schließlich benötigte auch ich, die Unermüdliche, eine Pause, und suchte nach einer Sitzgelegenheit auf der Dachterrasse. Die Reisegruppe versammelte sich vor den Getränkeautomaten. Auf keinen Fall wollte ich mich dazu stellen, deshalb ließ ich mich etwas abseits nieder. Einer aus der Reisegruppe fragte, ob ich eine Cola trinken möchte. Warum nicht? Ich war ziemlich durstig. Er ging und kam zurück mit zwei Cola-Dosen. Ob er sich zu mir setzen dürfte? »You are welcome.« Auch die übrigen Mitglieder der Reisegruppe verteilten sich über die Dachterrasse und schlürften Erfrischungen. Es begann ein behutsames Gespräch über die Ereignisse des 30. April 1975, jenem Tag, an dem die Republik Südvietnams zu existieren aufhörte. Welche Mentalitäten und Qualifikationen besaßen die Diktatoren aus dem Norden nach der Machtübernahme? Der Krieg war ihr Lehrmeister gewesen. Etwas anderes kannten sie nicht. Unbarmherzig nahmen sie Rache, ließen den Süden für seine Vergangenheit büßen, versöhnten nicht.

Dann sprachen wir über die Fehler der Amerikaner. Keiner von uns beiden wusste, ob der andere eine engagierte Position in dieser heiklen Frage vertrat, pro- oder antiamerikanisch. Schritt für Schritt tasteten wir uns vor. Der Faden des Gesprächs riss nicht ab. Ich kritisierte zaghaft die Domino-Theorie, der die amerikanische Politik damals folgte. Nach einigem Hin und Her meinte er, die Amerikaner hätten sich nicht in den Unabhängigkeitskrieg der Vietnamesen gegen ihre Kolonialmacht einmischen dürfen. Was hätten sie tun sollen? Zwischen den Parteien vermitteln. Warum unterstützten die Amerikaner, nahezu bedingungslos, die korrupten Regime, die die Bevölkerung auspressten? Die demokratischen Kräfte vor Ort wurden dadurch geschwächt. Er erzählte mir vom Selbstmord südvietnamesischer Offiziere aus Protest gegen ihre Regierung. Kambodscha stürzten die Amerikaner in ein völliges Chaos und brachten die Monarchie dort zu Fall. Schließlich gingen wir dazu über, Prognosen über die wirtschaftliche Zukunft Vietnams und über die Politik der ökonomischen Öffnung zu erörtern.

Die Ölvorkommen sicherten Vietnam eine blühende Zukunft. In zwanzig Jahren würde Vietnam ökonomisch mit den Tigerstaaten gleichziehen. Wird es auch politische Reformen geben? Die anderen Mitglieder der Reisegruppe brachen auf, winkten und verschwanden nach unten. Hatte ich mich getäuscht, gehörte mein Gesprächspartner gar nicht zu ihnen? Unterdessen gelangten wir zur Beurteilung der besonderen Problematik wiedervereinigter Länder und zogen den Faden des Gesprächs bis nach Deutschland. Er war mit den Wirtschaftsdaten ziemlich vertraut, und ich freute mich, dass aus der Ferne, vom Dach dieses vietnamesischen Palastes, mit soviel Respekt und Anerkennung über mein Heimatland gesprochen wurde.

Zu gern hätte ich gewusst, warum er sich für das alles interessierte. Mein Gegenüber behandelte mich jedoch derart höflich, dass ich mir nicht gestattete zu fragen. Außerdem wollte ich auf keinen Fall preisgeben, warum ich mich in Saigon aufhielt, wie sehr sich hier schon morgen mein Leben ändern würde. Ich fragte ihn nicht, und er fragte mich nicht. Mittlerweile hielt ich ihn für einen

Engländer. Stunden vergingen. Ein Wärter signalisierte uns, der Palast würde geschlossen. Da gestand er, dass er mich während der Führung beobachtet hatte, wie ich auftauchte und immer wieder verschwand. Schließlich hatte er den Wunsch verspürt, mich festzuhalten. So etwas sei gänzlich unmöglich, lachte ich. Wir verließen die Dachterrasse und begaben uns zum Ausgang. Ob er mich zum Hotel bringen solle? Danke, aber ich nehme ein Taxi. Ob er mich heute Abend zum Essen einladen dürfe? Ich hatte noch nichts geplant. Warum also nicht? Er holte mir ein Taxi und versprach gegen zwanzig Uhr in mein Hotel zu kommen. Dem Taxifahrer gab er genaue Anweisungen, wie er mich zu bringen hatte, dann schloss er die Tür des Fahrzeugs.

Als er mich am Abend abholte, erkannte ich ihn kaum wieder. Ich staunte. Er sah toll aus. In einem dunkelblauen satinierten Anzug. Das Jackett mit langen, lässigen Revers. Unwahrscheinlich attraktiv. Zum ersten Mal fielen mir seine stahlblauen Augen auf. Im Taxi fuhren wir zu einem Restaurant, in dem außer uns nur Vietnamesen aßen. Es gefiel mir sehr. Liebevoll beriet er mich bei der Auswahl der Speisen und bestellte dann auf Vietnamesisch ein durchdachtes Menü. Die Speisen trafen der Reihe nach ein und wurden auf unserem Tisch platziert. Alles bot einen höchst appetitlichen Anblick und roch wundervoll. Er erläuterte mir die verschiedenen Fischarten, fragte nach meinen Wünschen und bediente mich. So liebevoll hatte mich schon lange niemand mehr umsorgt, zumeist ließ ich es mir auch nicht gefallen. Endlich fanden wir Zeit, uns vorzustellen.

Er hieß Leon Sumer, lebte in London und arbeitete früher für einen bekannten französischen Ölkonzern vor Ort, in Südostasien und Westafrika. Dort gab es einen Haufen grober Jobs zu erledigen. Ich schluckte. Nun schrieb er an einem Roman über den Opiumkrieg. Um Details zu recherchieren, reiste er von Thailand nach Vietnam, dann nach Kambodscha, Laos, Burma und China. Nach seinem Visum musste er morgen früh Vietnam verlassen und in Kambodscha einreisen. Dann kam die Reihe an mich. Ich erzählte von meinem akademischen Leben in Heidelberg, aber warum ich mich in Saigon aufhielt, offenbarte ich nicht.

Nach dem Essen gingen wir zum Hafen. Plötzlich schrien Vietnamesen hinter uns her. Wir waren eng aneinander gerückt. Vom breiten Stamm eines Ahornbaums verdeckt, küssten wir uns und ließen uns nicht mehr los. Eine tiefe Zuneigung zueinander erfasste uns. So schüchtern und zärtlich berührten wir uns, dass unser Bedürfnis nach der Nähe des Anderen noch mehr wuchs. Stundenlang liefen wir durch die warme Sommernacht. Die Vietnamesen schauten uns böse an, solche Szenen mochten sie nicht, vielleicht war solch ein Verhalten sogar verboten. Aber von einem Augenblick zum anderen waren wir dieser Welt um uns herum enthoben. »Aus einem Leben in ein andres Leben / In gleicher Höhe und mit gleicher Eile«, so wie Bertolt Brecht in seinem Gedicht »Die Liebenden« den Flug der Kraniche als eine solche Metamorphose beschrieb, verwandelten wir uns in Bewohner einer Sphäre, die nur für uns existierte. »Dass also keines länger hier verweile / Und keines andres sehe als das Wiegen / Des andern in dem Wind, den beide spüren / Die jetzt im Fluge beieinander liegen / So mag der Wind sie in das Nichts entführen. / Wenn sie nur nicht vergehen und sich bleiben.«

Irgendwann lange nach Mitternacht erreichten wir schließlich mein Hotel. Vor dem Eingang trennten wir uns, um nicht gemeinsam einzutreten und dann möglicherweise an der Rezeption Ärger zu bekommen. Nur wenige Minuten der Trennung, aber die taten schon weh. Ich wartete in meinem Zimmer, dann kam er. Wir gingen sehr liebevoll und vorsichtig miteinander um. Jede Berührung erschien unendlich kostbar, wie zu Beginn einer ganz großen und ernsthaften Liebe. Die Art und Weise unserer Annäherung hatte, unabhängig von Sexualität und Erotik, ein Zusammengehörigkeitsgefühl in uns entfacht, und die intimen Zärtlichkeiten brachten dieses Gefühl zum Ausdruck. Wir flüsterten miteinander. Draußen wurde es hell. Leon musste bald das Hotel verlassen. Es erinnerte mich an den wunderbaren dramatischen Film »Stazione Termini«

von Vittorio de Sica, in dem sich ein Mann und eine Frau auf dem Bahnhof begegnen, lieben und danach für immer trennen. »Shall I stay?« »No, no.« »I could get my visa extended!« »No, no ...« »I don't want to go.« »I don't want you to go, but you have to go.« »Everything can wait. I met you and I want to stay with you.« »You touched me so deeply.« »I will stay.« »Please, don't stay.« »You don't want me to stay with you?« »No, no ... things are different.« Auch Liebende haben Geheimnisse voreinander. Manchmal ertragen sie eher ein schreckliches Missverständnis, welches sie auseinander bringt, als dass sie ihr Schweigen aufgeben. Er sah mich einen Augenblick lang unendlich traurig an, dann lächelte er liebevoll. Unsere Zuneigung für einander war zu stark, um aneinander zu zweifeln und zu verzweifeln oder den Anderen zu bedrängen. »Ihr fragt, wie lange sind sie schon beisammen? Seit kurzem. / Und wann werden sie sich trennen? Bald. / So ist die Liebe den Liebenden ein Halt.«

Die erste Begegnung mit dem Baby

Lautes Klopfen weckte mich am nächsten Morgen. Ich war unausgeschlafen. Madame Jen stand in eleganter vietnamesischer Robe vor meiner Tür und sah mich missbilligend an. Es sei schon sehr spät am Morgen. Wenn ich das Baby sehen wollte, sollte ich mich beeilen. Ich fühlte mich ertappt und irgendwie elend. Eilig stieg ich in meine Klamotten und folgte ihr. Mit dem Kombibus fuhren wir zu einem kleinen Park und hielten an. Kurze Zeit später parkte vor uns ein Velo, und eine Frau mit einem Baby stieg ab. Sie kam zu uns ins Auto und gab mir ihr Baby.

Sofort fing ich an zu weinen. Sollte das mein Baby sein? Es war ein Junge. Ich nahm ihn in den Arm. Er trug ein Mützchen auf dem Kopf und grobes Wollzeug an den Händen, kleine Fäustlinge, und an den Füßen Schühchen. Leinentücher waren als Windeln um seinen Unterleib gewickelt. Sofort pinkelte er, mein T-Shirt wurde feucht. Bei der Hitze trocknete es gleich wieder. Die Frau, die ihn mir gegeben hatte, verschwand, noch ehe ich sie eingehend betrachten konnte. Der Kombi fuhr eine kleine Strecke und stoppte dann auf der Straßenseite gegenüber einem breiten mehrstöckigen Gebäude aus der Kolonialzeit. Ein Hospital. Frau Jen drückte mir einige vietnamesische Dokumente in die Hand und wies mich an, den Kleinen dort untersuchen zu lassen. Mir blieb keine Zeit, mich mit dem Kind zu beschäftigen. Es sah mich mit seinen schönen braunen Augen an und fuchtelte mit den Ärmchen. Fest presste ich das Kind an mich und schaute, wie ich die vier Spuren der verkehrsreichen Straße überqueren konnte.

Gab es einen Übergang? Zebrastreifen oder gar eine Ampel? Weit und breit war nichts davon zu sehen. Vorsichtig trat ich auf die Straße. Kein Auto oder Velo drosselte das Tempo, alle brausten unverdrossen weiter. Wie sollte ich den Verkehr stoppen bis wir die Straße überquert hätten und auf der anderen Seite angelangt wären? Einfach mit dem Kind und mit den Papieren drauflosgehen? Ich zitterte. Kaum hatte ich dieses Kind, das vielleicht mein Sohn werden würde, zum ersten Mal im Arm und schon begann das Abenteuer, das Leben zu zweit zu bestehen. Ich fühlte eine starke Verantwortung. Aus dem Kombi winkte Madame Jen unmissverständlich, ich solle mich endlich in Bewegung setzen. Da gab ich mir einen Ruck und lief los. Fürchterliches Gehupe. Niemand stoppte. Haarscharf fuhren sie an uns vorbei. Ein Wunder geschah. Wohlbehalten gelangten wir auf der anderen Straßenseite an.

Durch eine Drehtür betraten wir das Krankenhaus. Mir stockte der Atem. Es wimmelte von kleinen und großen Menschen, sitzend, liegend, gehend, redend, schreiend, schweigend. Manchmal hallte der Ruf eines Namens in diesen Lärm hinein. Verschiedene Türen gingen dann auf und zu. An einer Art Schalter reihte ich mich in eine Schlange ein. Als ich an der Reihe war, legte ich meine Papiere vor. Das Kind würde aufgerufen werden, gab man mir auf Französisch zu verstehen. Ich war sehr aufgeregt. Ob ich überhaupt seinen Namen heraushören würde? Ich schaute auf meine Dokumente: Das Kind hieß Nguyen Van Thien. Vielleicht würde es einmal meinen Namen tragen.

Lange brauchten wir nicht zu warten, da wurde der Name ausgerufen. Wir folgten der Krankenschwester. Das Kind wurde von Kopf bis Fuß untersucht, gemessen, gewogen. Dann wurde ihm Blut abgenommen, da schrie es jämmerlich. Ich tröstete es. Eine freundliche Ärztin sagte mir auf Französisch, das Kind mache einen gesunden Eindruck. Es war zwei Monate alt. Die Ergebnisse der Blutuntersuchung könnte ich in drei Tagen erfragen. Schon brabbelte das Kind wieder lustig dazwischen. Sie trug die Resultate ihrer Untersuchung in ein dünnes blaues Buch ein und gab es mir. Dann waren wir entlassen. Alles ging viel schneller, als ich es mir vorgestellt hatte. Vor dem Hospital wurde mir klar, dass wir wieder die Straße überqueren mussten.

Das gleiche Spiel begann von neuem. Wie konnte ich das Kind noch einmal in eine solche Gefahr bringen und das Schicksal ein zweites Mal herausfordern? Auf der gegenüberliegenden Straßenseite gestikulierte Madame Jen heftig, ich solle endlich herüberkommen. Also los! Wieder hupte es von allen Seiten, als ich ängstlich mit dem Kind die Straße überquerte. Wieder bremste niemand. Dennoch schafften wir es. Welch ein Abenteuer! Ich hoffte, nun im Auto ein bisschen Zeit zu haben, um mich mit dem Kind zu beschäftigen. Der Kombi fuhr gleich los. Nach kurzer Zeit kamen wir wieder zu dem kleinen Parkstreifen. Als wir ausstiegen, traf die Mutter ein. Sofort nahm sie mir den Kleinen ab. Ich sah, wie sie sich auf den Rücksitz des Velos setzte und ohne Mundschutz für sich und das Kind davon fuhr. Alles ging so schnell. Nach ein paar Minuten stand ich vor meinem Hotel. Ohne Kind.

Benommen ging ich in die Stadt und setzte mich in die Q-Bar, um ein bisschen nachzudenken. Ich dachte an das Kind, das Thien hieß, und fragte mich, wo es sich jetzt befände, ob es leiden müsse und was wohl für es das Beste sei. Welche Beweggründe und Gefühle bestimmten die junge Mutter? Dann fiel mir die letzte Nacht ein. Leon war wahrscheinlich schon nach Kambodscha aufgebrochen.

Eine völlige Wirrnis von Gedanken und Emotionen befiel mich. Undefinierbare Gefühle tauchten auf.

Ich dachte an die Begegnung mit dem Baby. In diesem Augenblick, als ich mit dem Kind am Straßenrand stand und uns beide durch den fließenden Verkehr der Straße navigierte, wurde ich als Mutter geboren. In der tätigen Sorge für das Kind liegt für mich der Kern des Mutterseins, die Entwicklung des Kindes zu fördern, es vor vermeidbaren schädigenden Einflüssen zu schützen, ihm ein Zuhause für ein gutes, seelisch möglichst unversehrtes Leben zu schaffen. Diese immer gleiche Aufgabe trifft einen als biologische Mutter, als Adoptivmutter, als Pflegemutter, als Tagesmutter oder Kinderfrau. Dazu gehört auch, für sich zu sorgen. Ich ängstigte mich nicht davor, diese Aufgaben zu übernehmen, nur gab mir die Situation am Straßenrand zu denken: Ich sollte das Kind zu seinem Wohl zur medizinischen Untersuchung bringen. Dazu musste ich die Straße überqueren, obwohl ich den Verkehr nicht stoppen konnte. Die Unfallgefahr auf den Straßen in Saigon ist bekanntermaßen sehr hoch. Ich hatte das Kind sicher über die Straße hin- und zurückgebracht. Aber war es mein Verdienst? War es Glück? War es Zufall? War es Gnade? Und wie würde unser Leben weitergehen? Mit wie viel Glück oder Gnade durften wir rechnen? Was würde ich für das Kind tun können? Würde ich dabei an meine Grenzen gelangen? Und würde ich es verkraften, wenn mir meine Grenzen aufgezeigt würden?

Die zweite Begegnung mit dem Baby

Nun herrschte plötzlich Zeitdruck. Am nächsten Tag musste ich mehrere Behördengänge erledigen und kaufte unterwegs eine Rassel und ein Spielzeugtier aus Plastik, einen braunen Pudel. Unterwegs kam ich zufällig am Center for Social Science (CSS) vorbei. Meine berufliche Neugier konnte ich, obwohl die Erwartung meines Mutterglücks mich so stark in Anspruch nahm, einfach nicht ablegen. Ich beschloss, dieses Zentrum mit meinem Besuch zu beehren. Bei der Türhüterin gab ich meine Visitenkarte ab. Der Leiter des Zentrums bat mich in die Bibliothek und versammelte dort seine Mitarbeiter. In der Mitte stand ein Tisch, an den Wänden befanden sich verschlossene Regale mit wenigen Büchern. Es fehlte die internationale Literatur, auch sah ich keine Bücher von Klassikern wie Max Weber und Émile Durkheim, dafür aber erwartungsgemäß die Werke von Karl Marx. Wir stellten uns wechselseitig in langen Reden vor. Sie forschten über die Verbesserung der wirtschaftlichen Grundlagen Vietnams, über Doi Moi. Am Kontakt zur Universität Heidelberg waren sie sehr interessiert. Ich versprach, bald wiederzukommen und neuere Fachliteratur mitzubringen.

Abends hatte Maria Korter zum Essen eingeladen. Ich war in guter Stimmung und versuchte ihr ein paar Ratschläge für eine effizientere Durchführung ihrer Beratungstätigkeit zu geben. Sie war eine merkwürdige Frau. Große ernste Augen, blass, lange schwarze Haare. Religiosität, Samaritertum, Exzentrik und Machtphantasien mischten sich in ihrer Persönlichkeit. Vor Ort unterstützte sie Waisenhäuser und Kinderheime und sorgte für die medizinische Versorgung kranker Kinder in Deutschland. Alles verdienstvoll und lobenswert. Sie hegte ambitionierte, meiner Meinung nach überdimensionierte Pläne, eine international tätige Vermittlungsorganisation zu gründen. Ich war skeptisch. Es nervte mich, dass alle Probleme, die auftraten, derart personalisiert erörtert wurden. Immer stand im Zentrum der Beurteilung, ob man für oder gegen sie eingestellt war.

Schon früh am nächsten Morgen kam der Kombi und holte mich ab. Wir fuhren wieder zu dem kleinen Parkstreifen und nach kurzer Zeit traf die Mutter mit dem Baby ein, begleitet von einer älteren, sehr dürren und sehr energischen Vietnamesin. Wir setzten uns in die hintere Sitzreihe. Ich fragte, ob ich das Baby auf den Schoß nehmen dürfte. Es war wieder auf dieselbe Weise eingepackt in raue Wäsche aus grober Wolle und mit Leinenwindeln. Nach kurzer Zeit wurde meine Hose nass. Das Baby sah friedlich und zufrieden drein. Mit Koseworten und mit Streicheln versuchte ich, mit ihm zu kommunizieren. Es reagierte völlig gelassen. Trotzdem war ich überzeugt, dass sich zwischen uns eine intensive und einmalige Beziehung entwickeln würde.

Noch nie hatte ich eine solche Faszination eines so kleinen Menschenwesens auf mich verspürt. Zugleich befiel mich eine gewisse Unruhe. Was gehörte alles zur Mutterrolle? Die Fahrt dauerte lange. Nach einiger Zeit verließen wir die geteerte Straße. Durfte ich meinen Blick vom Baby wenden und die Gegend betrachten, die ich kennen lernen wollte, oder gehörte es zum Muttersein, sich nur auf das eigene Kind zu konzentrieren? Als es anfing zu schreien, gab ich es sofort der Mutter zurück. Sie hielt ihm ihre Brust hin. Das Kind saugte und schlief bei ihr ein. Sie schaute ihm dabei liebevoll zu, wischte sein Mündchen ab und legte es dann zärtlich zur Seite. Ich ärgerte mich über mein schlechtes Vietnamesisch, ich konnte die Mutter kaum verstehen. Dennoch versuchten wir immer wieder miteinander zu reden. Sie trug einen einfachen hellbraunen Leinenanzug. Wie ein junges Mädchen war sie schüchtern. Mein Lippenstift schien ihr zu gefallen, sie bekam ihn. Ärgerlicherweise überfiel mich eine fürchterliche Müdigkeit. Da ereigneten sich die bewegenden Augenblicke in meinem Leben, auf die ich Jahre gewartet hatte, und ich schlief ein!

Die Fahrt nahm kein Ende. Wenn man sich nicht verständigen kann, ist man den Anderen gegenüber wie gelähmt und diese Lähmung führt zur Lethargie. Ich wollte natürlich etwas wissen über die Herkunft des Kindes. Von der alten Frau, die etwas französisch und englisch sprach, erfuhr ich, dass die Mutter obdachlos sei und bereits ein Kind zu versorgen habe. Der Vater des Kindes sei ihr Chef gewesen. Sie sei aus der Stellung geflogen und habe später bemerkt, dass sie schwanger war. Für ihr Kind wünschte sie, dass es ihm künftig gut gehe, dass es keine Not leiden müsse. Darüber sprach sie mit dem Direktor eines Waisenhauses, der ihr zugesagt hatte, Adoptiveltern für das Kind zu suchen. Er hatte sich daraufhin an Maria Korter gewandt. Sie hatte mich geschickt.

Jetzt befanden wir uns auf dem Weg in dieses Waisenhaus. Manche Zusammenhänge, die ich erfragte, blieben im Dunklen. Ich erfuhr nichts über den Vater, wo er wohnte, und konnte auch nicht klären, ob ich es richtig verstanden hätte, dass der Bruder des Kindes krank sei. Die alte Vietnamesin dolmetschte. Aber gab sie wieder, was sie hörte? Verstand sie mich richtig? Und verstand ich richtig, was sie übersetzte? Sie kam mir wie eine Hexe vor, die ihr eigenes Süppchen kochte. Ich fühlte mich total überfordert und ließ den Ereignissen ihren Gang. Eine andere Wahl hatte ich sowieso nicht.

Im Waisenhaus

Endlich bogen wir in einem kleinen Dorf ab und hielten vor einem grauen Gebäude aus Sichtbeton. Wir stiegen aus. Von allen Seiten kamen Kinder heran, um sich uns und das Auto anzuschauen. Eine Frau kam und führte uns in einen Raum, in dem ein Teppich lag. Darauf lagen Matratzen, Decken und Kissen stapelten sich an den Wänden. Die Mutter setzte sich mit dem Kind und wechselte die Windeln, Frauen aus dem Heim halfen ihr. Die alte Frau führte mich ins nächste Stockwerk. Die Zimmer besaßen weder Türen noch ausreichend Möbel. Vom Aufgang überblickte man den Hof. Dort hielten sich Kinder auf, aber ich konnte kaum Spielzeug entdecken, Geräte zum Turnen waren nicht vorhanden, mit Ausnahme einer einzigen Schaukel. Für so viele Kinder!

In einem Raum lief eine Karaoke-Show im Fernsehen. Solche Programme waren der letzte Schrei in Vietnam. Die Kinder sangen eifrig mit und lachten, als ich ihnen zuschaute. Sie saßen auf einem alten Ledersofa und animierten mich mitzusingen. Ich versuchte es, ohne rechte Überzeugung, doch gegen mein beklemmendes Gefühl konnte ich nicht ansingen. Zudem sprach ich, trotz meines allabendlichen Bemühens, die Sprache zu erlernen, alles falsch aus. Die Kinder lachten noch mehr. Dann betraten wir das spärlich möblierte Repräsentationszimmer des ehrwürdigen Direktors. Er begrüßte mich freundlich. Mit dunkler Brille und mit einer strengen, sein Gegenüber musternden Miene sah er genauso aus, wie Funktionäre in kommunistischen Filmen dargestellt werden: unnahbar und undurchsichtig. Wir ließen uns in den schweren Sesseln nieder. Die alte Frau dolmetschte etwas. Sie wusste sowieso, worum es ging. Aus diesem Waisenhaus wurden bereits einige Kinder zur Adoption freigegeben und über Maria Korter vermittelt. Der Direktor kannte Mutter und Kind. Er stimmte zu, dass ich den Antrag stellte, das Kind zu adoptieren und bat mich, bei meiner Rückkehr Kleidung und Spielzeug für die anderen Kinder mitzubringen. Ich willigte gern ein.

Nachdem wir uns verabschiedet hatten, gingen wir zum Auto. Dort warteten schon viele Kinder unterschiedlichen Alters und brüllten durcheinander. Warum nicht die Tür aufreißen und alle mitnehmen? Ohne Mutter und Kind fuhren wir zur örtlichen Behörde, um den Adoptionsantrag abzugeben. Wir betraten einen kleinen fensterlosen Raum, in dem lediglich ein Schreibtisch und ein Stuhl standen. Der Schreibtisch war leer. Ich erinnerte mich an eine Polizeistation, die ich in Südafrika einmal aufgesucht hatte, die, wie ich mit Bestürzung wahrgenommen hatte, kaum Einrichtungen enthielt. Damals wie in Vietnam hoffte ich, dass noch Hinterzimmer, mit Computer und Akten, vorhanden seien. Ich überreichte den Antrag auf Adoption. Das Verfahren sollte nach internationalem Recht vor Ort in Vietnam durchgeführt werden. Dieses Recht gilt auch für Deutschland. Das Verfahren würde somit auch für Deutschland verbindlich sein. Ein mulmiges ängstliches Gefühl nistete sich bei mir ein. Noch waren die vom Gesetz vorgeschriebenen vierzig Tage Bearbeitungs- und Bedenkzeit nicht um, die Frist begann von nun an abzulaufen.

Cool bleiben, redete ich mir ein. Aber ich schwitzte und fühlte Aufregung. Dann holten wir Mutter und Kind ab. Auf dem Heimweg nahm ich den Kleinen schon mit viel mehr Selbstverständlichkeit auf meinen Schoß. In Saigon verabschiedete sich die Mutter von uns und ihrem Kind. Sie gab ihm einen liebevollen Kuss auf die Wange und flüsterte ihm etwas ins Ohr. Wir umarmten uns. Ich sagte ihr auf Deutsch und Englisch, dass ich alles in meiner Kraft Stehende für ihr Kind tun werde und dass wir sie nicht vergessen werden. Die Alte und der Fahrer drängten. Die Vietnamesen wollten keine Gefühle aufkommen lassen. Ich küsste die kleine zarte Person. Sie war noch so jung, am liebsten hätte ich sie mitadoptiert.

Der Kombi fuhr los, ich drückte das Kind ganz eng an mich, schnell verlor ich die Mutter aus dem Blick. Am Hotel stieg ich aus. Das Kind, so gab man mir zu verstehen, würde bis zur Entscheidung der Behörden bei der Alten und ihrer Familie leben. Es sei dort bestens untergebracht, ich könnte es täglich besuchen. Meine Gefühle gerieten erneut in Unruhe.

Der kleine Buddha

Von nun an verbrachte ich meine Tage in der Familie der Alten, Nounou genannt. Dazu gehörte ein Sohn, der mich mittags auf seinem Velo abholte, mit mir durchs staubige Saigon sauste und mich wieder zurückbrachte. Abends fuhr er nicht sehr zuverlässig, manchmal raste er, ohne abzubremsen, geradewegs auf eine Kreuzung oder auf einen Kleinlaster zu. Offensichtlich trank er am Nachmittag. Er roch dann nach Alkohol und hatte rote Augen. Seine Frau, rundlich und warmherzig, kümmerte sich am meisten um das Baby. Außer ihrer schulpflichtigen Tochter Hien lebten dort weitere Neffen und Nichten in für mich unüberschaubarer Zahl. Die Familie bewohnte eine Neubauwohnung, die einen relativ gepflegten, sauberen Eindruck machte. Es gab nur zwei Zimmer. In dem großen Familienbett im Wohnzimmer schliefen die Alte, ihre Schwiegertochter, die Enkelin und das Baby. Gegenüber dem kleinen Hausaltar mit den Räucherstäbchen stand ein Aquarium. Zumeist setzten sie das Baby in seinem Körbchen davor, damit es die Goldfische beobachten konnte. Für vietnamesische Verhältnisse war diese Unterkunft meines Sohnes optimal.

Die Familie verdiente am Kind zehn Dollar pro Tag, sehr viel Geld für vietnamesische Verhältnisse. Wahrscheinlich ernährte sich davon der ganze Clan, denn ich sah niemanden einer regelmäßigen Arbeit nachgehen. Das Geld für Miete, das Benzin für das Velo, das Telefon und die Versorgung der großen Familie mussten irgendwie verdient werden. Außerdem verlangte die Regierung Schulgeld von den Eltern schulpflichtiger Kinder. Wenn das Kind schlief, brachte ich Hien englische Vokabeln bei. Dafür versuchte ich mit ihrer Hilfe, die südvietnamesische Aussprache zu erlernen. Ich kannte schon viele Vokabeln, aber wenn ich sie benutzte, verstand mich niemand. Es lag an der falschen Betonung. Manchmal schmiedeten wir Pläne, das Mädchen als Babysitter nach Heidelberg zu holen. Oftmals aß ich mit der Familie zu Abend. Wir saßen auf dem Boden und bedienten uns an Speisen, die auf einer bunten Plastikunterlage serviert wurden. Es gab immer Fisch, Reis und Gemüse, alles schmeckte vorzüglich.

Häufig brachte ich Spielzeug, Cremes, Pampers, Babykleidung und andere Sachen fürs Kind mit. Am Tag darauf waren alle Sachen verschwunden. Das führte gelegentlich zu kleinen Konflikten zwischen der Familie und mir. Im selben Haus im Basement wohnte eine Ärztin. Von ihr erhielt ich eine Liste mit Drogerieartikeln, Tabletten und Cremes, die das Kind angeblich benötigte. Brav brachte ich alles am nächsten Tag herbei. Am übernächsten Tag waren die Medikamente unauffindbar. Die Vietnamesen seien alle vom Stamm der »Nimm«, beliebte Maria Korter zu sagen.

Jeden Tag freute ich mich, das Kind zu sehen. Mein Ehrgeiz richtete sich darauf, das Kind zum Lachen zu bringen, mit allem möglichen Blödsinn an Worten und Gesten. Das gelang ziemlich oft. Es lachte viel. Und ich hatte das Gefühl, es schaute mich ganz besonders innig an. Es residierte in seinem Körbchen wie ein kleiner Buddha, rund, wohl genährt und freundlich. Auf dem Köpfchen wuchsen schon viele schwarze Haare. Sein Hinterkopf war ziemlich platt. Den Ansatz zu einem Hals konnte ich nicht erkennen. Welche Freude ergriff mich, wenn es mit seinen winzigen Fingerchen meinen Daumen umfasste und festhielt. Wir gaben uns kleine Zeichen, dass wir zueinander gehörten. Das Baby kam mir vor wie ein Päckchen, das ich vielleicht mitnehmen durfte, mit in mein Leben. In mein Glück. Zu meinem Glück. Als mein Glück. Wenn ich zurück ins Hotel fuhr, war ich froh über den gemeinsamen Tag mit dem Kind, aber ich blieb nervös, denn ich wusste nicht, wie das Kind seine Nacht verbrachte und ob die Fürsorglichkeit der Familie nur Theater war, aufgeführt für mich. Ich begann, die vierzig Tage abzuzählen.

Unerwartete Begegnung im Hotelzimmer

Als ich in Gedanken versunken abends die Tür zu meinem Zimmer öffnete, konnte ich nicht glauben, was ich vor mir sah. Eine unglaubliche Verwüstung machte sich dort breit. Klamotten, Babynahrung, Fläschchen, Koffer, Pampers, Schuhe, Strümpfe, BHs, Unterhosen – alles lag auf dem Doppelbett, in der Mitte des Zimmers, und drum herum. War das noch mein Zimmer? War ich etwa schon ohne mein Wissen ausgezogen? In der Ecke stand mein Koffer, ich sah auch ein paar T-Shirts, die mir gehörten und meine Bücher auf dem Tisch. Offensichtlich bewohnte ich das Zimmer noch. Umgehend stürzte ich wieder herunter zur Rezeption. Das war keine Angelegenheit, die ich am Telefon mit den Hotelmanagern hätte klären können.

Dort versuchte man, mich zu beruhigen. Ohne Erfolg. Eine Deutsche sei in mein Zimmer gezogen, sie beanspruche ja nur die eine Hälfte des Doppelbetts. Ich tobte. Aber ich kam nicht weiter. Alle Zimmer seien ausgebucht. Ich ließ Maria Korter im Rex Hotel anrufen, das Gespräch war sinnlos. Sonja Hellerfeld sei sehr sympathisch, ich würde sie mögen. Das überzeugte mich nicht, mein Zimmer, das für mich als Rückzugsraum zum Nachdenken so wichtig war, mit jemandem zu teilen. Sofort ausziehen, lautete mein stärkster Impuls. Aber dann hätte ich das Netzwerk zu dem Baby umbauen müssen, und das war mir zu risikoreich. Allein dem mit einem begrenzten Auffassungsvermögen ausgestatteten Sohn der Alten klar zu machen, er solle mich von nun an in einem anderen Hotel abholen, konnte zu neuen Missverständnissen führen, die mich von meinem Sohn entfernten. Verstimmt ging ich wieder ins Zimmer. So ein Chaos! Nachdem ich ein paar Minuten auf der rechten Betthälfte verbracht hatte, kam Sonja. Sie entschuldigte sich für ihr Eindringen und für die Unordnung und begann aufzuräumen. Sofort erkannte ich, dass sie genauso wenig wie ich über die Begabung verfügte, etwas dauerhaft aufzuräumen. Sie schichtete nur um. Ich blieb sprachlos. Helfen wollte ich auf keinen Fall.

Sonja war nach Saigon zurückgekommen, um ihren Sohn abzuholen, den sie Sean (gesprochen: Schaun) nannte. Er würde aber später nicht in Irland, sondern im ländlichen Raum Nordrhein-Westfalens leben, hinter Detmold. Am Abend zeigte ich der frisch gebackenen Mutter Saigon, die Geburtsstadt ihres Sohnes. Merkwürdig, von den Deutschen, die zur Adoption anreisten, nutzte kaum einer die Zeit, um die Stadt kennen zu lernen. Wir aßen draußen und sahen die vielen kleinen Kinder, die in der Nacht Streichhölzer verkauften und dachten dabei an unsere Kinder. Irgendwie imponierte mir Sonja, die aus kleinbürgerlichen Verhältnissen kam und mit einem Mann verheiratet war, der sich nicht zu fliegen traute, nach Vietnam schon gar nicht. So war sie nun zum zweiten Mal allein vor Ort, um alles zu regeln. Das war bekanntlich nicht einfach.

Bis spät in der Nacht saßen wir wach im Bett und sprachen über die Kinder. Erst jetzt fiel mir ein, dass ich keine Ahnung hatte, was ich mitbringen musste, wenn ich das Kind abholen würde. Sonja Hellerfeld diktierte mir eine lange Liste von Sachen, die ich auf keinen Fall vergessen durfte. Zu allen Details fertigte ich umfangreiche Notizen an. Als wir erschöpft einschliefen, sah ich es als großen Glücksfall an, dass das Hotel Sonja zu mir einquartiert hatte. Sie ersetzte mir zeitaufwendige Volkshochschulkurse nach dem Motto »was benötigt ein Kind in den ersten Monaten seines Lebens?« Durch die Nacht mit Sonja fühlte ich mich ausreichend auf alle Eventualitäten meiner kommenden Mutterschaft vorbereitet.

Die nächsten Tage verliefen ausgesprochen ruhig. Ich sah das Kind täglich und einmal begleitete mich auch Tom. Er befand sich auf der Durchreise von seinen Abenteuern mit den jungen Frauen nach Hanoi und hatte noch einmal in Saigon Station gemacht, um mir das Erlebte brühwarm aufzutischen. Das Erlebnis der Exzesse genügte ihm nicht, er wollte auch noch von mir hören, was er für ein toller Hecht sei. Ich deutete ihm vage an, dass ich meinerseits jemandem begegnet sei, der mich tief beeindruckt hatte. In jeder Hinsicht. Das wollte Tom nun überhaupt nicht hören. Er überschüttete mich mit Vorwürfen, dass ich mich fahrlässig mit Unbekannten einlasse, ausgerechnet in Vietnam und so weiter. Mich interessierten seine Vorhaltungen nur am Rande, so gab ich keine weiteren Auskünfte.

Auf jeden Fall wollte ich ihm meinen Sohn vorstellen. Auf dem Velo fuhren wir zusammen zu der Wohnung der Alten. Tom interessierte sich nicht für Kinder, aber den Kleinen fand er niedlich und meinte, dass er gut zu mir passe. Ich besprach mit ihm meinen Plan, das Kind weiterhin Thien zu rufen und es mit dem zweiten Namen Johannes zu nennen. Man könne dann in Deutschland immer noch entscheiden, ob ein vietnamesischer Name eine zu belastende Hypothek sei. Übersetzt bedeutet Thien »sanft«. Tom stimmte zu, betonte aber, dass man auf jeden Fall einen weiteren deutschen Vornamen benötige. Die Familie war ihm spontan zugetan und verwöhnte ihn, so dass er sich dort richtig wohlfühlte. Sie vermuteten, wie so viele, er sei vietnamesischer Abstammung, und er ließ sie in dem Glauben.

Der Rückreisetermin nahte. Ich verabschiedete mich von allen und besonders von Thien mit einer gewissen Sorge und Unruhe, ob er in der Familie auch ohne meine Besuche gut behandelt würde. Werden sie meine Anweisung auch befolgen? Die Ärztin sollte alle drei Tage nach dem Baby schauen. Außerdem beauftragte ich noch

Der ungewöhnliche Weg zu meinem Kind: am Ziel in Saigon   157

einen entfernten Verwandten der Nounou, die Familie und die Ärztin zu kontrollieren. Alles gegen Barzahlung und wahrscheinlich für meine Absichten vollkommen nutzlos. Dann flog ich für eine Woche nach Heidelberg zurück. Ich fürchtete, die Mutter könne sich vor Ablauf der Frist noch einmal anders entscheiden und die Adoption widerrufen. Dazu besaß sie ausdrücklich das Recht. Außerdem musste ich mich in Heidelberg noch um zusätzliche Dokumente für die Einreise des Kindes kümmern. Mit traurigen Gefühlen verließ ich Saigon.

Vierzig lange Tage Wartezeit

Einen Tag nach meiner Rückkehr nach Deutschland hielt ich in Hamburg an der Universität einen Bewerbungsvortrag. Es fiel mir schwer, mich an den Anblick der deutschen Städte zu gewöhnen. So starr und schwerfällig kam mir deren Architektur vor. In Hamburg empfing mich ein rauer Wind. Als ich zum Mittagessen ein Restaurant in der Mönckebergstraße betrat, glaubte ich im ersten Moment, ich sei, ortsunkundig, in eine Seniorentagesstätte geraten, nur ältere Leute aßen dort. Ich vergewisserte mich, es war das Mövenpick. Gab es in Deutschland keine Jugendlichen mehr? Überdeutlich standen mir die demographischen Unterschiede zwischen Deutschland und Vietnam vor Augen.

Der Vortrag verlief bestens. Ich sprach über Macht und Kommunikation. Vor wenigen Tagen war ich noch durch die Höhlen von Cucchi gerobbt, auf den Spuren des Vietcong, der sich dort während des Krieges versteckt hielt und seine Angriffe vorbereitete. Heute sitzen die Untergrundkämpfer als Wachsfiguren in den ausgebauten Gemeinschaftsräumen der Höhlen, und die amerikanischen Besucher setzen sich friedlich zu ihnen und legen ihnen die Hände auf die Schultern. Dann werden Fotos geschossen.

Zurück in Heidelberg erledigte ich Behördengänge, keiner auf den Ämtern wusste Bescheid. Nach der Liste, die ich in der gemeinsamen Nacht mit Sonja angefertigt hatte, kaufte ich für das Kind ein. Einige Male rief ich in Saigon bei der Familie und bei der Ärztin an. Durch das Telefon hörte ich das Lachen des Kindes. Am Seminar sammelte ich Bücher für das Center for Social Science. Schon bald stand ich mit übergewichtigem Gepäck, mit zwei Koffern voller Bücher, zwei Koffern mit Kinderspielzeug und -bekleidung für das Heim und zwei Koffern mit Sachen für Thien und den üblichen Plastiktüten mit Schokoladenartikeln am Flughafen und verhandelte mit der Lufthansa. In Saigon holte mich der Kombi ab und setzte mich ungefragt wieder am selben Hotel ab.

In meinem Zimmer warteten die Geckos schon auf mich. Es war zu spät, um noch die Familie zu besuchen. Telefonisch bestellte ich die Nounou mit dem Kind und allen seinen Sachen für den nächsten Morgen zum Hotel, um gemeinsam in den Urlaub nach Vũng Tàu ans Meer zu fahren. In der Nacht machte ich einen Rundgang zum Hafen, trank ein Glas Champagner in der Q-Bar. Später konnte ich vor Aufregung kaum einschlafen. Morgens wartete ich lange vor der Tür des Hotels. Da kamen sie endlich, die Alte mit Täschchen und die Enkelin Hien mit Täschchen, bereit mit mir in die Ferien ans Meer zu fahren. Ohne Kind.

»Wo ist das Baby?«, schrie ich entrüstet. Sie hatten es daheim gelassen, weil sie annahmen, ich wollte mit ihnen, ohne das Baby, ans Meer fahren. Wie konnten sie mich so missverstanden haben! Das fing ja gut an. Ich gab ihnen Geld, damit sie sofort das Baby mit dem Taxi holten, nicht mit dem Velo. Nach endlos langer Zeit kam das Kind mit der Alten, auf einem Velo. Ich hätte toben können, aber die Freude, Thien wieder zu haben, verdrängte die Wut. Was für eine Wiedersehensfreude! Ich nahm ihn auf den Arm, hob ihn in die Luft, küsste ihn und lachte. Und er lachte auch. Er sah kräftig aus. Wir machen jetzt zusammen unsere ersten Ferien, teilte ich ihm mit. Freust du dich? Hast du deine Mama vermisst und so weiter, brabbelte ich drauflos.

Ich behielt das Baby auf dem Arm, obwohl die Alte andauernd an mir und dem Kind zerrte. Mit Mühe trugen wir die sechs Koffer runter in den Kombi. Die lange anstrengende Fahrt zum Waisenhaus begann. Ich nahm das Kind auf meinen Schoß und zeigte ihm Vietnam. Bald würde Thien das schöne Land, in dem er geboren wurde, verlassen und es für lange Zeit nicht wiedersehen. Im Hof des Waisenhauses liefen die Kinder zusammen. Die Alte strebte schnurstracks zum Büro des Direktors. Er bat uns, in den schweren Ledersesseln Platz zu nehmen, ich platzierte mich ihm gegenüber, der kleine Buddha saß auf dem Schoß der Nounou.

Würdevoll begrüßte uns der Direktor und holte zu einem langen Vortrag aus. Natürlich auf Vietnamesisch. Die Alte war völlig überfordert zu übersetzen und ließ es diesmal ganz bleiben. Ich erwiderte den Willkommensgruß und hielt einen langen Vortrag auf Englisch. Er antwortete auf Vietnamesisch, dann kam ich wieder auf Englisch dran. So ging es eine Weile hin und her. Kein Ende des Ritus kam in Sicht. Plötzlich brach der kleine Buddha in ein schallendes Gelächter aus. So eine groteske Situation hatte er noch nicht erlebt. Alle Blicke richteten sich auf ihn. Er schüttete sich vor Lachen aus. Dem Direktor und mir war sofort klar, dass das Kind uns auslachte. Ich hatte bis dahin noch nicht erlebt, dass Babys so amüsiert, ja fast höhnisch lachen können. Die Begrüßungszeremonie war damit beendet.

Die beiden Koffer mit den Kindersachen verschwanden sofort, hoffentlich kamen sie den Kindern im Waisenhaus zugute und wurden nicht irgendwo auf dem Markt verkauft. Sicherheit, wo Geschenke landen, gab es in Vietnam nicht. Ich hatte hundert Dollar dabei, die ich dem Direktor für sein Heim schenken wollte. Aber ich wusste nicht, wie ich es anstellen sollte, ohne Gefahr zu laufen, ihn zu kränken. Möglicherweise bestand die Gefahr nicht. Jedenfalls blieben die Dollars in meiner Tasche, und ich fuhr ab, ohne das Geldgeschenk zu überreichen. Wieder hätte ich am liebsten den Kombi geöffnet und alle Kinder mitgenommen.

KAPITEL SIEBEN

*Der erste gemeinsame Urlaub mit meinem Kind
am Meer in Vietnam*

Endlich gelangten wir nach Vũng Tàu, am südchinesischen Meer gelegen. In der Kolonialzeit liebten die Franzosen diesen Ort mit seinem langen Sandstrand zum Baden und zur Erholung. Wunderbar. Im »Saigon« bezogen wir ein nettes helles Zimmer mit mehreren Betten im dritten Stock. Die Aufgänge dienten zugleich als Balkon, wovon wir einen wunderbaren Blick über die Straße auf das Meer hatten. Eine immense Lebensfreude ergriff mich. Dem Kind schien es gut zu gehen. Der neuen Situation fühlte ich mich völlig gewachsen. Mit den Koffern voller Babysachen war ich für alle Eventualitäten gerüstet. Was ein Kleinkind möglicherweise benötigte, ich hatte es dabei. Außerdem bezahlte ich eine Helferin, die Nounou. Diese Helferin wurde nun zu meinem Problem. Nur ungern überließ sie mir den kleinen Buddha und wollte nachts bei ihm schlafen. Sie hatte wohl Muttergefühle gegenüber dem Kind entwickelt. Außerdem war er ihre Einkommensquelle.

Das verstand ich, und ich ging mit beiden sehr behutsam um. Wenn der Kleine sich nur ein wenig räusperte, setzte sie ihm sofort die Milchflasche an den Mund. Ich fand, wenn das Kind sich meldete, sollte erst einmal geschaut werden, was es will. Nach unserer Ankunft im Hotel begann die Nounou zu klagen. Sie klagte darüber, dass sie nichts zum Anziehen hätte, daraufhin überließ ich ihr einen großen Teil meiner Klamotten. Dann klagte sie über heftige Rückenschmerzen. Zweifellos kämpfte sie mit Rheuma, denn sie ging nach vorn gebeugt. In einem Restaurant(!) verkaufte uns die Wirtin teure einzelne Tabletten. Ob und warum gerade diese Tabletten geeignet waren, ihr zu helfen, bekam ich nicht heraus.

Wir nahmen ein Taxi in den Ort hinein, um ihr noch weitere Sachen zum Anziehen zu kaufen. Immer mehr drängte sich mir der Eindruck auf, dass sie mit allen Leuten, ob im Geschäft, im Restaurant oder im Taxi, mit denen ich zu tun hatte, eigene Preise zu meinen Lasten ausmachte. Zunehmend fühlte ich mich ausgenommen wie eine Gans. Dazu ließ sie mir keine Ruhe, sondern quengelte unentwegt. Es gab keine Pause. Sie hielt mich auf Trab. Eine Kanadierin vietnamesischer Herkunft, die das Zimmer neben uns bewohnte, bedauerte mich: »I am so sorry for you. She gives you such a hard time.« Das stimmte. Sie versuchte, die Alte zu besänftigen. Aber es war hoffnungslos. Damit nicht genug.

Täglich besuchten uns Mitglieder ihres Familienclans, die mit verbalen und nonverbalen Mitteln über ihre Lage klagten und um meine Hilfe baten. Ich musste aufpassen, dass die Sachen für das Kind nicht weggegeben wurden. Schon bevor ich aufwachte, stand eines Morgens einer ihrer Neffen vor meinem Bett, Mr. Pho, vielleicht zwanzig Jahren jung, eine rote dornige Rose in der Hand und fragte, ob ich ihn heiraten wolle. Er könne nicht mehr schlafen, da er sich in mich verliebt hätte. Vietnam – ist dieses Land nicht die Heimat der Komödie?

Manchmal nahm ich den kleinen Buddha, und wir machten einen langen Spaziergang am Meer. Ich sprach viel mit ihm und sang ihm meine Lieder vor. Er ließ sich so gern zum Lachen bringen. Am liebsten saugte er an meinem Finger. Allmählich wusste ich besser, wie ich Thien halten musste, wie ich ihn beruhigen konnte, wie ich sein Schreien zu deuten hatte. Dennoch ängstigte ich mich, ich könnte das Kind fallen lassen, ihm wehtun oder etwas übersehen, was ihm fehlte. Einmal fuhren wir mit dem Taxi in den Süden, durch die kleinen Dörfer. Was für ein schönes Land. Unterwegs aß ich Fisch, und Thien trank sein Fläschchen. Der Taxifahrer versuchte natürlich, ein optimales Geschäft zu realisieren, so brachte er uns zu seiner Familie, bei der wir Kaffee tranken. Dennoch gab es Streit am Ende der Fahrt, er verlangte das Doppelte des vereinbarten Preises.

Am Tag, an dem die Antragsdauer ablief, steigerten sich meine Ängste und meine Nervosität. Wir fuhren in die kleine Stadt, in der ich den Antrag gestellt hatte, und gingen zur Behörde. Die Mutter wartete bereits. Sie hatte nicht widerrufen. Liebevoll umarmten wir uns beim Abschied. Sie schien mir traurig zu sein. Würden wir sie jemals wiedersehen? Ihr Schicksal berührte mich. Wie konnte ich ihr helfen? Immer wieder wurde mir versichert, dass Geldgeschenke selten an ihren Bestimmungsort gelangten. In der leeren Amtsstube bekam ich die Dokumente ausgehändigt, die den Vollzug der Adoption bestätigten. Ein bewegender Augenblick unter Menschen, die ich kaum verstehen konnte. Beglückt gingen wir von dannen. Thien war schon lange mein Sohn in meinem Herzen geworden, seine leibliche Mutter hatte ihn losgelassen, um ihm ein Leben in Armut zu ersparen. Bald würden wir nach Hause fliegen und zu einer kleinen Familie werden.

Nun musste ich mich in Saigon um seinen Pass kümmern. Im Hotel hieß es packen. Wir fuhren mit unseren vier Koffern zum Hafen. Der Fahrer stellte die Koffer heraus, und in Kürze hatten junge Männer die Koffer aufs Schiff transportiert. Ich hoffte nur, dass alles am Ende der Fahrt wieder zusammenkäme. Eilig zahlte ich den Taxifahrer. Als ich mich umdrehte, war auch die Tragetasche mit dem Kind weg. Durch ein großes Gedränge erkämpfte ich mir den Weg über die Reling auf das Schiff. In der Nähe des Schiffsmotors fand ich das Baby wieder. Ein ohrenbetäubender Lärm. Nach der Nounou und den Koffern zu suchen, war müßig. Ich vertraute den Vietnamesen einfach, dass sie einen zwar ausnehmen, aber nicht bestehlen.

Falsche Papiere, keine Ausreisemöglichkeit und dennoch: unbegreifliche Sorglosigkeit inmitten Saigons

Wir fuhren den Saigon-River hinab bis Saigon. Als wir ankamen und ich mit dem Kind an Land ging, tauchten tatsächlich die vier Koffer und die Alte wieder auf. Die Alte wollte den Taxifahrer veranlassen, ins bekannte Hotel zu fahren, aber diesmal griff ich ein. Meine Nerven hielten Hotels nicht mehr aus, die ungefragt Leute in mein Zimmer eindringen ließen. Wir fuhren zum schönen Rex Hotel, in dem internationale Service-Standards herrschten. An der Rezeption versprach man mir, niemanden unangemeldet in mein

Zimmer zu lassen. Die Nounou sollte ihren Pass vorzeigen, den sie nicht hatte. Unter großem Zureden gelang es mir, sie auf das Zimmer mitzunehmen, aber sie würde nicht, wie in Vũng Tàu, mit ihrem Clan kommen und gehen können, wie sie wollte. Sie fühlte sich überhaupt nicht wohl, hier konnte sie nicht eine List nach der anderen ersinnen, um mich weich zu klopfen. Hier war sie nur geduldet. Sie blieb nur bis zum Abend, dann verschwand sie für einige Tage. Ich spürte deutlich, dass unsere Stunden miteinander gezählt waren.

Daher verließ ich kurz nach meiner Ankunft das Hotel, ließ das Kind noch einmal in ihrer Obhut und begab mich mit meinen beiden Koffern zum Center for Social Science. Dort kamen alle wichtigen Leute gleich zusammen, als ich mich anmeldete. In der leeren Bibliothek nahmen wir um den großen Tisch in der Mitte Platz, dann wurden lange Ansprachen über Völkerfreundschaft und Wissenschaftskooperation gehalten, zwei auf vietnamesisch, eine auf englisch. Ich sprach noch über das große Interesse meiner Universität daran, einen Austausch junger Nachwuchswissenschaftler mit dem Center in Ho-Chi-Minh-Stadt zu bewerkstelligen. Dann übergab ich die Bücher, Visitenkarten wurden getauscht und ewige Zusammenarbeit versprochen. Es wurde Zeit, sich zu verabschieden.

Beglückt fuhr ich mit dem Taxi zum Hotel. Es lag an der Hauptstraße und an einer Seitenstraße und machte von außen keinen ausnehmend einladenden Eindruck. Aber je tiefer man in das Hotel eindrang, umso schöner wurde es. Überall auf den Gängen standen bunt geschmückte Fabelwesen, die Wände waren mit filigranen Holztäfelungen verziert. Das liebenswürdige Personal trug täglich andere Traditionsgewänder, ich fühlte mich, als sei ich mit meinem Kind in eine Phantasiewelt eingekehrt, weit entfernt von deutschen oder vietnamesischen Alltagsrealitäten. Besonders schön war es, nach dem Aufwachen oben auf der Dachterrasse zu frühstücken, zwischen Papageien und anderen Paradiesvögeln in ihren Volieren, Tiger-Skulpturen, Hibiskus und Palmen. Schon zum Frühstück bestellte ich mein Lieblingsessen, eine bekömmliche Reissuppe. Das Kind erfreute sich an allem. Wie bedauerlich, dass ihm keine Erinnerungen an die schönen Tage blieben, die wir zusammen in einer geradezu märchenhaften Umwelt verbracht hatten, bevor unser gemeinsamer Alltag in Heidelberg beginnen würde. Am Abend aß ich auf der Dachterrasse, blickte hinunter auf die Straße und genoss den warmen Wind. Das Kind lag zumeist friedlich in einer blauweiß karierten Tragetasche, die zum Kinderwagen gehörte. Auf der Terrasse sah ich französische Eltern mit ihren adoptierten Kindern. Alle wirkten glücklich, entspannt und gelöst.

In diese Idylle platzte die Nachricht, dass ich die falschen Papiere aus Heidelberg vom Ausländeramt mitbekommen hatte. Mit ihnen konnte das Kind nicht ausreisen. Ich telefonierte mit dem Leiter des Amtes und beschwerte mich, denn ich hatte vor Ort mein Anliegen präzise erläutert. Ihm war mein Fall fremd, und er war erst einmal nicht gewillt, zu helfen. Ich schaltete die Mitarbeiter ein, die mich, wenn auch unsachgemäß, betreut hatten. Man telefonierte miteinander und einigte sich, mir per Fax die Erlaubnis der Behörde zuzuschicken, dass das Kind dauerhaft ausreisen darf, nicht nur zum Gastaufenthalt. Die Alternative wäre, auf unbegrenzte Zeit im Hotel zu bleiben. Ein schöner Gedanke.

Das wollten die Amtsleiter doch nicht. Ich hingegen fand an diesem Gedanken durchaus Gefallen. Das Kind gehörte zu mir, die Adoption war vollzogen, es konnte nicht mehr zurückgegeben werden. Also musste auch ich dort bleiben, wo das Kind war. In den Telefonaten drängte ich und gab mich aufgeregt. Aber kaum lag der Hörer auf der Gabel, fand ich zu unserer ausgeglichenen, ruhigen, schwerelosen Hotelexistenz zurück. Über mangelnden Besuch hatte ich nicht zu klagen, denn ich kannte inzwischen viele Leute in Saigon, die das Kind und das Hotel besichtigen wollten. Von den Karawanen von Bittstellern blieb ich verschont. Wenn uns jemand sehen wollte, rief die Rezeption zuerst bei mir an, ob der Besuch erwünscht sei. Dann begleitete man die Person zu unserem Zimmer. Das Personal begegnete den Vietnamesen mit großem Misstrauen.

Einmal kam die Nounou mit ihrer Enkelin zurück, um sich von dem Kind zu verabschieden, das beide in ihr Herz geschlossen hatten. Wir sahen sie nicht wieder.

Ab und zu erledigte ich einige Besorgungen. Zwei größere Fahrten mit dem Taxi unternahm ich mit dem Kind nach Cholon und nach Tay Binh. Dort lag der große Tempel der Cao Dai, einer nur in Vietnam existierenden synkretischen Sekte, deren religiöse Überzeugungen westliche und östliche Einflüssen mischen. Wir wohnten einem prunkvollen Gottesdienst bei. Früher fungierten die Cao Dai als eine Art fünfter Kolonne mit eigenem Militär, die bereits im ersten Indochinakrieg mit Terrorakten einen Weg für das Land zwischen Kommunismus und westlicher Moderne herbeibomben wollten. Damals war die Sekte sehr reich, später wurde sie von den Kommunisten weitgehend enteignet. Graham Greene skizziert in seinem Roman die Figur eines idealistischen Amerikaners, der den Terrorismus der Cao Dai unterstützt und Fowler die Freundin wegnimmt.

Als wir einen Spaziergang um den Tempel machten, sahen wir viele Frauen, die auf den Feldern der Sekte arbeiteten. Alle schauten zu uns hin und kamen angerannt, um das Baby in dem Arm zu nehmen. Neugierig wollten sie wissen, ob es ein Junge oder ein Mädchen sei, und öffneten die Pampers. Dann lachten sie laut und freuten sich. Andere Frauen traten hinzu, die ihn auch drücken wollten und gaben ihn weiter. Nach einiger Zeit überreichten sie ihn mir wieder. So ging es mir ziemlich oft, auch in Saigon. Frauen baten mich, ihnen Thien zu überlassen und weg war er. Aber sie brachten ihn immer wieder zurück. Ich freute mich über soviel Herzlichkeit, dennoch spürte ich Erleichterung, wenn er wieder da war.

Als wir ins Hotel zurückkamen, lagen die erwarteten Faxe auf dem Tisch. Ich brachte sie zum Konsulat und bestellte auf der Passbehörde den Pass für das Kind. Ohne zu drängen. Die Vorstellung, wir würden noch sehr lange bleiben, war zu schön. Wie immer, wenn mir etwas so gelungen erschien, dachte ich nicht über die Kosten nach, aber die Semesterferien in Heidelberg würden sich einmal dem Ende zu neigen. Schließlich erhielt ich alle zur Ausreise erforderlichen Unterlagen. Es gab keine Gründe mehr, die Heimreise aufzuschieben, lediglich der sehnsüchtige Wunsch ergriff mich, die Zeit anzuhalten und tief in den Augenblick einzutauchen.

Heimreise

Schließlich befanden wir uns mit Madame Jen im Kombi auf dem Weg zum Flughafen. Einige Clanmitglieder der Familie der Nounou waren sogar erschienen, auch der Cousin, der mich heiraten wollte. Abschied mit viel Theatralik. Alle hatten Thien in ihr Herz geschlossen und wollten ihn nicht loslassen. Auf Wiedersehen, Vietnam. Mein Gepäck für den Rückflug war erheblich reduziert, diesmal ohne Übergewicht, aber mit dem wichtigsten Menschen in meinem neuen Leben. Dennoch spürte ich gewaltige Anspannungen: Jetzt würde es sich zeigen, ob die Papiere in Ordnung waren.

In der Schlange am Schalter stand ein Mann mittleren Alters, mit einem kleinen Schnurrbart und etwas längerem dunkelblondem Haar, den ich spontan als einen sensiblen, intellektuell gebildeten Menschen identifizierte. Sofort sprach er mich auf mein Kind an. Es war ein Psychotherapeut aus dem Münsterland. Um seine Person kreisten viele Gerüchte, die sich unter den deutschen Adoptiveltern herumgesprochen hatten. Die Sozialarbeiter seiner Gemeinde hatten ihm keinen wohlwollenden Sozialbericht geschrieben. Daraufhin hatte er ihn kurzer Hand selbst verfasst und die Unterschrift darunter gefälscht. Das Verfahren lief an. Er traf in Vietnam ein und lernte dort seinen potentiellen Sohn und dessen Mutter kennen. Um das Ende des Verfahrens abzuwarten, blieb auch er mit dem Kind vor Ort.

Inzwischen stellte das Konsulat Nachforschungen an, der gefälschte Bericht flog auf und die Behörden in Saigon holten das Kind ab. Der verzweifelte Mann, der ohne Kind in seine Wohnung mit eingerichtetem Kinderzimmer heimreisen musste, wollte jedoch nicht aufgeben, kehrte zurück und suchte das Kind und seine Mutter in den Slums von Saigon. Ein schwieriges Unterfangen. Chancen auf eine erneute Adoption bestanden nicht, realistisch betrachtet. Da verfiel er auf die Idee, die Mutter zu heiraten. Wie weit gehen Menschen, um ihren Lebenstraum zu verwirklichen? Erfolglos flog er nun nach Deutschland zurück, er hatte weder die Mutter noch das Kind wiedergefunden. Aber er käme wieder, sagte er mir beschwörend.

Während wir sprachen und uns allmählich Schritt für Schritt in der Reihe zum Check-In vorwärts bewegten, stellte ich die Tragetasche mit dem Baby auf den Boden. Das Baby schlief innig und zufrieden. Es bekam von dem Trubel in der Abflughalle nichts mit und ahnte nichts davon, dass es zu einem neuen Leben aufbrach. Die abgefertigten Fluggäste gingen an uns vorbei zum Abflugterminal. Ein Vietnamese, im eleganten Anzug, stieß mit dem Fuß gegen die Tragetasche mit dem Baby. Er hätte das Baby aufwecken und erschrecken können, der Ignorant! Noch ehe ich nachdachte, schrie ich schon auf Deutsch: »Pass doch auf, Du Arschloch.« Ich erschrak fürchterlich über meine plötzliche Ausdrucksweise. Niemals zuvor hatte ich mich derart ordinär ausgedrückt. Ich hoffte nur, dass der Beschimpfte mich nicht verstanden hatte. Der Vietnamese blieb wie angewurzelt stehen, drehte sich zu mir um und sagte im besten Deutsch: »Passen Sie besser auf Ihr Kind auf und stellen Sie es nicht anderen Leuten, die in Eile sind, in den Weg.« Bestürzt klappte ich meinen Mund zu.

KAPITEL ACHT

Abschied

*Die glückliche Zeit in Heidelberg,
trotz Zeitdruck*

Thien krempelte mein Leben um. Kein Bistro sah ich mehr von innen, die Innenarchitektur ließ es zumeist nicht zu, den Kinderwagen hineinzuschieben. Im Kino liefen die Filme ohne mich, Tagungen mussten auf meine glanzvollen Beiträge verzichten. Das »Päckchen« fesselte meine Energie und was davon übrig blieb, das benötigte ich voll und ganz für meinen Beruf. Die vielen Single-Männer verschwanden aus meinem Leben, ohne dass ich ihnen eine Träne nachweinte. Einmal kam ein liebevoller Brief von Leon aus London. Er fragte, ob wir uns wiedersehen werden. Ich trug ihn lange mit mir herum, in Gedanken schrieb ich mehrere Antwortversionen, tatsächlich beantwortete ich seinen Brief nie. Die Frau, die er abends ausgeführt und die er in der Nacht geliebt hatte, die gab es nicht mehr. Schon der nächste Tag nach dieser wunderbaren Nacht hatte diese Frau verwandelt.

Eine Vietnamesin, die ich im Konsulat in Saigon getroffen hatte, stand schon wenige Wochen nach meiner Rückkehr vor meiner Tür. Welche Überraschung! Zusammen mit Khanh unternahmen wir lange Spaziergänge durch das sommerliche Heidelberg. An dieses ungewohnte Bild, das ich plötzlich abgab, musste ich mich selbst noch gewöhnen: Rechts und links liefen die beiden Vietnamesen, in der Mitte ging ich, statt wie bisher eilig und mit Aktentasche unterm Arm, nun einen Kinderwagen vor mich herschiebend, mit dem tollsten Kind der Welt. Ein überraschender Anblick für alle, die mich in Heidelberg kannten und diese Wendung in meinem Leben niemals erahnt hätten. Der Neckar zog uns zu allen Tages- und Jahreszeiten magisch an. Im Frühsommer erfreuten wir uns an den geschlüpften wolligen Enten und Schwänen. Die Schwanenmutter steckte, wenn wir ihren Kindern zu nahe kamen, zum Schrecken der Mutter und zur Freude des Kindes, ihren langen Schnabel in den Kinderwagen. Abends beobachteten wir grandiose Sonnenuntergänge über dem Fluss, im Winter genossen wir das glasklare Wetter bei strahlender Sonne. Aber der Herbst mit seinen intensiven Rot- und Brauntönen bot das prächtigste Farbenspiel.

Auf dem Spielplatz am Neckar lernten wir einheimische Neuenheimer und zugezogene Kinder mit ihren Eltern kennen. Man traf sich zufällig immer wieder oder verabredete sich. Zuerst saßen die Kinder noch im Wagen, im nächsten Jahr krabbelten sie schon mit ihren Förmchen in der Sandkiste und gelegentlich darüber hinaus gefährlich nahe ans Neckarufer heran. Die Mütter machten ihren Kindern klar, dass der Sand mit den Schaufeln in die Eimer zu befördern ist und nicht ins Gesicht und auf die Haare der anderen Insassen des Kastens. Nicht immer mit Erfolg. Kinder lieben Effekte und die waren allemal ausdrucksvoller, wenn der Sand dort landete, wo es vorher untersagt wurde. Bald begann die Kletterphase. Thien kletterte wie ein Äffchen überall herum. Zunächst stand ich noch neben oder unter dem Klettergerüst, um ihn gegebenenfalls aufzufangen. Er entwickelte eine phantastische Körperbeherrschung, so dass ich schon bald seine waghalsigen Experimente sorglos von der Bank aus betrachtete. Allerdings wusste ich oft nicht, welchen Baum er gerade eroberte.

Allmählich bildete sich zwischen seinem Kopf und seinen Schultern ein Hals heraus, von dem ich zunächst geglaubt hatte, er sei im Bauplan vergessen worden. Unübersehbar wurde das Kind immer hübscher. Vor allem bei Erwachsenen erfreute sich Thien größter Beliebtheit. Er war freundlich und niemals mürrisch, wie ich es bei manchen deutschen Kindern wahrnahm. Zweifellos besaß er viel Witz. Dinge des Alltagslebens belustigten ihn, besonders wenn etwas schief lief, herunterfiel, zerbrach oder wenn jemand stolperte. Die in Deutschland als Inbegriff des britischen Humors geschätzte, in England aber völlig unbekannte Komödie »Dinner for one«, bei uns aufgeführt auf Sommerfesten, Freizeitbühnen und an Silvester, wurde über lange Zeit sein Lieblingsstück.

Heidelberg oder Hamburg?

Unser Leben in Heidelberg verlief geregelt. Am Morgen, wenn die Tagesmutter kam oder das Kind im Kindergarten war, hielt ich meine Seminare und Vorlesungen ab. Dann folgten Sprechstunden und Arbeitsbesprechungen mit meiner Forschungsgruppe. Der Nachmittag bis zum Abend gehörte dem Kind, um 21 Uhr setzte ich mich wieder an den Computer bis nach Mitternacht. Das funktionierte so gut, dass es mir gelang, in dieser Zeit einen Ruf auf einen Lehrstuhl in Hamburg zu bekommen. Das sogenannte Klassenziel in meiner Karriere verlangte eindeutig: »Annehmen« und »Vorrücken«. Es fiel dennoch nicht leicht, eine Entscheidung zu treffen. Zur Heidelberger Bilderbuchkarriere gehörte es, den Ruf anzunehmen, die Stadt zu verlassen, aber wieder zurückzukommen. Dieser Erwartung glaubte ich, mich nicht entziehen zu können.

Reiflich überlegte ich mir die Sache. Das Kind schien gesund, der Kinderarzt und alle Freunde lobten seine Entwicklung, sie sprachen von einer Erfolgsgeschichte. Unsere chinesischen und japanischen Freunde würden Deutschland bald in Richtung USA verlassen, Thien ging noch nicht zur Schule, der Zeitpunkt für einen Wechsel war günstig. Eine gewisse, im Nachhinein fast als trügerisch empfundene Hoffnung schwang mit, dass eine für ihre Liberalität berühmte Großstadt wie Hamburg besonders gute Integrationsmöglichkeiten für ein Kind bot, dessen deutsche Nationalität nicht auf den ersten Blick zu erkennen ist.

Zudem ging die Mär in Südwestdeutschland um, in Hamburg sei die Kinderbetreuung besser geregelt (geregelt ja, aber nicht besser, würde ich heute sagen). Mit einem beruflichen Aufstieg würde zwar mehr Verantwortung verbunden sein, aber auch mehr Autonomie und Flexibilität, um wissenschaftlichen Interessen nachzugehen. Der Vertrag für meinen Mitarbeiter und Teamchef in Heidelberg lief aus. An meiner neuen Arbeitsstelle würde ich für ihn eine Habilitationsstelle erhalten, so dass er seine berufliche Laufbahn ohne riskante Unterbrechungen fortsetzen konnte. In Heidelberg zu bleiben, hätte für mich beruflichen Stillstand und Imageverlust bedeutet.

Meine Mutter ging inzwischen auf ihr neunzigstes Lebensjahr zu. An Pfingsten fiel sie einige Treppenstufen hinunter. Der Hausarzt versorgte sie mit starken Schmerztabletten, die raubten ihr den klaren Verstand. Ihre früheren Bekannten waren mittlerweile verstorben, und es gab niemanden, der nach ihr sah oder ihr behilflich war. Ich fand aber auch keine Einrichtung, die sie nach ihrem Sturz vorübergehend aufnahm. Das Kreiskrankenhaus lehnte ab, obwohl sie sich einen Wirbel geprellt hatte, wie später festgestellt wurde. Ich wusste weder aus noch ein, zumal Thien, der seine Oma sehr liebte und von ihr über alles geliebt wurde, sehr traurig war, dass sie so krank war. Er versuchte, sie zu stützen und assistierte beim Anlegen ihres Verbands. An jenen Pfingsttagen, als es meiner Mutter so schlecht ging, erkannte ich, welche Probleme noch auf mich zu kommen konnten. Schließlich heuerte ich eine Krankenschwester an, die regelmäßig nach meiner Mutter sah. Thien und ich fuhren mehrmals in der Woche mit dem Taxi von Heidelberg nach Bad Homburg und zurück. Allmählich fühlte sie sich wieder besser. Sie erholte sich sogar überraschend gut, trotz Schmerzen, die nicht vergingen.

Ihre aktiven Möglichkeiten blieben eingeschränkt, sie verließ die Wohnung nicht mehr so häufig und war auf die Hilfe der Krankenschwester angewiesen. Da sie nicht gewohnt war, fremde Hilfe zu akzeptieren, gab es häufig Streit, und ich musste mit Engelszungen reden, um beide Seiten zu besänftigen. Neben den Folgen ihres Sturzes litt sie vermehrt unter der Wunde ihres offenen Beins, die sich an mehreren Stellen nicht mehr schloss und größer wurde. Mir schien der Zeitpunkt gekommen zu sein, da sie nicht mehr allein leben konnte. Nach reiflichen Überlegungen gelangten wir zur Überzeugung, dass ich den Ruf nach Hamburg annehme und wir alle dort hinziehen werden. Meine Mutter besaß große Vorurteile gegen Norddeutschland. Ihr Landschaftsideal war der Taunus und ihr Stadtideal »vor der Höhe«. Sie artikulierte gelegentlich, es sei eine entsetzliche Vorstellung, nur wenige Meter über dem Meeresspiegel zu wohnen, weit und breit keine Berge in Sicht, die ihre Bezeichnung verdient hätten.

Mit ihrer Großfamilie lebte meine Schwester in Norddeutschland. Die Verhältnisse zwischen Mutter und ihrer ersten Tochter waren zwar seit langem schwierig, aber die Hoffnung auf Annäherung bestand, mit positiven Konsequenzen für meinen Sohn, der sonst kaum Verwandte besaß. Ich plante, künftig das familiäre Netz für meinen Sohn enger zu knüpfen. Es sollte ihm Stabilität und Sicherheit geben, sein Gefühl der Zugehörigkeit und der Verbundenheit in seiner Welt verstärken, für Adoptivkinder eine besonders wichtige Bedingung ihrer Entwicklung. So wurde sukzessiv der Umzug nach Hamburg vorbereitet. In Hamburg erlebte ich später, wie mein sorgfältig überlegter Plan gründlich scheiterte.

Die tragische Geschichte von Linh

Vor dem Umzug feierten wir noch Thiens Taufe, an einem wunderschönen warmen Spätsommertag im August. In der Johannes-Kirche versammelten sich Freunde und Bekannte, um die christliche Taufe des kleinen Buddhas mitzuerleben. Höflich wie er war, ging Thien von Reihe zu Reihe, um seine Gäste zu begrüßen. Manche wollten gesehen haben, dass er einen Diener machte. Der Taufspruch aus dem Johannes-Evangelium lautete. »Gott ist Geist, und die ihn anbeten, die müssen ihn im Geist und in der Wahrheit sehen.«

Nach der Predigt hielten die Taufpaten das Kind hoch, und das wasserscheue Männchen wurde reichlich mit Wasser übergossen. Es wurde auf den Namen Johannes Thien Helmuth getauft. Der Pate sprach von der untrennbaren Einheit von Lieben und Leben und wünschte Thien, dass er immer Menschen finden möge, die ihn lieben und die er liebe. Ich weinte vor Rührung und vor Glück. An diesem Tag schienen alle Gäste zufrieden und ausgelassen.

Das Mittagessen nahmen wir in einem der schönsten Heidelberger Hotels und Restaurants ein, im »Wolfsbrunnen«, einem Ort der Romantik, den Literaten und Dichter besonders liebten. Einst hielt sich der russische Zar hier auf. Ein Naturidyll. Wir saßen an langen Tischen unter vielfach bedichteten, herrlichen alten Bäumen, ein frischer Wind ging an dem heißen Tag, und wir schauten auf Forellenteiche in wild romantischer Umgebung. Aus dem 16. Jahrhundert befindet sich im Garten noch der alte Brunnen, der zu dem Wasserwerk gehörte, das Kurfürst Friedrich II. angelegt hatte. Von hier aus bezog die Heidelberger Bevölkerung das Wasser. Anlass und Umgebung, die delikaten Speisen und der Champagner, hoben die Stimmung beträchtlich an.

Thien spielte mit seinem Freund Linh, ebenfalls ein Adoptivkind aus Vietnam, nur ein paar Jahre älter. Linh behandelte ihn wie einen jüngeren Bruder, immer mit einem sensiblen Ausdruck von Nachsicht und sehr ernst. Zufällig trugen beide Shorts mit weißen Polohemden, die ihnen wunderbar standen. Tolle Kinder!

Linh besaß von Geburt an ein Hüftleiden. Zunächst fiel es der Familie in Vietnam nicht auf, aber als er gehen lernte, bekam er starke Schmerzen. Seine Mutter starb, als Linh noch klein war. Der überforderte Vater gab ihn daraufhin in ein Waisenhaus für geistig behinderte Kinder. Dort verbrachte er einige Jahre seines jungen Lebens, vorwiegend im Bett liegend. Seine Beinmuskulatur verkümmerte zunehmend, er konnte kaum noch auftreten. Die Ärzte in Vietnam stellten Lähmungserscheinungen fest, konnten sie aber nicht behandeln. Eine Adoptionsvermittlungsagentur entdeckte Linh und sorgte dafür, dass er zur Operation an die Universitätsklinik nach Heidelberg ausgeflogen wurde. Eventuell musste das Kind sein weiteres Leben im Rollstuhl verbringen.

Jemand wurde zur Finanzierung der Behandlung gesucht. Peter K., Inhaber einer bekannten Heidelberger Baufirma und ausgestattet mit ausgesprochen komfortablen finanziellen Mitteln, erklärte sich gern dazu bereit. Die Heidelberger Mediziner konnten Linh helfen. Die Lähmung verschwand und er bewegte sich nach einiger Zeit ohne Krücken. Linh hielt die langwierige Therapie tapfer durch, wie so viele Härten seines Lebens vorher, obwohl er nur ungern auf das geliebte Fußballspielen verzichtete. Häufig besuchte Peter K. das Kind im Krankenhaus, seine Tapferkeit und ungebrochene Zuversicht beeindruckten ihn. Er beschloss, dieses außergewöhnliche Kind zu adoptieren. Marita, seine attraktive, lebenslustige Frau, die bereits eigene Kinder aus einer früheren Ehe aufgezogen hatte und nun ehrgeizig ihre berufliche Karriere als selbstständige Organisationsberaterin betrieb, willigte nach längerem Zögern ein. Das Paar lebte überaus kultiviert und großzügig in einer Villa mit riesigem Garten. In der Provence besaß man mehrere Häuser für den Urlaub der Familie und ihrer Freunde.

Dem frischgebackenen Vater gefiel seine neue Rolle so gut, dass er, um sich völlig auf das Wohl des Sohns zu konzentrieren, seine Firma verkaufte. Es war eine Freude zu sehen, wie ernst und hingebungsvoll er sich seiner Aufgabe widmete. Auf vielen Gebieten überaus talentiert, ließ sich Peter K. immer neue Projekte einfallen, um Linhs Kreativität auszubilden, um mit ihm zu musizieren, Modelle zu bauen und Abenteuer zu erleben. Und Linh ließ sich von seinem neuen Vater mitreißen und begeistern. Er war sehr stolz. In dieser Zeit wurde Peter K. von den Frauen seiner Umgebung verehrt und bewundert, sie hatten einen solch höflichen und zärtlich liebenden Mann und Vater, dazu vermögend, noch nicht gesehen.

Ich dagegen blieb skeptisch. Soviel demonstrative Hingabebereitschaft kippt irgendwann um, argwöhnte ich. Tatsächlich stieß der Verkauf der Firma bei Marita, die mit der Adoption noch einmal Mutter und zugleich Großmutter der Tochter ihres Sohns geworden war, nicht auf ungeteilte Begeisterung. Einen Hausmann an ihrer Seite konnte sie sich kaum vorstellen. Bei Thiens Taufe gaben Eltern und Sohn noch ein überaus vergnügtes und harmonisches Bild ab. Sie wurden von allen beneidet. Und für den sensiblen Linh freuten sich alle Gäste, dass er ein so behütetes und wohlhabendes Zuhause gefunden hatte. Aber schon ein paar Jahre später brachen die schöne Welt und die anfängliche Geborgenheit auseinander.

Die Ehe der Eltern geriet in eine schwere Krise, aus der sie nicht mehr herausfanden. Die Unterschiedlichkeit ihrer Charaktere und Lebenserwartungen trat plötzlich scharf hervor. Während die allseits beliebte Marita weiterhin sehr engagiert ihrer Beschäftigung nachging und einen großen Bekanntenkreis pflegte, hielt sich nun Peter K., eben noch Workaholic, vorwiegend daheim auf und lehnte jedes nach außen gerichtete gesellschaftliche Leben ab. Seine Frau erschien ihm plötzlich erfolgsbesessen und oberflächlich, sie dagegen fühlte, wie seine Passivität und Selbstbezogenheit ihre Gemeinsamkeiten zerstörte. Beide reagierten zunehmend aggressiv aufeinander. Friede herrschte zwischen ihnen nur, wenn Linh anwesend war. Schließlich begann Peter K. eine Affäre mit der besten Freundin seiner Frau. Er trennte sich von Marita und zog in eine kleine billige Wohnung. Seine Geliebte wollte zu ihm ziehen, mehrere Familien gerieten in Umbruch, aber im letzten Augenblick zog sie die Notbremse.

Peter K. beschloss, nun ohne Job und ohne Frau, sich nur noch mit sich zu beschäftigen. Dabei störte ihn das Kind. So pendelte Linh zwischen den zeitweise sehr zerstrittenen Eltern hin und her. Er musste erleben, dass sein neuer Vater, auf den er so stolz gewesen war, der tolle Bausätze mit ihm zusammensetzte, immer weniger Verantwortung für ihn übernahm und immer unzuverlässiger wurde. Die Krise am Neuen Markt hatte das Aktienvermögen, das Peter K. nach dem Verkauf der Firma erwarb, minimiert. Finanzielle Probleme belasteten ihn. Plötzlich wusste er nicht mehr, wie er die Kosten für die Krankenversicherung und für die Zusatzkosten zur orthopädischen Behandlung von Linh weiterhin bezahlen konnte. Erneut kontinuierlich erwerbstätig zu sein, kam für ihn, aus Gründen der Engpässe auf dem Arbeitsmarkt und seines Selbstfindungsstrebens, aber auch aufgrund von Krankheit, nicht in Frage. Das Kind wurde immer trauriger. Für es war es schon der zweite Vater, auf den kein Verlass war. An jenem herrlichen Tag von Thiens Taufe und unserem Abschiedsfest von Heidelberg ahnte ich noch nichts davon. Alle Gäste freuten sich an den beiden hübschen Kindern, alle schienen gesund, munter und optimistisch.

»Du lieber Bahnhof«

Die nächsten Tage waren schon mit Vorbereitungen für den Umzug ausgefüllt. Die letzten Blicke auf unser Zuhause in Neuenheim schmerzten. So viele gerade begonnene Freundschaften wurden abrupt abgebrochen. Dennoch war ich optimistisch. Thien liebte vor allem Züge und Bahnhöfe, abends musste ich ihm immer vorsingen »Happy Birthday, du lieber Bahnhof« oder »Happy Birthday, lieber ICE« und der Hamburger Bahnhof machte einen viel größeren Eindruck auf Thien als der Heidelberger.

Die Strecke Heidelberg–Hamburg waren wir schon oft gefahren, Thien liebte ICE-Fahrten. In unbeobachteten Momenten kletterte er im Abteil in die obere Gepäckablage. Wiederholt fand ich ihn versteckt unter Mänteln und hinter Taschen. Als die Zugbegleiterin ihn da oben entdeckte, schimpfte sie sehr mit mir, denn der Platz war gefährlich. Beim plötzlichen Abbremsen des Zuges würde das Kind durch das Abteil geschleudert. Ich holte ihn sofort herunter, aber ehe ich mich versah, saß er schon wieder auf seinem Platz in der Ablage und bewarf uns mit allerlei Gepäckstücken.

Thien glaubte, alle Zugbegleiterinnen hießen Frau Engel und seien vom Himmel gesandte Engel, da er einmal eine Stimme hörte: »Frau Engel, unsere Zugbegleiterin, nimmt ihre Bestellungen entgegen.« Wir fragten immer nach Kinderfahrscheinen, die leider nur selten erhältlich waren. Man kann nicht sagen, dass sich die Bahn viel für Kinder einfallen ließ. Aber schon das Wenige freute ihn kolossal, und wir fuhren häufig. Thien unterschied schon früh die verschiedenen Baujahre und -generationen der ICEs. Lange Zeit waren die europäischen Hochgeschwindigkeitszüge das Einzige, was er sich im Internet betrachtete. Schon im vierten Lebensjahr verfügte er über eine kleine Bibliothek zu dieser Materie, die einem Erwachsenen alle Ehre gemacht hätte. Auch das S- und das U-Bahn-System in Hamburg lösten bei dem Kind größte Bewunderung und Faszination aus. Die Bahnen verfolgten ihn bis in den Traum, sogar der erste wirkliche Alptraum, den er mir erzählte, bezog sich darauf: »Die S-Bahn wollte losfahren, aber sie konnte nicht, denn vor ihr lagen nur U-Bahn-Schienen...« Wenn das kein schrecklicher Alptraum war!

Der Dammtor-Bahnhof, der zu dieser Zeit für mich mit vielem Gepäck jedes Mal eine quälende Baustelle war, begeisterte Thien und wurde sein Lieblingsbahnhof. Wenn wir auf Wohnungssuche waren oder zu Verhandlungen anreisten, wohnten wir im Hotel, nahe am Dammtor-Bahnhof, im »Elysée«. Dort stimmte das Preis-Leistungs-Verhältnis, und Kinder schienen willkommen zu sein. Zum Dank räumte Thien im Restaurant das benutzte Geschirr ab, wenn wir dort, nach langer Fahrt, zu Abend speisten, und brachte es in die Küche. Wo immer wir aßen, Thien sah sich zuerst die Küche genauestens an, ob dort alles sauber zubereitet wurde. Vielleicht habe ich mir erträumt, unser Leben in Hamburg würde so entspannt weiterverlaufen wie unsere Aufenthalte im »Elysée«. Als wir tatsächlich in Hamburg wohnten, sehnte ich mich immer nach dieser Zeit zurück.

Mit dem Hafen und der Elbe konnte man bei Thien nicht so punkten wie mit den Bahnen, aber insgesamt schien die Stadt unseren Interessen entgegenzukommen. Ich freute mich auf unser künftiges Leben in Hamburg. Außerdem wohnten in Hamburg enge Freunde und Verwandte von meinen Freunden, so dass auch Ansatzpunkte für Kontakte gegeben waren. So glaubte ich ...

Besonders wichtig für die Entscheidung nach Hamburg zu ziehen, waren die Gespräche mit dem Kinderarzt. Immer wieder fragte ich: »Ist es ein stabiles Kind, dem ein Umzug zugemutet werden kann, oder sollen wir dort bleiben, wo bislang alles so gut gegangen ist?« Ich vertraute meiner Tagesmutter, meinem Kinderarzt, der Universitätskinderklinik, wo wir regelmäßig sein Wachstum kontrollieren ließen. Nur ungern verlor uns der Kinderarzt. Ein großes Bild von Thien hing in seinem Wartezimmer. Ein bisschen zögerlich lernte Thien sprechen, aber kontinuierlich. Ein Grund zur Besorgnis wurde darin nicht gesehen.

Auf Geräusche reagierte das Kind äußerst sensibel, oft auch schreckhaft. Ich nahm es als Zeichen einer besonders ausgeprägten Hörfähigkeit. Da täuschte ich mich jedoch. Ein aufmerksames und neugieriges Kind. Warum sollten wir von dort wegziehen, wo es sich bislang so gut entwickelt hat? Der Kinderarzt sagte immer wieder, das Kind sei »prächtig in Schuss«. Kinder seien sehr konservativ, sie wollen die Umgebung, in der es ihnen gut geht, behalten. Ein Umzug sei ein Wagnis, aber wir könnten es wagen.

KAPITEL NEUN

Fremd und allein mit Kind lässt sich die Weltstadt nicht erobern

Das Desaster des Auszugs

Auf nach Hamburg! Inzwischen hatte ich für uns und meine Mutter ein Haus gemietet, nahe an meinem neuen Arbeitsplatz in Wandsbek. Zunächst zogen Thien und ich um, dann würde meine Mutter folgen. Tagelang verabschiedeten wir uns von Freunden und Bekannten. Unentwegte Umarmungen. Beim Abschied verlieren Menschen häufig ihre Hemmungen, Gefühle zu zeigen. Wahrscheinlich, weil die Kosten so niedrig sind. Für Sympathiebekundungen und Treueschwüre braucht hernach keiner den Beweis anzutreten. Der Verabschiedete ist zunächst weg, am neuen Ort nur mit sich selbst beschäftigt und vergisst die Zurückgebliebenen erst einmal, die so weiter machen wie bisher.

Thien wusste noch nicht, was Umziehen bedeutet. Als immer mehr Spielsachen in Kisten verschwanden, begriff er, dass sich etwas veränderte. Fremde Menschen gingen in der Wohnung ein und aus und schleppten Sachen weg. Die Wände durfte er mit seinen Farben beschmieren. Der Geschäftsführer einer Spedition, angeblich auf Akademikerbelange spezialisiert, stellte sich mir als alleinerziehender Vater vor. Selbstverständlich setzte ich mich dafür ein, dass er den Auftrag bekam, den Umzug durchzuführen. Ein vom neuen Arbeitgeber und damit indirekt vom Steuerzahler gutbezahlter Auftrag, inklusive Ab- und Aufbau der Möbel. Bei meinem Umzug von Bremen nach Augsburg hatte ich erlebt, dass der Apfelrest auf dem Teller in meiner Bremer Küche wieder auf dem Teller in der Küche in Augsburg lag. So stellte ich es mir diesmal wieder vor. Noch einen Tag vor der Abreise versorgte ich meine Mutter, löste mein Büro auf, organisierte Handwerker und Putzkolonnen in Heidelberg und in Hamburg. Alles lief nach Plan.

Das war mein erster Umzug mit Kind, aber ich war so oft umgezogen, dass ich nicht zweifelte, logistisch alles in den Griff zu bekommen. Die Möbelpacker rückten an. Thien kletterte auf den Kisten herum und spielte im Führerhaus des Möbelwagens. Auf Wiedersehen, Heidelberg. Dann stiegen wir in den Zug. Kurz vor Mannheim wollte ich lösen. Drei Koffer und mehrere Taschen suchte ich durch, aber mein Portemonnaie mit den Ausweisen, etwas Schmuck, die Bahncard, die Kreditkarten, alles gemäß dem Rat der Umzugsfibel in einem Beutel zusammengefasst, waren nicht zu finden. Großer Schrecken. Vielleicht hatten wir noch Glück, und die Sachen befanden sich in der alten Wohnung.

In Mannheim fuhren wir, statt weiter nach Hamburg, zurück nach Heidelberg. Dort fingen die Handwerker schon an, die Wohnung zu renovieren. Von Bargeld, Kreditkarten, Ausweisen und Schmuck keine Spur. Ein Mitarbeiter brachte mir etwas Bargeld vorbei. Ohne Geld und Kreditkarte in einer neuen Stadt ankommen – das war keine angenehme Vorstellung. Noch nie hatte mich das Kind in einer solchen Panik erlebt. Ich fuhr zur Bank, um das weitere Vorgehen zu besprechen. Thien blieb zurück. Allein mit L., ohne seine Mama. Er schrie entsetzlich, wie mir später erzählt wurde. Sein Zuhause hatte sich in eine leer geräumte und verdreckte Wohnung verwandelt. Erschreckend. Eine traumatische Situation. Dahin zurückzukehren, hatten wir nicht geplant. Später kam unsere Tagesmutter dazu, um ihn zu beruhigen, aber er stand regelrecht unter Schock. Seine heile Heidelberger Welt war mit einem Schlag zusammengebrochen.

Es war grauenhaft. Eine Stunde vorher hatten wir noch mit allen, auch mit den Möbelpackern, gescherzt. Nun würden wir, schwer geschädigt, in Hamburg ankommen. Alle Klagen halfen nicht, das Rad unseres Lebens konnte nicht zurückgedreht werden. Wir mussten den Umzug fortsetzen. Also bestiegen wir zum zweiten Mal den Zug in Richtung Hamburg, wechselten in Mannheim in den ICE. Spät und erschöpft kamen wir in unserem Hotel am Dammtor an und fielen in die Betten. Diesmal bezogen wir ein besonders schönes und großes Zimmer mit eleganten Überwürfen und einem luxuriösen Bad, und wie immer genoss ich die Nacht im Hotel in vollen Zügen. Wir ahnten nichts von den üblen Überraschungen, die uns die nächsten Tage bringen würden.

Das Desaster des Einzugs

Auf dem Weg zu unserem neuen Heim ließ ich das Taxi am Bahnhof halten, um die Bahncard nachzubestellen. Thien blieb im Taxi. Am Schalter suchte ich das in Zeitungspapier eingewickelte Bargeld aus Heidelberg. Erneute Panikgefühle. Sollte ich es wieder verlegt haben? Aber diesmal hatte ich Glück. Es lag unberührt auf dem Vordersitz des Taxis. Der Fahrer hatte es nicht angerührt. Wir bogen in Wandsbek in die kleine Spielstraße ein, in der wir nun wohnen würden. Der Möbelwagen parkte schon vor dem Haus. Die wartenden Möbelträger kannte ich nicht, sie hatten die Möbel nicht eingepackt. Ich ahnte Böses. Und so kam es. Sie wussten nicht, wohin mit dem Umzugsgut. Auf den Kisten fehlten Hinweise. In Heidelberg und in Hamburg waren vorwiegend kurzfristig angeheuerte Aushilfskräfte am Werk, Erfahrungen besaßen sie nicht. So stapelten sie die Kartons im Wohnzimmer übereinander. Keiner wusste, wohin mit dem Zeug. Als sie uns am Abend verließen, hatten sie weder ein Bett zu Ende montiert noch eine Lichtquelle angeschlossen.

Mit Thien baute ich am Abend eine Höhle, und wir spielten das frei erfundene Spiel »Leben zwischen Kartons«. Wir schliefen in einem Provisorium auf der Matratze. Obwohl wir schon feststellten, dass das Holz der Bettumrandung zersplittert, der edle Kristallspiegel zerbrochen, die Ecken meines Jugendstilschreibtischs abgestoßen waren und das Radio fehlte, besaßen wir noch genügend Humor und nahmen die Angelegenheit mit den Worten von Astrid Lindgrens Karlsson: »Das beunruhigt keinen wirklich großen Geist.«

Am nächsten Morgen warteten wir auf die Möbelpacker. Vergeblich. Sie kamen nicht. Der Geschäftsführer, der seine Leute nur widerstrebend einen weiteren Tag zu uns beordert hatte, gab sich verärgert. Seine Arbeiter hatten sich auf Nimmerwiedersehen nach St. Pauli davongemacht. Mit viel Mühe gelang es mir, eine Spedition aus der Umgebung zu finden, die die Aufbauarbeiten fortsetzten. Als sie die Burg mit Kartons im Wohnzimmer sahen, fragten sie, ob ich Sozialhilfe bezöge. So unordentlich und unprofessionell würden die Speditionen nur die Umzüge von Sozialhilfeempfängern durchführen. Diese Haltung empörte mich. Umzüge von Sozialhilfeempfängern werden aus Steuermitteln bezahlt, die Spediteure haben also keinen Grund, sie nicht ordnungsgemäß durchzuführen. Die Möbelpacker aus der Gegend besaßen nicht den leisesten Schimmer, wie sie die Regalsysteme aufzustellen hatten, damit meine vielen Bücher Platz fanden. Ich musste neue Streben und Bretter in Auftrag geben. Das kam teuer und war bitter, nachdem ich eben erst um Hab und Gut erleichtert worden war.

Wochen- und monatelang lebten Thien und ich zwischen Türmen aus gestapelten Bücherkartons. Täglich räumten wir mehrere Kisten Bücher in die Regale ein, manchmal schien kein Ende in Sicht. Entferntere Verwandte oder Freunde aus der Nähe, denen ich, leicht verzweifelt, mein Schicksal schilderte, sprachen mir telefonisch Mut zu. Sie fühlten sich jedoch in keiner Weise aufgerufen, uns praktisch beizustehen. Aber mein Sohn, der kleine Kerl, half mir hervorragend. Er dachte mit und lieferte seiner unpraktischen Mutter manche nützliche Idee. Ich konnte nicht feststellen, dass ihn die Situation sehr belastete. Aber ihm kam plötzlich im Alter von drei Jahren und acht Monaten eine verantwortliche und partnerschaftliche Position zu, die ihn weit überfordern musste. Er verstand, es war niemand anderes da, der uns half, in unserer neuen »Hütte« zurechtzukommen. Wir beide mussten es allein schaffen.

Auch die Büros am neuen Arbeitsort mussten eingerichtet werden und das hieß nochmals anpacken, schleppen und aufstellen. Freundliche und hilfsbereite Menschen halfen im Rahmen ihrer Vorschriften. Als die Büros eingerichtet waren, fühlte ich mich an meine Zeit als wissenschaftliche Hilfskraft erinnert. Alles verlief korrekt. Vieles musste beantragt werden, über nützliche Netzwerke vor Ort verfügte ich noch nicht. Hatte ich nicht mein Leben lang Statussymbole und feierlichen Aufwand als Äußerlichkeiten abgetan, die einen vom Arbeiten abhalten? So gesehen, war ich hier richtig. Dennoch wurde mir schnell klar: Die Unterschiede zwischen Menschen und Behörden in Nord- und Süddeutschland sind viel größer, als behauptet wird. Ich war in einer neuen und anderen Welt angekommen. Über das kleine Schwarzwaldhäuschen, das eine reizende Mitarbeiterin zur Begrüßung auf meinen Tisch gestellt hatte und das zumeist kühle Temperaturen anzeigte, freute ich mich sehr.

Rückschläge bei der Eroberung der City

Meine Neugier auf die Stadt blieb ungebrochen. Jede freie Minute nutzten wir, die Stadt zu erkunden. Das Wetter unseres ersten Spätsommers in Hamburg war wunderbar. Wir kauften in der Innenstadt ein und stiegen dann in die doppelstöckigen Sightseeing-Busse. Thien liebte die Perspektive von oben, und ich schlief vor Erschöpfung nach kurzer Zeit ein. Im ersten Jahr drehten wir vierzehn Runden mit den Bussen der roten Linie. Zu Mittag aßen wir zumeist im Alster-Pavillon. Von dort konnte Thien die verschiedenen Züge über die Alster-Brücke fahren sehen und ihre Waggons zählen. Am Neuen Wall bei Jil Sander kaufte ich drei teure Kostüme im Business-Look, taubengrau, tintenblau und karminrot. Sie besaßen alle den gleichen schlichten Schnitt und ließen sich wie Uniformen tragen. Passend für mein neues Berufsfeld. Dazu erwarb ich einen schwarzen Kaschmirmantel und ein überteuertes T-Shirt. Ich hatte wohl das Bedürfnis, mich demonstrativ im Hamburger Stil einzukleiden und dafür Unsummen auszugeben.

Als der tintenblaue Rock schon nach einer Woche einen kleinen Riss bekam, wahrscheinlich aufgrund eines Materialfehlers, weigerte sich die Geschäftsführerin, den Rock nähen zu lassen. Ich bekam das Gefühl, dass sich der Laden keine Spur für Kundinnen wie mich interessierte. Ich schickte den Rock viermal hin, und dreimal wurde er mit Riss zurückgeschickt. Bereitschaft, sich überhaupt meinem Problem anzunehmen, war nicht zu erkennen. Erst drastische Drohungen halfen, dass sich die Geschäftsleitung damit befasste.

Wie in Heidelberg erledigte ich auch in Hamburg die meisten Einkäufe mit dem Fahrrad, zumeist vollbepackt. Auf dem Kindersitz thronte mein Sohn. Immer wieder bemerkte ich, dass wir mit einer Geringschätzung behandelt wurden, die ich mir kaum erklären konnte. Verhohlene mitleidige Blicke begegneten uns in den Geschäften. Desinteresse und der Wunsch, uns rasch wieder loszuwerden, herrschten vor. Hamburg ist eine Autostadt, und für manche Geschäftsleute ist das Menschsein an ein Auto, wenn nicht gar an ein Sportcoupé geknüpft. Plastiktüten an der Fahrradlenkstange, Kind auf dem Kindersitz, Mutter gestresst, das scheinen bedürftige Lebewesen zu sein, die man nicht unbedingt zu seinen Kunden rechnen will. Da half mir auch das teure T-Shirt von Jil Sander nicht, den Eindruck zu korrigieren und etwas mehr Engagement zu erreichen.

An manchen Orten wurden wir auch liebenswürdig behandelt. Alle drei Monate gingen wir zu unserem Starcoiffeur nach Winterhude. Die Besuche waren immer ein Erlebnis für Thien und für mich. Sein Laden bestand aus einem kleinen Glaskasten mit wenigen Sitzplätzen auf zwei Etagen. Man konnte aufs Angenehmste das Treiben auf der Straße beobachten. Da kaum Leute im Laden waren, erlag man dem Gefühl eines exklusiven und auf die eigenen Bedürfnisse zugeschnittenen Service. Thien verhielt sich zunächst zurückhaltend und schwieg. Der Coiffeur fragte mich, ob er auch sprechen könne, während er aus Frotteehandtüchern einen Turban um meine nassen Haare wickelte. Thien rief daraufhin laut: »Mama ist Athene.«

Da war das Eis gebrochen. Wenn Thien an der Reihe war, blieb ich oben sitzen, und er konnte mit dem Friseur ein Männergespräch führen. Ich blätterte entspannt in Illustrierten. Der Friseur beschwor immer, wie sehr die »Chemie« zwischen uns stimmte. Er rückte an mich heran, weil er offensichtlich weitere chemische Reaktionen vorbereitete, da machten jedoch die Moleküle meinerseits nicht mehr mit. Eine Wahlverwandtschaft entstand nicht!

Das war ein anderer Menschenschlag, der uns hier begegnete. Es fiel mir weniger an den meistens korrekten Umgangsformen der Hamburger auf als an den Gesten und Kommunikationsformen, die unterblieben: Thien liebte symmetrische Figuren und Zahlen, daher wollte er immer, und anfänglich gab ich nach, mit der Buslinie 262 fahren statt mit der Linie 9. Beide Busse fuhren unsere Haltestelle an. Stiegen wir dann aus, winkte er den verbliebenen Fahrgästen zum Abschied nach. Aber kein Fahrgast aus dem Bus winkte zurück. Oftmals sah ich nicht einmal ein freundliches Lächeln. Nur ernste verdrießliche Gesichter.

Ab und zu heiterte uns ein Busfahrer auf, der die Fahrgäste auf Hamburgerisch mit »Moin, Moin« begrüßte und auch sonst freundlich-witzige Kommentare beim Anfahren zum Besten gab. Da wir vorne saßen, lernten wir ihn bald näher kennen und erfuhren, dass er oft nach Ghana zur Familie seiner Frau reiste. Dann sahen wir ihn nicht mehr. Wir erkundigten uns und hörten: Es hatte zu viele Beschwerden von Fahrgästen gegeben, die sich durch seine Gesprächigkeit belästigt fühlten. Schade. Sehr schade.

Hier herrscht ein anderes Lebensgefühl, sagte ich mir gelegentlich. Mir fiel das besonders auf, wenn wir eine Fahrradtour entlang der Elbe oder der Wandse unternahmen, und ich laut, wenn auch sicher nicht schön, vor guter Laune und Lebensfreude aus voller Kehle »Old MacDonald had a farm« oder Shantys von der Waterkant sang, so sang doch kein anderer Radfahrer. Offensichtlich galt hier die Maxime: Wenn man noch alle Tassen im Schrank hat, dann singt man nicht in der Öffentlichkeit. Vielleicht eine berechtigte Maxime, nicht auszudenken, wie das klänge, wenn auf den Radwegen jeder Radfahrer vor sich hin sänge! Aber ohne Singen ist eine Radtour doch ein sehr freudloses Unternehmen!

»Richtige« und »falsche« Adressen in Hamburg

Enttäuschend fand ich das geringe Fingerspitzengefühl, das uns selbst oder gerade in einem noblen Etablissement wie im ersten Hotel am Platz, dem »Vier Jahreszeiten«, begegnete. Noch bevor wir uns dort richtig niedergelassen hatten, wollte der Chef de Salle schon wissen, woher das Kind stamme. Meine freundliche Antwort: »Es kommt aus Heidelberg« ließ er nicht gelten und ging nun mehrere Länder Asiens durch. Er: »Aus China?« Meine Antwort: »Nein, aus Baden-Württemberg!« Er gab nicht auf: »Aus Japan?« Meine Antwort blieb dieselbe: »Aus Baden-Württemberg!« Jede Silbe sprach ich besonders betont aus, so als ob er ein Verständnisproblem hätte. Er versuchte es noch einmal: »Aus Korea?« »Baden-Württemberg!«

Was er wissen wollte, erfuhr er nicht. Dafür ließ er uns nicht mehr aus den Augen. Er konnte uns jedoch nicht einschüchtern. In übermütiger Stimmung tauschten wir Geschenke mit unserer Freundin, packten aus, stapelten Papier und wickelten Schleifen. Das schien ihm Ängste zu bereiten, und er postierte sich in der Nähe unseres Tisches. So standen wir während des Essens unter Dauerbeobachtung und fühlten uns allmählich unwohl. Aber wir wurden durch die Gunst des Schicksals reich entschädigt, Sir Peter Ustinov, den wir verehrten, leibhaftig beim Essen am Nebentisch zu sehen. Bei unserem zweiten Besuch im »Vier Jahreszeiten« ging das Spiel mit dem Chef de Salle von vorne los. Sir Peter Ustinov war vor kurzem gestorben, wir trauerten um ihn. Auf einen dritten Besuch verzichteten wir. Ich war es nicht gewohnt, dass mein Sohn von oben herab taxiert wurde, zumal er ungemein liebenswürdig und allen Leuten zugewandt war, aber es geschah immer wieder, ausgerechnet in dieser Weltstadt und an Orten, wo ich es am wenigsten erwartet hätte.

Auch Wandsbek gegenüber hatten wir zunächst keine Vorurteile, obwohl uns ein Taxifahrer erklärte, »echte« Hamburger wohnten links und nicht rechts der Alster. Es war eine der wenigen Informationen, die wir je von den kaum auskunftsbereiten Fahrern bei unserer Wohnungssuche erhielten. Ich staunte, als ich einmal während eines Wahlkampfs zur Hamburger Bürgerschaft eine Politikerin freimütig sagen hörte, sie sei noch niemals in ihrem Leben in Wandsbek gewesen. Dieser Stadtteil besaß offensichtlich in manchen tonangebenden Kreisen ein schlechtes Image. Allerdings sprach diese Haltung nicht gerade für deren Bildung. Sonst hätten sie gewusst, dass der berühmte dänische Astronom Tycho Brahe vom Turm in Wandsbek, welcher zum Schloss des dänischen Statthalters von Schleswig und Holstein, Heinrich Rantzau, gehörte, und nicht von Eppendorf aus die Revolution des ptolemäischen Weltbilds vorantrieb.

In Hamburg sei es besonders wichtig, über die »richtige« Adresse zu verfügen, um Leute kennenzulernen, wurde mir immer wieder bedeutet. Leider hatten wir wohl die falsche erwischt. Schon bald suchten wir das Grab von Matthias Claudius auf. Thien liebte dessen Abendlied »Der Mond ist aufgegangen«. Den einst so zukunftsweisenden künstlerischen Geist des »Wandsbeker Boten« konnten wir jedoch nirgendwo in Wandsbek entdecken. Im Zentrum des Stadtteils, am Wandsbeker Markt, kam so gar keine Stimmung auf. Wie traurig, dass der alte Kern des ehemals dänischen, dann preußischen Wandsbek nicht restauriert wurde. Heute befinden sich dort inmitten verkehrsreicher Straßen eine U-Bahn-Station und viele Bushaltestellen. Das war kein Ort, an dem ich mich gern aufhielt, deshalb wollte ich jedes Mal eilig umsteigen. Thien hingegen liebte diesen Verkehrsknoten. Mit Leidenschaft beobachtete er die aus allen Richtungen anfahrenden Busse, die Menschen, die aus ihnen heraus- und hereinströmten, die erneuten Abfahrten. Er freute sich immer für die Fahrzeuge und Fahrer, die eine Pause einlegen durften, seitwärts parkten und hätte am liebsten mit mir so lange gewartet, bis sie wieder losfuhren.

Zu den Übeln des Verkehrs quälte mich noch der penetrante Gestank in Wandsbek. Als wären riesige Mengen von Bier ausgelaufen. Manchmal, bei ungünstigen Windverhältnissen, roch es schon morgens früh, wenn man vor die Tür trat, bis zum Abend. Es lag an der alten Hefefabrik mitten im Stadtteil. Unvorstellbar, dass es in Eppendorf, einem attraktiven Stadtteil auf der Westside, so erbärmlich stinkt! Wenn Matthias Claudius Wandsbek verlassen musste, sehnte er sich immer schrecklich nach seinem Heimatort zurück. Ich bezweifelte mit der Zeit, dass er heutzutage die gleiche Sehnsucht empfinden würde.

Im Kindergarten von Auserwählten

Im Süden Deutschlands ging die Mär um, Hamburg sei ein wahres Kinderbetreuungsparadies. Darauf war ich sehr gespannt. Von Heidelberg aus bemühte ich mich bereits, einen geeigneten Platz für meinen Sohn zu erlangen. Ich sprach mit den Leiterinnen der Kindergärten und erhielt viele Absagen. Alles sei besetzt. Auf langen Wartelisten, ohne Aussicht auf baldigen Erfolg, ließ ich meinen Namen vermerken. In Hamburg gab es für alles eine zuständige Behörde, an die man sich zu wenden hatte. Diese erkannte zwar die Berechtigung meines Anspruchs als vollberufstätige und alleinerziehende Mutter auf einen Kindergartenplatz an, aber eine Garantie, einen Platz auch tatsächlich vor Ort zu bekommen, war damit nicht verbunden.

Die meisten Kindergärten waren auf lange Zeit ausgebucht, die Plätze äußerst knapp bemessen. Einige Jahre später führte die Behörde Kita-Gutscheine ein. Das System erschöpfte sich in einem Verwaltungsakt. Ein bedarfsdeckender Ausbau der Betreuungseinrichtungen unterblieb. Die Behörde diktierte, je nach Art der Beschäftigung der Mütter, die Betreuungsstunden, auf die sie Anspruch erheben konnten. Viele Mütter, die keiner Ganztagsbeschäftigung nachgingen, stellten sich mit diesem System schlechter als vorher. Auch in Hamburg wurde die Unterbringung von Kindern in Kindergärten und -tagesstätten vorwiegend als lästige Folge der Erwerbstätigkeit der Mütter gesehen und nicht als Beitrag zur vielfältigen Frühförderung der Kinder.

Schließlich fand ich einen Platz für Thien in einem nahegelegenen Kindergarten in Hamburg-Horn, den die beiden Leiterinnen angeblich auf der Grundlage der Montessori-Pädagogik führten. Maria Montessori? Mit diesem Namen verband ich offenes, bedürfnisorientiertes Lernen von Kindern, viel Freiarbeit und der Einsatz von besonderen, an grundlegenden sinnlichen Erfahrungen ansetzenden Spielmaterialien. Genaue Vorstellungen besaß ich nicht, aber es klang interessant. Auf der Behörde gab es keine Informationen über die pädagogischen Konzepte und die Ziele der Einrichtungen, die sie verwalteten. Die Betreuungszeiten des Kindergartens lagen zwischen neun und halb vier Uhr am Nachmittag. Immerhin. Schon in unserem ersten Gespräch sprachen die Erzieherinnen zu mir, als ob sie sich von einer herausgehobenen Sphäre eingeweihter Auserwählter zu einer Banausin herunterneigten. Mit leiser Stimme, tonlos hingehaucht. Was machte ihre geheime Meisterschaft aus? Worin bestand ihre besondere Weihe? Ich hoffte, meine Fragen mit der Zeit zu beantworten, vor allem aber dass mein Sohn von ihren Erfahrungen profitieren würde. Noch hatte ich ein gutes Gefühl.

Aber schon bald begann ich mich über den Führungsstil in diesem Kindergarten zu wundern. Von ihrer höheren Sphäre aus war es den Leiterinnen offensichtlich nicht möglich, morgens, wenn die Kinder gebracht wurden, von ihrem Frühstück aufzusehen und sie zu begrüßen. Manchmal schauten sie regungslos und verschlafen auf, ohne Lächeln, ohne freundliche Worte. Thien schrie heftig, wenn ich wieder abfuhr und ihn zurückließ. Niemand nahm ihn in Empfang und half ihm, die Zeit bis zum Morgenkreis zu überbrücken.

Nach einer gewissen Zeit beobachtete ich, dass einige Kinder recht lieblos behandelt wurden, weil sie angeblich nicht »geerdet« waren. Ihnen fehle der innere Halt. Erkannten die Erzieherinnen ihre pädagogische Aufgabe, die Bildung eines Selbstwertgefühls bei diesen Kindern zu fördern? Das Gegenteil war der Fall. Sie gaben die Kinder »verloren« und setzten sie bei gemeinsamen Aktivitäten zurück. Die flehentlichen Proteste der Mütter wurden ignoriert. Die Kinder bekamen keine Chance, sich einzubringen und mit der Zeit reagierten sie ihre deutliche Zurücksetzung mit Aggressionen ab, auch gegen die anderen Kinder. Das rief die Mütter der attackierten Kinder auf den Plan, die Druck machten, die »nicht-geerdeten« Kinder aus dem Kindergarten zu nehmen. Ähnliche Verhaltensmuster, Kinder pädagogisch aufzugeben, anstatt sich um sie zu bemühen, wurden mir auch aus anderen anthroposophischen Einrichtungen berichtet.

Thien bekam, als eines der kleinsten Kinder der Gruppe, beim Mittag- und beim Kuchenessen kleinere Portionen auf kleineren Tellern serviert. Gegen die kleineren Teller, nicht gegen die kleineren Anteile, protestierte er. Erfolglos.

Wieder, wie schon in der Kinderkrippe in Heidelberg, befanden sich die Räume im Souterrain, wo kaum Sonnenlicht hingelangte. Kissen, Decken und Matratzen lagen herum. Auf mich machte alles einen äußerst schmuddeligen Eindruck. Eine alternative Ästhetik, jenseits der glänzenden Warenwelt, sollte hier wohl vorherrschen. Dagegen gab es nichts einzuwenden, aber in meinen Augen wurde hier nicht gepflegt und gestaltet, sondern man ließ die Dinge vergammeln. Kinder sähen alles mit anderen Augen, wurde auf meine Nachfrage immer wieder erläutert. Warum sind bloß so viele Kindergärten im Souterrain? Es gab zwar einen Garten, aber mit wenig Sonne, viel Schatten und kaum Rasen.

Spielzeuge suchte man vergebens, sie könnten ja, so die Auffassung der Pädagoginnen, die kindliche Phantasie beeinträchtigen. Die schlichte Zauberformel und sehr vereinfachte Interpretation der Montessori-Lehre der Auserwählten, die hier praktiziert wurde, lautete: Kinder müssten aus sich heraus initiativ werden. Dabei darf man sie nicht stören. Stundenlang blieben sie sich selbst überlassen. Das ängstigte Thien. Aber darauf wurde keine Rücksicht genommen. Er musste sich allein in fremder Umgebung zurechtfinden und bekam keine Hilfe, neue Spielgefährten zu gewinnen. Folglich suchte er die Nähe der Erzieherinnen und setzte sich ungefragt auf ihren Schoß. Beide wirkten matronenhaft in ihren Leinengewändern, das gefiel ihm. Mit seiner freundlichen offenen Art konnten sie kaum etwas anfangen.

Einmal trafen wir die eine Matrone in einer U-Bahn-Station, Thien warf die Arme hoch und grüßte fröhlich. Er bekam ein kurzes Zucken mit den Wimpern zur Antwort. Ernsthaft befürchtete ich, mein höfliches Kind könnte seine Freundlichkeit unter solchem Einfluss einbüßen. Manchmal fragte ich mich, wem hier weltoffenes, freundliches Verhalten beigebracht werden musste, den Kindern oder den Erzieherinnen.

Eine Weile beobachtete ich diese Erzieherin. Mir fiel auf, dass sie nahezu unfähig war, Gefühle zu zeigen. Außerdem wirkte sie unsicher und orientierte sich immerzu an ihrer Kollegin, die das Regiment führte. Zwischen beiden schien eine starke Abhängigkeit zu bestehen, die, so vermutete ich, nicht ausschließlich aus der Arbeitssituation im Kindergarten resultierte. Warum reagierte sie auf deren Wünsche so unterwürfig? Möglicherweise lag hier ein Fall für die Verhaltenstherapie vor.

Auf meine vorsichtig geäußerten Vorschläge, mehr mit den Kindern zu unternehmen, hieß es nur, ich wolle Unfrieden stiften. Im Oktober trat ich meine neue Stelle an und hatte Vorlesungen zu halten. Da erklärten mir die beiden Damen, es begännen die Herbstferien und der Kindergarten schließe für eine Woche. Ich war sprachlos. Die Erzieherin erwiderte, ich solle mich freuen, viel Zeit mit meinem Sohn verbringen zu dürfen. Verständnis für meine

Lage brachten sie nicht auf, und ich wusste nicht, wie ich über die Runden kommen sollte. Ich fühlte mich verhöhnt. In Hamburg kannte ich niemanden, der das Kind nehmen konnte, und ich wollte und musste doch arbeiten. Grauenhafte Situationen, aber dauernd gerieten wir da hinein.

Mit Mühe konnte ich die Damen dazu bringen, sich mit mir über Thien zu unterhalten. Wenig erfuhr ich von ihnen. Er sei nun endlich bei ihnen angekommen. Er möge Reime. Das war's. Mehr sagten sie nicht. Immer wieder überredeten sie andere Mütter, ihre Kinder nicht einzuschulen und Sonderregelungen bei der Behörde zu erwirken. So hielten sich im Kindergarten ältere Kinder auf, die eigentlich in die Schule gehörten, jedoch zwanghaft in ihrer Entwicklung zurückgehalten wurden. Die Atmosphäre beim Bringen und Abholen der Kinder verlief so lieblos, dass auch die Eltern untereinander nicht ins Gespräch kamen. Ich versuchte es dennoch. Für meine kritische Haltung gewann ich keine Unterstützung. Ich wies immer wieder darauf hin, dass unseren Kindern, die dort so wenig lernten, der spätere Wechsel in die Schule schwer fallen würde. Aber die Eltern beschäftigten sich nicht mit dem Gedanken an die Einschulung. Das erschien ihnen noch zu fern.

Es würde sich also nichts im Kindergarten ändern, und ich begann intensiv über einen Ausstieg nachzudenken. Als die beiden Damen zusammen vor den Sommerferien an einer Weiterbildungsmaßnahme teilnehmen und für eine ganze Woche die Kinder einer pädagogisch unerfahrenen Betriebswirtin überlassen wollten, war bei mir die Geduld zu Ende. Ich nahm das Kind, vielleicht viel zu spät, heraus. Sie verlangten noch Geld von mir, daraufhin drohte ich, das Jugendamt zu informieren, woraufhin sie sofort bereit waren, auf ihre Forderungen zu verzichten.

Mittlerweile, auf der Suche nach Alternativen, hatte ich mich über weitere Kindertagesstätten in der Umgebung ausgiebig informiert und manches Beklagenswerte über die Zustände vernommen. Die Behörde verwaltete und bezuschusste zwar die Plätze in den Einrichtungen, aber es fehlten Qualitätsstandards, die eingefordert und überprüft wurden. In der Realität mussten sich die Leiterinnen kaum Kontrollen stellen und waren konzeptionell autonom. Es blieb also zumeist den Eltern überlassen, Missstände aufzudecken. Bis das jedoch geschah, verging viel Zeit, zu Lasten der Kinder. Das Kinderbetreuungsparadies im Norden war also nur eine schöne Legende, die im Süden der Republik kolportiert wurde.

Wenn Kitas für Kinder täglich zur Hölle werden

Thien schien die Katastrophen, die mit unserem Wohnungswechsel verbunden waren, gut überstanden zu haben. Er interessierte sich weiterhin intensiv für Busse und Züge. Aus der Nachbarschaft besuchte ihn ab und zu Finn, ein etwas älterer Junge. Vor unserem Haus in der Spielstraße trafen sich spontan viele Kinder, zu denen er sich gern gesellte. Aber wenn viele Kinder miteinander spielten, schaute er zu. Mitten im Gewühl befand sich Thien nie. Allmählich begann ich, mir Sorgen zu machen. Noch war ich ahnungslos, warum er sich so verhielt.

Mit viel persönlichem Einsatz hatte ich inzwischen erreicht, dass Thien nach den Sommerferien in einen kirchlichen Kindergarten wechselte. Immer wieder war ich dort erschienen und hatte gefleht, manchmal unter Tränen, meinen Sohn aufzunehmen. Die charmante Leiterin gefiel mir und ebenfalls die Erzieherin, zu der er in die Gruppe kam. Beide machten auf mich einen sympathischen und kompetenten Eindruck. Zwei Jahre blieb er dort. Zwei Jahre zu lang. Diesmal war es die ungünstige Zusammensetzung der Gruppe, die uns die Probleme bereitete. Ruppige, aggressive Kinder dominierten, denen er nicht gewachsen war. Alle zwei Köpfe größer als er selbst.

Permanent wurde er von ihnen untergebuttert und an den Rand gedrängt. Er konnte sich nicht behaupten. Die Erzieherin geriet an ihre Grenzen. So sehr sie sich auch bemühte, sie bekam die Dynamik in ihrer Gruppe nicht unter Kontrolle. Deshalb war sie außerordentlich dankbar dafür, dass sie wenigstens ein ruhigeres Kind hatte, das problemloser zu handhaben war, allerdings zunehmend passiver wurde und sich gemeinsamen Aktivitäten verweigerte. Zu lange vertraute ich meinem positiven Eindruck von der guten Führung der Einrichtung und erkannte nicht, dass Thien täglich zum Außenseiter gestempelt wurde. Das war Gift für sein seelisches Wohl. Obwohl ich die Erzieherinnen respektierte und von ihnen manchen wertvollen Tipp erhielt, musste ich doch irgendwann – zu spät – schmerzlich einsehen, dass sie vor allem daran interessiert waren, die Gruppe zu erhalten, und dass ihnen die Entwicklung und das Befinden der einzelnen Kinder weniger wichtig waren. Dabei hätte man die Gruppe, die über zwanzig Kinder umfasste, dringend teilen müssen.

Mein Vertrauen zu ihnen brach endgültig zusammen, als sie mir einmal beim Abholen meines Sohnes, an dessen Stirn ich eine Verletzung entdeckte, eine abstruse Geschichte auftischten. Seine Stirn sei vom Erdbeergelee rot gefärbt, welches sich Thien auf den Kopf gelöffelt hätte. Meine Untersuchung ergab sehr schnell, dass es sich nicht um Erdbeergelee, sondern um Blut aus einer fingergroßen Wunde am Haaransatz handelte. Ein Junge hatte ihn, wie ich dann doch herausbekam, mit einem faustgroßen Stein am Kopf getroffen und verletzt.

In unserer Einfamilienhaussiedlung war die gelbe Gruppe meines Sohnes, in der die Kinder über Mittag blieben und erst am frühen Nachmittag abgeholt wurden, verschrien. Dort würden die armen Kinder berufstätiger Mütter untergebracht. Und berufstätige Mütter gab es in den Augen meiner Nachbarn nur in der Unterschicht und bei Migranten, ach ja und bei Alleinerziehenden. Alleinerziehende gehörten für meine Nachbarn ebenfalls zur Unterschicht. Die meisten wohlhabenden Haushalte der Umgebung konnten sich mit dem Einkommen des Ehemanns einen hohen Lebensstandard finanzieren. Die Ehefrauen blieben zu Hause, und darauf bildeten sie sich viel ein. Immer wieder bedauerten sie mich, dass ich arbeiten »musste«. Im Resultat trug diese Einstellung aber tatsächlich mit dazu bei, dass sich in der gelben Gruppe vorwiegend die Kinder der Unterschichten und Migranten versammelten, während sich die Kinder der Mittel- und Oberschichten auf die Halbtagsgruppen des Kindergartens verteilten.

Die Eltern sind das Problem!

Der Zugang zu den Eltern von Thiens Gruppe gestaltete sich für mich sehr schwierig und blieb letztlich auf ein einseitiges Bemühen meinerseits beschränkt. Ich habe mich in meinem Leben immer um ein persönliches, dem konkreten Menschen zugewandtes Verhalten bemüht. Dabei sind viele Kontakte zu anderen Menschen über Statusgrenzen, über Konfessions- und ethnische Zugehörigkeiten hinweg entstanden. Aber hier scheiterte ich. Mit soviel Stumpfheit und kaltem Desinteresse konnte ich nicht umgehen. So sehr ich auch, um meines Sohnes willen, immer wieder über meinen Schatten sprang und versuchte, Anknüpfungspunkte zu anderen Eltern zu finden, ich stieß auf Ablehnung.

Als ich allmählich die vielen Probleme wahrnahm, die mit der Hyperaktivität einiger Kinder zu tun hatten, sprach ich deren Eltern darauf an. Ich bat sie darum, etwas Einfluss auf das Verhalten ihrer Kinder gegenüber meinem Sohn zu nehmen. Aber zu meinem Entsetzen bemerkte ich, dass sich nach jedem Gespräch seine Situation verschlimmerte. Ich bekam geradezu den Eindruck, dass sie nun erst recht ihre Kinder unterstützten, Thien aus der Gruppe zu drängen. Meine schwache Position als Neuzugezogene, die ich ihnen offenbarte, hatte als Reaktion nicht etwa Verständnis und Anteilnahme, sondern unbarmherzige Härte und gnadenlose Machtdemonstration provoziert. Lange Zeit konnte ich es nicht glauben, aber eine andere Erklärung fand ich nicht. Erstmalig in meinem Leben hatte ich es mit Menschen inländischer und ausländischer Herkunft zu tun, die es völlig unberührt ließ, zu beobachten, dass ein Kind durch das aggressive Verhalten ihrer eigenen Kinder zum traurigen Außenseiter wurde. In dieser Zeit wurde es meinem Sohn bewusst, dass er sehr viel kleiner und zarter war als die Anderen und dass er anders aussah. Einmal stand Thien vor dem Spiegel und betrachtete seine hübschen braunen Augen und den schwarzen Haarschopf. Da rief er: »Der Spiegel ist falsch. Ich habe blaue Augen und blonde Haare.«

Wie in Heidelberg veranstaltete ich zu Thiens Geburtstag in der Vorweihnachtszeit große Partys mit »echten« Nikoläusen. Die Kinder gingen mit größeren Geschenken nach Hause, als sie mitgebracht hatten. Aber die Eltern erklärten, dass sie solche Einladungen mit Leuten, die sich untereinander fremd waren, nicht mochten. Daher fühlten sie sich auch nicht verpflichtet, die Einladung mit einer Gegeneinladung zum Geburtstag ihrer Kinder zu beantworten. Es brach mir das Herz, wenn ich sah, wie die Kinder, die bei uns mitgefeiert hatten, irgendwann ihre Einladungskarten verteilten, und Thien daneben stand und leer ausging.

Parallele Welten auf dem Spielplatz

Nach dem Kindergarten und an Wochenenden gingen wir häufig auf den Spielplatz im Park. Thien kletterte die meiste Zeit auf den Geräten herum. Ich machte mir überhaupt keine Sorgen, weil er eine so gute Körperbeherrschung hatte und sicher turnte. Dabei erfreute er sich auch, wenn er allein turnte. Auf den Bänken saßen immer dieselben Mütter, selten Väter. Man lernte sich auf diese Weise kennen, auch wenn man nicht viel miteinander sprach. Zwei Spielplatzsommer nahm ich am Kleinkrieg um den Platz auf der besten Bank teil, der zwischen den Müttern aus verschiedenen Schichten, Ethnien und Kulturen tobte. Ich beobachtete die Bildung immer neuer Koalitionen gegen außenstehende Mütter und deren Kinder. Gelegentlich lauschte ich den Gesprächen über soziale Probleme und prekäre Überlebensstrategien. Am Ende der Spielplatzsaison zweifelte ich an der Vorstellung, die Zukunft multisozialer und multikultureller Gesellschaften verlaufe harmonisch. Anzeichen von Toleranz, Verständnis oder gar solidarischem Verhalten untereinander konnte ich nicht entdecken.

Ich fühlte mich tief deprimiert. Lebte ich in einer Weltstadt? Heidelberg war einmal an der Wende zum zwanzigsten Jahrhundert von Camilla Jellinek, der Frau des berühmten Staatsrechtlers, als Weltdorf charakterisiert worden. Das war ein Kompliment. Die Stadt besaß damals eine dörfliche Größe von ca. zwanzigtausend Einwohnern, aber die Mentalität, stark geprägt von einer international ausstrahlenden Universität, war weltläufig. Der Begriff fiel mir nun ein. Hamburg hat ungefähr 1,8 Millionen Einwohner. Deutschlands zweitgrößte Stadt. Menschen aus vielen verschiedenen Nationalitäten und Ethnien leben hier. Aber die Mentalität, die mir auf diesem öffentlichen Spielplatz entgegenschlug, war dörflich im negativen Sinne.

Im Sandkasten saßen die Kinder zusammen, ihre Eltern strebten jedoch nicht zueinander. Im Gegenteil. Sie beharrten auf ihren angestammten Ansichten und Gewohnheiten. Manchmal bekam ich den Eindruck, es freute sie gar nicht, wenn ihre Kinder, die sich brennend für die Spielzeuge der anderen interessierten, in ihrer Harmlosigkeit schnell und spontan Kontakte untereinander herstellten. Auf den Bänken, wo die Eltern saßen, herrschten andere Regeln. Niemand schien hier neugierig auf den Anderen zu sein. Niemand verspürte den Drang, Kontakte zu knüpfen, vom Anderen etwas zu erfahren oder gar zu lernen. Fremde, die nicht zum eigenen Lebenskreis gehörten, betrachtete man misstrauisch, abschätzig, manchmal sogar, ohne genauere Kenntnis, als Feind. Anzeichen für eine Haltung, die das Interesse zum Ausdruck brachte, sich zu bemühen, Vorurteile zu überwinden, konnte ich nirgendwo erkennen. Die meisten dachten, es lohnt sich nicht, andere zu verstehen.

Ab und zu unterhielt ich mich mit einem der selten auftauchenden muslimischen Familienväter, die die deutsche Sprache weitaus besser beherrschen als ihre Frauen. Sofort spürte ich böse auf mich gerichtete Blicke. Oder die übrige Sippe rückte an und stellte sich dazu. Offensichtlich brach mein Verhalten mit einem Tabu. Durfte sich eine Frau etwa nicht mit einem verheirateten Mann in der Öffentlichkeit unterhalten? Warum nicht? Glaubten sie vielleicht, dass es zwischen den Geschlechtern immer nur um Sexualität ging? Vermutlich. Auch bei uns Einheimischen trifft man leider solche Auffassungen an. Sie sind jedoch völlig ungeeignet, um sich in unseren modernen Lebenswelten zu orientieren. Im Gegenteil: In der Verweigerung des Respekts vor der menschlichen Würde von Frauen liegt ein Fanatismuspotential begründet, das Lebensverläufe, Ehen, Freundschaften und Bekanntschaften zum Scheitern bringt.

Böse Blicke erntete ich auch, wenn ich im Sommer mit ausgeschnittenem Kleid oder T-Shirt auf dem Spielplatz auftauchte. In welcher Welt war ich gelandet? Von der sprichwörtlichen Liberalität Hamburgs war hier nichts zu spüren. Ich fühlte mich eher zurückversetzt in die Kleinstadtmilieus der sechziger Jahre. Wie sollte ich hier Wurzeln schlagen? Das Gefühl der Fremdheit erzeugt nicht nur Einsamkeit, sondern auch Ängste. Ich gewöhnte mir an, auf dem Spielplatz eine züchtige, bis zum Hals geschlossene Kleidung zu tragen. Auch bei größter Hitze. Entsetzt nahm ich an mir Anpassungsstrategien wahr, die ich als Pubertierende in unserer Kleinstadt weit von mir gewiesen hätte. Hier knickte ich ein. Zumindest in der Kleidung. Verbal hielt ich wenigstens an meinem Recht fest, öffentlich, auch auf einem Kinderspielplatz, meine Meinung zu sagen.

Mit einem Vater, Thien spielte so gern mit seinem Sohn, kam es zu einem heftigen Konflikt, als er die Attentate des 11. Septembers rechtfertigte, die Amerikaner seien selbst daran schuld. Mich machte er im nächsten Zug für die Kreuzzüge der Christen gegen den Islam im Mittelalter verantwortlich. Meine Haltung, dass Mord Mord sei, der nach geltender westlicher Auffassung nicht durch Religion zu rechtfertigen ist, steigerte unverhohlen seine Aggressivität. Ganz deutlich spürte ich, dass er mich überhaupt nicht als Person anerkannte und mir den gebotenen Respekt verweigerte.

Mir blieb nichts anderes übrig, als zu versuchen, Thien von seinem Sohn fern zu halten, aber es gelang nicht immer. Im Kindergarten wurde gepredigt, dass die Kinder gegenseitig ihren unterschiedlichen Glauben respektieren sollen, was in Ordnung ist. Sie hörten aber nichts über die Gefährlichkeit des religiösen Fanatismus und dass davor äußerste Vorsicht und Distanz angebracht ist. Ich sah mich gezwungen, meinem Sohn darin etwas Nachhilfe zu geben.

Glücklich und zuversichtlich stimmten mich diese Erfahrungen nicht. Enttäuscht nahm ich wahr, wie ich von der Realisierung meiner zutiefst freiheitlichen Lebensvorstellungen abkam. Die ersten beiden Jahre unseres Großstadtlebens hatten unseren Aktionsradius, im Vergleich zu unserem Leben in Heidelberg, nicht erweitert, sondern erheblich reduziert, was die Kontaktaufnahme innerhalb unseres unmittelbaren Umfelds anbelangte. Aus dem Zusammentreffen von Menschen unterschiedlicher Milieus und Kulturen, wie ich es bislang in Hamburg erlebt hatte, entwickelten sich nicht Offenheit und Neugier, sondern Abwehr- und Abgrenzungsverhalten. Wehmütig dachte ich an die sorglosen Stunden mit anregenden Gesprächen zwischen Fremden und Einheimischen, die wir auf dem Spielplatz am Neckarufer erlebt hatten.

»Multikulti«

In Hamburg beobachte ich, dass zwar viele Migranten ihre Kinder in die Einrichtungen vor Ort schicken, aber sonst in ihrem Milieu leben und keinen Kontakt zur einheimischen Bevölkerung suchen. Auf den Elterntagen der Tagesstätte ihrer Kinder fehlen sie. Sie leben, außerhalb der Arbeitswelt, in den ortsansässigen, ethnisch geschlossenen Netzwerken ihrer Clans und Familien. Der Preis, den sie dafür zahlen, ist hoch. Sie fesseln sich an Traditionen ihrer Heimat, die dort schon vielfach gebrochen und relativiert, nun im Ankunftsland Deutschland, frei vom Kontext ihrer Entstehung, neu belebt und zelebriert werden. Hier dienen die kulturellen

Versatzstücke als Muster der Orientierung und der Stabilisierung des eigenen Selbstverständnisses, zur Abwehr von Erfahrungen der Deklassierung, vor allem aber zur Abwehr von Lernprozessen, die ihnen das moderne Leben in Deutschland zumutet.

Viele Migranten verschließen sich gegenüber dem sozialen Umfeld, in dem sie angekommen sind, zumeist nicht erst seit gestern. Über Integration denken sie nicht nach, leider auch nicht über die Integration ihrer Kinder, deren Entwicklungschancen auf diese Weise stark blockiert werden. Die Kinder wachsen in Milieus auf, die auf Familienbindung besonderen Wert legen. Im Rahmen der Familie übernehmen sie Aufgaben, Positionen und Rollen, die ihnen Verhaltenssicherheit geben. Aber die Verhaltenserwartungen, denen sie in der Schule, in urbanen Lebenswelten, in Peer Groups mit individualistisch erzogenen und gestimmten Jugendlichen begegnen, fordern ihnen andere Werthaltungen ab, die manchmal geradezu im Gegensatz zu ihren Herkunftsmilieus stehen. Insbesondere Mädchen und junge Frauen geraten in schwierige Rollenkonflikte. In meiner Nachbarschaft lebten zwei iranische Familien mit ihren Kindern. Das Mädchen der einen Familie lebte behütet, ohne außerfamiliären Kontakt zu deutschen und anderen iranischen Kindern. Die Jungen der anderen Familie hatten zwar oft Besuch von nicht-deutschen Jugendlichen, niemals aber von einheimischen. Den Kindern beider Familien fehlte der Zugang zu deutschen Familien und das Vertrautsein mit Umgangsformen, die dort selbstverständlich sind und die Zugehörigkeit zu einem kulturellen Umfeld ausmachen. Übrigens: Untereinander wechselten beide Familien niemals ein Wort miteinander.

Mit der Zeit veranlassten mich meine Hamburger Erfahrungen äußerst kritisch zu reagieren, wenn auf bundespolitischer Ebene die Bevölkerung auf die multikulturelle Gesellschaft eingeschworen wird, aber in Kommunen, in Stadtteilen, in Kindertagesstätten und in Schulen der »Kampf der Kulturen« ausgefochten wird. Am liebsten ist es den Politikern, wenn die Bürger dazu stillhalten und schweigen.

Mit vielen Problemen kämpfte eine patente junge Frau aus Mecklenburg-Vorpommern, die mit ihrem marokkanischen Mann und ihrer Tochter nach Hamburg gezogen war. Sie fand kurzfristig einen Job bei einem Reiseveranstalter, ihr Mann nahm angeblich an einer Weiterbildungsmaßnahme des Arbeitsamts teil. In den höchsten Tönen sprach sie von ihm als dem liebevollsten Vater der Welt. Es erfüllte sie mit demonstrativem Stolz, einen Ehemann vorweisen zu können, besonders mir gegenüber. Er ging jedoch seiner Wege und überließ Mutter und Tochter sich selbst.

Die Konflikte begannen, als sie ihren Job verlor. Ihr Mann nutzte tagsüber die gemeinsame Wohnung für sich und seine Glaubensbrüder. Dabei störte seine Frau. Er schickte sie daher mit dem Kind aus dem Haus. So verbrachten sie ihre Zeit in den Ferien auf dem Spielplatz, bei gutem wie bei schlechtem Wetter, von morgens bis abends. Befand sich die Kleine im Kindergarten, so saß die Mutter dort allein. Auch das Wochenende erlebte die Familie nicht gemeinsam, denn die süße Tochter musste die Koranschule am Steindamm besuchen. Besonders skeptisch wurde ich, als das Mädchen daraufhin mit Kopftuch auf dem Spielplatz erschien. Zunächst mit großmütiger Zustimmung der weder muslimisch noch christlich gesonnenen Mutter. Irgendwann war aber auch bei ihr das Maß an Unterwerfungsbereitschaft für ihr Ideal überdehnt, einen Vater und einen Ehemann vorweisen zu können. Hals über Kopf verließ sie ihn und zog nach Berlin. Sie hatte ihre, vielleicht letzte Chance ergriffen, sich und das Kind in Sicherheit zu bringen.

Junge Mütter, ohne Erwerbsarbeit

Die meisten deutschen Mütter auf dem Spielplatz waren arbeitslos. Viele Gespräche drehten sich um das Arbeitslosengeld und die Sozialhilfe. Es war bitter zu sehen, dass diese jungen Frauen, die viele Fähigkeiten und Talente besaßen, so reduziert lebten. Wenn die Kinder im Kindergarten waren, beschäftigten sie sich damit, wo man günstig einkaufen konnte, jagten erschwinglichen Wohnungsangeboten oder Schnäppchen in den Supermärkten hinterher, um ihren Kindern etwas zu bieten. Mit ihren Bewerbungen am Arbeitsmarkt hatten sie kaum Erfolg. Manchmal klappte es trotzdem. Enthusiasmus kam dann aber auch nicht auf. Ein resignativer Zug verdrängte den Willen, ihre Lebensverhältnisse gravierend zu verbessern.

Ich mischte mich nicht ein und konzentrierte mich auf meine Angelegenheiten. An den langen Nachmittagen auf dem Spielplatz schrieb ich an meinen Vorträgen. Thien tobte sich gründlich aus, aber sein Kontakt zu den anderen Kindern blieb mäßig. Über dem Spielplatz lag der penetrante Gestank nach Ziegen, die im Gehege nebenan grasten. Eine Attraktion für die Kinder. Die Abfalleimer quollen über und zogen die Ratten an. Der italienische Eismann kam im Sommer zweimal am Nachmittag vorbei. Ein Toilettenhäuschen gab es weit und breit nicht. Aufkommende Ekelgefühle konnte ich nicht unterdrücken. Ab und zu suchten wir den westlich der Alster gelegenen Spielplatz im Innocentiapark auf, in Harvestehude. Hier verkehrten Kinder und Mütter aus den innerstädtischen Mittel- und Oberschichten, eine nahezu migrantenfreie Zone. Park und Spielplatz dort waren tipptopp gepflegt. Wie der Taxifahrer sagte, »echte« Hamburger wohnen im Westen.

Als Thiens Interesse an Spielplätzen nachließ, gingen wir nie mehr hin, und jedes Mal, wenn wir mit den Rädern durch den Park fuhren, empfand ich es als große Erleichterung, nicht mehr dort sitzen zu müssen.

KAPITEL ZEHN

Sorgen über Sorgen

Die »ewige« Sorge: Wer betreut das Kind?

Es ist unsinnig, im Nachhinein unsere Heidelberger Zeit zu vergolden. Auch damals bestanden Engpässe, wenn Sitzungen unvorhergesehen angesetzt wurden oder länger währten. Auch dort waren die Tagesmütter nicht beliebig verfügbar, wenn ich sie dringend benötigte. Und von kommunalen professionell geführten Einrichtungen der Kinderbetreuung, wie sie in Schweden vorhanden sind, quartiernah erreichbar, war auch in Heidelberg nie die Rede. Wer sprang ein, passte auf das Kind auf? Nicht alle Nachbarn ließen sich dort jederzeit einspannen. Aber irgendeine gute Lösung gab es letztlich immer. In Hamburg sah das schon anders aus. Mit einer neuen Position wachsen zwangsläufig die Aufgaben, die zu bewältigen sind. Jeder Anfang ist zeitintensiv. Zwar nimmt man in verantwortlichen Positionen Einfluss auf das Zeitmanagement, dennoch häufen sich Sitzungen und Kommissionen, an denen man teilnehmen muss, oftmals bis in die Abendstunden.

Zunächst waren es in Hamburg immer schlechte Lösungen, zu denen ich greifen musste, wenn unaufschiebbare Termine, jenseits der Öffnungszeiten der Kindertagesstätte, meine Teilnahme erforderten. Kommerzielle Anbieter, die ich im Telefonbuch ausfindig gemacht hatte, schickten völlig fremde Personen, die meinen Sohn nicht kannten und bei denen er nicht bleiben wollte. Ich konnte Thien verstehen, denn ich wusste ihm nicht zu sagen, worauf sich das Vertrauen in sie gründen sollte. Mehrmals kümmerte sich meine alkoholkranke Putzfrau um ihn. Als sie ihn einmal, lange nach der vereinbarten Zeit, zurückbrachte, überfiel mich eine ungeheure Erleichterung. Nie mehr würde ich ihr Thien überlassen!

In einer Zwangslage bat ich eine Mitarbeiterin, meinen Sohn zu betreuen, natürlich gegen zusätzliches Entgelt. Mit der Bitte um Hilfe wandte ich mich wiederholt an die evangelische Pfarrerin der Gemeinde vor Ort. Sie erklärte mir, es seien so nette, teilweise wohlhabende Nachbarn um mich herum, die würden im Notfall aushelfen. Aber Pfarrer, zumal wenn sie im anderen Stadtteil leben, kennen ihre Gemeindeschäfchen schlecht. Abstrakt betrachtet, hatte sie vielleicht recht. Im konkreten Fall half niemand.

Ich wurde Mitglied in einem Verein, der ältere Menschen zum Babysitting vermittelte und auf diese Weise eine Brücke zwischen Jung und Alt zu bauen versprach. Mit der Zeit bekam ich jedoch den Eindruck, dass diese Brücke schwerlich gangbar war. Man zahlte eine Mitgliedsgebühr, mit der sich der Verein finanzierte, zusätzlich zu den Subventionen durch die Stadt. Die Omis und Opas sollten nur ein kleines Präsent zum Dank erhalten. An uns vermittelte der Verein nur Omis. Sie gehörten zu dem ärmeren Teil der älteren Bevölkerung. Häufig hatten sie während ihres Berufslebens noch Betreuungsaufgaben für pflegebedürftige Angehörige wahrgenommen und erhielten deshalb nur eine magere Rente. Beschenkte ich sie, wie vom Verein empfohlen, nur mit einer Kleinigkeit, etwa einer Schachtel Pralinen, so befiel mich ein sehr schlechtes Gewissen. Zahlte ich einen ordentlichen und in meinen Augen angemessenen Betrag für das Babysitting, den die Betreffenden gut gebrauchen konnten, so kam es mich, zusammen mit den Mitgliedsgebühren, teurer, als wenn ich eine kommerzielle Vermittlung bemühte.

Endlich hatte ich eine sympathische Tagesmutter gefunden, die in der Nähe wohnte und Thien zumeist an den Nachmittagen versorgte, die für meine Kommissionsarbeit draufgingen. Meine Wahl fiel wieder auf eine Frau in den besten Jahren, die, wie auch unsere Tagesmutter in Heidelberg, einen sehr zuverlässigen Eindruck auf mich machte und bis vor kurzem berufstätig gewesen war. Berufstätige managen unter Zeitdruck effizient komplexe Situationen und berücksichtigen in ihrer Kalkulation die Zeitvorstellungen der Anderen. Als sie sich bei uns vorstellte, hatte ich beobachtet, wie schwungvoll sie auf das Haus zulief und mich für sie entschieden, bevor wir überhaupt das erste Wort wechselten.

Ein gewisser Terminierungszwang herrschte bei uns immer. Die Behörde hatte mir großzügig zwanzig Stunden zusätzliche Betreuung »bewilligt« und diese mit der Übernahme der Kosten für zwei Betreuungsstunden bezuschusst. Absurd. Frau Angelika Becker, unsere neue Tagesmutter, besuchte einige Weiterbildungsabende der Behörde. Sie war neugierig und interessiert, dazuzulernen. Eigene Kinder hatte sie nicht. Die Kosten von Kindergarten und Tagesmutter zwangen mich finanziell ganz schön in die Knie, trotz meines höheren Einkommens. Auch der kirchliche Kindergarten machte Ferien, wenn die Trimester der Universität gerade anfingen. So benötigte ich häufig Frau Becker für den ganzen Arbeitstag. Manchmal, wenn sie partout keine Zeit hatte, da sie sich auch noch um ihre Schwiegermutter kümmerte, stand ich wieder da, mit dem Gefühl, hier geht es nicht weiter: Das Leben in Hamburg ist eine Sackgasse, aus der ich keinen Ausweg finde. Zurückgehen nach Heidelberg, wie oft wünschte ich es mir, schied aus. Längst war meine alte Position neu besetzt.

Der Gemeinschaftssinn der Hamburger

Immer wieder wurde mir Hamburg schmackhaft gemacht. Hier würden die Leute sich gegenseitig helfen, die vielen vor Ort tätigen Genossenschaften und Stiftungen seien Beispiele für wechselseitige Unterstützungssysteme. Nachbarschaftshilfe spiele, getreu der angelsächsischen Tradition, eine große Rolle. Vielleicht trifft diese Wahrnehmung auf homogene Quartiere zu, aber eine zunehmend sozial und kulturell differenziertere, zudem sich verändernde Wohnbevölkerung tut sich schwer, funktionsfähige nachbarschaftliche Netzwerke aufzubauen. In manchen Quartieren, auch dort, wo wir wohnten, fehlten sie völlig.

In Hamburg haben sich viele global agierende Glaubensgemeinschaften niedergelassen. Sie bieten Gleichgesinnten eine weitgespannte Gemeinde von Anlaufstellen, welche den Mitgliedern auch an fremden Orten Gelegenheiten geben, sich sozial zu verankern. Aus diesen Erfahrungen resultiert ein intensives Zusammengehörigkeitsgefühl, das ich bei den Mitgliedern von Freikirchen und religiösen Sekten beobachtet habe. Beispielsweise faszinierten mich die Internationalität und die Vielfarbigkeit der Baptisten in Hamburg, die wir durch einen Fußballfreund von Thien kennenlernten. In globalen Größen wird gedacht und gefühlt. Entwicklungsprojekte rund um den Erdball werden unterstützt. Woher auch immer die Mitglieder kommen mögen, sie finden sofort ein Zuhause in den Gruppen vor Ort. Allerdings muss man bereit sein, alles was passiert, dem lieben Gott in die Schuhe zu schieben, und dazu war und bin ich nicht bereit.

Über eine starke Zugehörigkeit verfügen auch die Rotarier. Mehrfach bekam ich Angebote, dort mitzuwirken. Aber jede Woche zum Treffen erscheinen? Wohin mit meinem Sohn in dieser Zeit? Kinderbetreuung bieten sie nicht an. Die Rotarier helfen ihren zugezogenen Mitgliedern, neue Kontakte zu erschließen. Wahrscheinlich hätte ich als Rotarier meine Probleme mit dem Aufbau unseres Lebens in Hamburg eleganter lösen können, denn mit der Zeit entdeckte ich, dass viele einflussreiche Hamburger zu den Rotariern gehören. In einer Stadt wie Hamburg, die besonders nach überkommenen gesellschaftlichen Kreisen organisiert und geschlossen ist, verhilft eine solche Mitgliedschaft zum Öffnen von Türen, die sonst verschlossen bleiben. Aber mir fehlte die Zeit, um Zeit zu investieren, die mir vielleicht irgendwann ermöglicht, Zeit zu gewinnen. Ein Teufelskreis!

In unserer Einfamilienhaussiedlung wohnte eine merkwürdige Mischung aus eingewanderten, in sich abgeschirmten Familien, die einen gewissen sozialen Aufstieg hinter sich hatten, und unansprechbaren und immer mürrisch dreinblickenden Deutschen. Als meine Putzfrau unsere Mülltüte aus Versehen in die falsche Tonne warf, stand die Tüte am nächsten Morgen wieder vor meiner Tür, einen Zettel mit einer wütenden, anonym abgefassten Strafpredigt angeheftet. Hier gab es kein Erbarmen!

Theodor Sommer weist in seinem schönen Buch über Hamburg auf die »beruhigende Nahbereichsidentität« hin, die sich in der Elbmetropole entwickelt habe. Aber er beobachtet auch, dass die »vielgerühmte Toleranz der Hanseaten, ihr Grundsatz ›leben und leben lassen‹, oft nicht mehr als der Ausfluss purer Gleichgültigkeit« ist.

Der tägliche Versuch, den Spagat zwischen meinem neuen Berufsleben und meinem Familienleben zu halten, dramatisierte sich in Hamburg. Es kristallisierten sich weder eine »befreundete Umwelt« wie in Heidelberg noch unterstützende Netzwerke heraus. Jeder Reiseführer behauptet stolz, dass Hamburg mehr Brücken aufweist als Venedig. Aber für das Sozialgefüge trifft diese Aussage nicht zu: Die Lebenswelten sind homogen nach Alter, Status und Einkommen geschlossen. Ich, als ältere Mutter, mit höherem Status, aber ohne Mann und vielleicht noch schlimmer: ohne Automobil, passte in keines der vorhandenen Milieus. Zum Nachteil für meinen Sohn, der dadurch ebenfalls keinen Zugang zu den Familien der Umgebung erhielt. Gelegentlich erhielt ich den Rat, mich irgendwelchen Freizeitgruppen anzuschließen, aber die Zeit dazu brachte ich, besonders während der Phase der beruflichen Einarbeitung, nicht auf. Die Zeit, die ich nicht für meinen Sohn benötigte, hatte ich in meinen Job zu investieren.

Übrigens schilderte mir eine junge Mutter, die mit ihrer Familie aus Ostdeutschland in den Norden Hamburgs, nach Barmbek gezogen war, dass es ihr trotz mehrfacher Versuche nicht gelingt, in die Netzwerke der Mütter am Wohnort aufgenommen zu werden. Sie glaubt, den »älteren« einheimischen Müttern, die Mitte oder Ende Dreißig sind, sei sie mit ihren achtundzwanzig Jahren einfach zu jung. Schade! Traurig auch für die Tochter, denn hinter den Freundschaften der Kinder, die sich im Vorschul- und Grundschulalter bilden, stehen oftmals die Initiativen der befreundeten Mütter.

Mit der Zeit nahmen meine Sorgen zu: Nächtelang lag ich wach und dachte darüber nach, wer sich um Thien kümmerte, wenn ich krank würde. Ich spürte, wie diese Sorge allmählich an meiner früher so stabilen psychischen und physischen Gesundheit fraß.

Zunehmender Zeitdruck in der universitären Arbeitswelt

Auf mein neues Tätigkeitsfeld in Hamburg hatte ich mich sehr gefreut. Als Verächterin von Routinen stand ich Neuanfängen nahezu uneingeschränkt positiv gegenüber. Privat und beruflich betrat ich gern Neuland. Im Idealfall arbeiten die Wissenschaftstreibenden unaufhörlich neue Ideen aus, der Idealfall ist aber nirgendwo Realität. Die meisten real existierenden Forscherexistenzen (wie ich eine bin) sind während ihrer gesamten beruflichen Biographie bestrebt, einen Spagat hinzubekommen zwischen kreativer Forschung (und was dafür gehalten wird), Engagement in der Lehre, Beteiligung in der akademischen Selbstverwaltung und Bereitstellung von nützlichem Wissen, worauf der Steuerzahler einen Anspruch hat. Die daraus resultierende Mischung zwischen Pflicht und Neigung habe ich immer geliebt. Für keinen anderen Beruf hätte ich mich entscheiden wollen.

Aber der noch so befriedigende Beruf führt gelegentlich zu krisenhaften Deformationen des Selbstverständnisses, sei es, weil die Erfahrungen und die Machtkämpfe am Arbeitsplatz notorisch mit Enttäuschungen und persönlichen Kränkungen verbunden sind, sei es, weil das berufliche Engagement zu viele Energien auf sich konzentriert und für den privaten Ausgleich kaum noch Zeit verbleibt. Es ist für mich wie für viele meiner Kollegen und Kolleginnen an den Universitäten nie leicht gewesen, den Anspruch an eine selbstbestimmte Berufspraxis mit dem vorherrschenden zunehmenden Arbeits- und Leistungsdruck zu verbinden, den man zwar verinnerlicht hat, der einem aber auch »von außen«, Tag für Tag, entgegentritt.

Warum fühle ich mich, wie viele meiner Kolleginnen und Kollegen, derart gehetzt? Warum nehmen Herzinfarkte beim akademischen Universitätspersonal beträchtlich zu? Warum klagen so viele Wissenschaftler, dass es ihnen nicht gelingt, Beruf und Familie zu vereinbaren? In den letzten Jahren, angezettelt durch die Weichenstellungen der rot-grünen Regierung, sind die Privilegien des Universitätspersonals weitgehend abgeschafft worden. Das Aufgabenspektrum, das an den Hochschulen zu bewältigen ist, hat sich immens erweitert, ohne Kompensations- und Entlastungsmöglichkeiten. Neue Positionen für diese Aufgaben sind nicht eingerichtet worden, sie werden zumeist beim Personal an der Spitze, bei den Professoren, gebündelt. Im Gegenteil. Lukrative Stellen mit vernünftigen Einkommens- und Zeitperspektiven im universitären Mittelbau, im Zuge der Bildungsexpansion der sechziger und siebziger Jahre ausgebaut, wurden sukzessive wieder abgebaut, mit der Folge, dass das verbliebene Personal familienfeindlich überlastet ist.

Die universitäre Arbeitssituation, in der der Erkenntnisgewinn des Forschers die Zeit diktiert, die er benötigt, beispielsweise um sein Buch zu schreiben, sein Projekt abzuschließen und seine Ergebnisse auszuwerten, gibt es kaum noch. Auch der verbeamtete Wissenschaftler, zweifellos noch eine privilegierte, wenn auch umkämpfte Position, verwirklicht in seinem Berufsalltag selten diese Freiheit, sich der Lehre und der Forschung vorbehaltlos hinzugeben. Der Druck, Drittmittel zu akquirieren, also die finanziellen Mittel für die Forschung außerhalb der Universität zu besorgen, hat sich zusehends, auch in den Geisteswissenschaften, durchgesetzt.

Damit gerät auch der gelassenste Forscher in Zeitnot, um die »Herren« Geldgeber zu befriedigen, die ihm seine Forschung finanzieren und manchmal seine Ausstattung und gelegentlich sein Gehalt aufbessern. Nach der Absenkung der Bezüge im Zuge der Besoldungsreform kann man die Suche nach zusätzlichen Geldquellen nicht verdenken, sie ist sogar politisch gewollt. Nur ist zu berücksichtigen: Der Alltag des Wissenschaftlers wird dann durch Strategien der Auftraggeber, nicht durch die Zeit der Reflexion bestimmt. Das bedeutet eine starke Belastung der Wissenschaftler, die ihnen letztlich auch die Freiheit raubt, die Wahrheit, nichts als die Wahrheit gelten zu lassen. Die Humboldtsche Universität war einmal als ein Ort der Freiheit zur Erkenntnis und zur Wahrheit konzipiert worden. Die Bedingung dazu bildete das handlungsentlastete Personal, im Sinne des Befreitseins von nichtwissenschaftlichen Zwängen. Dieses Ideal wurde äußerst selten erreicht. Der Vergangenheit nachzuweinen, lohnt sich nicht und ist kontraproduktiv, denn ein Teil des Personals hatte sich von jeglichen inneren und äußeren Verpflichtungen gelöst, gegenüber den Studierenden, gegenüber der Universität als einer Gemeinschaft von Forschenden, Lernenden und Lehrenden und damit auch gegenüber dem Steuerzahler.

Die heutige Szene an den Universitäten in Deutschland ist vor allem durch Zeitnot gekennzeichnet, die sich auf allen Ebenen auswirken, insbesondere in der Betreuung der Studierenden. Gute Gespräche mit Studierenden, die vom Fach begeistert sind, gehören zu den glücklichsten Erfahrungen meines Berufslebens. Ich habe aber zu viele Studierende zu betreuen, um sie noch zu ermuntern, das Gespräch mit mir zu suchen und sehe auch zunehmend, dass Studierende, also junge Menschen, sich schon gehetzt, unter Druck gesetzt und getresst fühlen. Die Anforderungen an das persönliche Engagement der Lehrenden und Lernenden steigen immens. Familienpflichten gelten in diesem Szenario als hinderlich. Aber lässt sich dieser Zeit- und Arbeitsdruck wirklich mit konzentriertem Lernen, mit kreativem Denken und mit vertiefter Reflexion verbinden? Jeder arbeitet mit Hochdruck vor dem Computer, um den vielen Ansprüchen gerecht zu werden – und viele vereinsamen unter diesen Bedingungen. Selbstbestimmtes Arbeiten ist auch an vielen Universitäten eine realitätsferne Utopie.

Auch für die jungen Nachwuchswissenschaftler sind die Erwartungen, die auf ihnen lasten, und der damit verbundene persönliche Stress in den letzten Jahren beträchtlich gewachsen. Um eine Professur zu erlangen, müssen sie in den Scientific Communities dokumentiert haben, dass sie erfolgreiche Drittmitteljäger sind. Um erfolgreich Drittmittel einzuwerben, benötigen sie schon eine gewisse Reputation, die sie aber erst durch langjährige Forschertätigkeit erlangen. Nur ein permanentes Präsentsein auf allen einschlägigen »Wahrheitsmärkten« täuscht über dieses Dilemma hinweg, in dem sie sich befinden. Das kostet viel zu viel Zeit. Es bleibt jedenfalls kaum Zeit für nachhaltige Forschung, entspannte Lehrveranstaltungen, stabile Beziehungen zwischen Studierenden und Lehrenden und um sich intensiv der Familienarbeit zu widmen.

Organisationskulturen an norddeutschen Universitäten

Schon während meiner Mitarbeitertätigkeit in Norddeutschland bekam ich den gutgemeinten Rat, an eine süddeutsche Universität zu wechseln. Nach den diversen Exzellenzinitiativen hat sich der Brain Drain von Wissenschaftstreibenden gen Süden noch verstärkt. Nun hatte ich die Gegenrichtung eingeschlagen. Der Logik zufolge, die erfolgreichen wissenschaftlichen Karrieren zugrunde liegt, hätte ich nach denkbar kürzester Zeit die Kurve wieder nach Baden-Württemberg oder Bayern einschlagen müssen. Das funktionierte bei mir aus vielen Gründen nicht. Außerdem – kann mir jemand sagen, weshalb Universitäten als Organisationen, die eine Leistung für das Allgemeinwohl zu bringen haben, davon profitieren, wenn ihr Spitzenpersonal dauernd wechselt?

Aber es gibt schon beträchtliche Unterschiede zwischen den Universitäten in Süd- und in Norddeutschland. In Süddeutschland sind die Städte und die Bürger stolz auf ihre Universitäten, und die Universitäten, die stolz auf sich sind, nehmen eine herausragende aktive Rolle im Gemeindeleben wahr. Die Universitäten werden zugleich als Kulturträger und Wirtschaftsfaktor geschätzt. Die Wunden, die die Studentenbewegung hier und dort geschlagen hat, sind längst verheilt, man erinnert sich in Sonderausstellungen daran als Facetten einer gemeinsamen Geschichte.

In Norddeutschland ist mir schon in meiner Bremer Zeit, aber auch in Hamburg eine gewisse Herabwürdigung, in jedem Fall Lieblosigkeit aufgefallen, die im Verhältnis der Städte zu ihren Universitäten vorherrscht. Die Bremer Bürger benötigten eine ziemlich lange Zeit, um sich mit ihrer angeblich »roten« Universität anzufreunden. Inzwischen hat sich das Verhältnis deutlich gebessert. Die Stadt wächst nun allmählich zu ihrer Campus-Universität hin, während die Hamburger darüber nachdenken, wie sie ihre Universität von ihrem traditionell angestammten Platz in der Mitte der Stadt hinausdrängen.

Schon in meiner Bremer Zeit war mir aufgefallen, dass die Uhren im Norden etwas anders ticken: Hatte man im Süden eine Position an der Universität inne, war das ein für jedermann sichtbares Zeichen für besondere Leistungen, die man erbracht hat. Man durfte Respekt erwarten. In vielen statuskritischen akademischen Milieus im Norden wird aber nicht nur erwartet, unentwegt höchste Arbeitsleistungen aus sich herauszupressen, sondern auch dass permanent darüber kommuniziert wird, was man alles leistet. Man berichtet über die eigenen Erfolge und evaluiert die des anderen. Ein Kollege erzählte mir, dass die Hochschulleitung seiner Universität das Personal einmal im Jahr zu einem festlichen Dinner einlädt. Während des Essens werden auf eine für alle sichtbare Leinwand die »Leistungen« der Geladenen, etwa Veröffentlichungslisten, Summen eingeworbener Drittmittel, Auszeichnungen etc. projiziert. Solche Veranstaltungen sind kein Vergnügen! Manch einem, der nicht viel vorzuweisen habe, so hörte ich, bleibe der Bissen im Hals stecken. Möglicherweise kommt hier eine säkularisierte protestantische Arbeitswut zum Ausdruck, zerstörerisch in ihren Auswirkungen auf gesellige Formen von Gemeinschaft und Kollegialität. Humor, Alltagszauber, Flirtereien haben hier keinen Platz.

Inzwischen habe ich ein internationales griechisch-französisch-ungarisch-hessisch-bayrisches Arbeitsteam, auf das ich sehr stolz bin. Aber aller Anfang war schwer, sehr schwer. Ich investierte viel Energie, unterstützt von einem langjährigen Mitarbeiter. In meinen Nächten erschien mir Frau Kamurra, die Sekretärin des Seminars in Heidelberg, um das Arbeitsprogramm für die Woche mit mir durchzusprechen. Meine Traumfrau! Sie nahm viele Funktionen wie die einer Lektorin, Sachbearbeiterin, Ansprechpartnerin, Organisationsmanagerin, Vertraute und Freundin wahr. Sie dachte mit und war die Muse für mich und viele Kollegen, Gedanken druckreif zu formulieren. Mit ihr machte das Arbeiten Spaß. Beglückt wachte ich auf. Ein neuer harter Tag begann.

Die lästige Hausarbeit

Thien faszinierten die Merkwürdigkeiten des neuen Arbeitsumfelds seiner Mama, vor allem die Militärmusik beim Beförderungsappell und die auf dem Campus wehende deutsche Fahne. Er lernte sämtliche Verteidigungsminister kennen, die in schneller Folge wechselten. Helmut Schmidt hatte er schon einmal in Heidelberg erlebt, und da Thien auch auf Helmuth (wenn auch am Ende mit »h« geschrieben), den Namen meines Vaters, getauft wurde, glaubte er an eine verwandtschaftliche Beziehung zwischen ihm und dem Altkanzler. Er war überzeugt, die Statue auf dem roten Platz in der Universität, eine wenig schmeichelhafte düstere Interpretation des Kopfs von Helmut Schmidt, zeige seinen Opa. Na, ja.

Obwohl fast jede Phase meines Lebens stressig verlief, man berücksichtige nur, dass ich vor dem Abitur schon mit einem schwierigen Mann verheiratet war und morgens vor der Schule zwischen vier Uhr und sieben Uhr drei Tageszeitungen ausgetragen habe, belastete mich der permanente Zeitdruck, das Kind rechtzeitig zum Kindergarten zu bringen, rasch ins Büro zu fahren, um möglichst keine Zeit zu verlieren und dann das Kind wieder pünktlich vom Kindergarten abzuholen. Alles mit dem Fahrrad, gelegentlich mit dem Taxi. Hinzu kam, dass ich einfach kein Talent für Hausarbeiten geerbt hatte. Nun bewohnte ich ein mehrstöckiges Haus, das mir täglich zurief: »Ich bin dreckig, putze mich. Zeitungen, Bücher und Manuskripte stapeln sich überall, bring' mich in Ordnung. Ich funktioniere nicht, reparier' mich.« Manchmal antwortete ich: »Nein, danke. Du kannst noch so viel schreien, ich muss mich erst regenerieren ...« Aber dann dachte ich an das Kind, das ich keineswegs alternativ im Sinne von schmuddelig und unordentlich erziehen wollte, und ich fing an zu putzen, zu ordnen und zu reparieren. Dazu kam das zeitfressende Einkaufen. Ich hoffte sehr, dass meine Mutter bald zu uns zöge.

Berufstätigkeit verhindert, allzuviel in die Hausarbeit zu investieren. Es fehlt einfach die Zeit. Ich beobachtete einmal eine Kollegin, die gerade fünfzig geworden und am Ende ihrer psychischen und physischen Kräfte war. Obwohl sie beruflich, sogar politisch einiges erreicht, dazu einen tollen Sohn mehr oder weniger allein groß gezogen hatte, kämpfte sie mit schweren Depressionen. Es fehlte ihr die Freude am Erreichten. Ihre Hausarbeit erledigte sie mit der gleichen Akribie, mit der sie ihre Artikel schrieb. Mit unglaublicher Sorgfalt und Konzentration bügelte, nähte, faltete sie ihre Wäsche. Instinktiv spürte ich damals, diese Doppelbelastung kann nicht gut gehen. Daher beschloss ich, mich am männlichen Karrieremodell zu orientieren. Die unverheirateten Männer, die ich kannte und die eine steile Karriere gemacht haben, waren vor ihrer Ehe bereit, dafür zu bezahlen, dass andere für sie waschen, bügeln und putzen, während sie nach ihrer Verheiratung glaubten, jemanden gefunden zu haben, der unbezahlt diese Arbeiten für sie erledigt. Daher habe ich immer viel Geld für Dienstleistungen ausgeben, untypisch für die Mentalität der meisten Menschen in einer Self-Service-Economy wie Deutschland. Ich sage immer, seit Thien bei mir wohnt, weiß ich erst, wo sich in meiner Wohnung die Küche befindet.

Aber mit Kindern stellt sich das Problem anders. Man kann nicht nur Gastspiele in den eigenen vier Wänden geben. Mit Kindern verbringt man viel Zeit daheim. Sie mögen es behaglich, vertraut und sauber. Zwar gewöhnte ich Thien sehr früh ans Reisen, aber je älter er wurde, desto mehr liebte das Kind sein Zuhause. Also fällt Arbeit an. Je mehr Zeit man daheim verbringt, desto höher werden die Ansprüche an Perfektion. Bei uns liegt immer ein sauberes weißes Leinentischtuch auf, aber ungebügelt. Das ist Ausdruck meiner Sehnsucht nach einer großbürgerlichen Eleganz, aber auch meiner Grenzen, manche häuslichen Ideale umzusetzen. Tatsächlich könnte ich manchmal zum Raubtier werden und meinen Sohn verschlingen, wenn ich, nicht nur mit Lust, den ganzen Samstag geputzt habe und abends nach dem Besuch von anderen Kindern und nach dem Abendessen alle Ordnungsspuren getilgt sind. Allerdings wundere ich mich, dass es in manchen Wohnungen von Vollzeithausfrauen auch nicht viel gepflegter ausschaut als bei mir, obwohl sie überhaupt kaum außerhäuslichen Verpflichtungen nachgehen.

»Wo ist die Oma jetzt?«

Thien telefonierte jeden Abend mit seiner Oma und freute sich schon sehr darauf, dass sie bald zu uns ziehen würde. Ihre Gesundheit stabilisierte sich jedoch nicht. Wenige Tage vor Weihnachten sollte der Umzug über die Bühne gehen, die Termine für die Spediteure standen fest. Als Thien und ich sie in ihrer Wohnung in Bad Homburg abholen wollten, stellten wir fest, dass sie nicht reisefähig war. Sie konnte nicht mehr auf ihren Fuß auftreten. Der Arzt empfahl dringend, sie im örtlichen Krankenhaus unterzubringen. Er befürchtete, dass die Wunde nicht mehr heilen würde. Vor Weihnachten jemanden ins Krankenhaus zu bringen, ist gar nicht einfach.

Im Kreiskrankenhaus wurde mir vorgeworfen, ich wolle meine Mutter über Weihnachten abschieben. Eine eingehende Untersuchung unterblieb. Der Umzug musste auf Anfang Januar verschoben werden. Thien und ich fuhren zurück nach Hamburg. Dort lotete ich die Möglichkeiten stationärer und ambulanter Pflege aus. Am ersten Weihnachtstag kamen wir zurück in das schöne Städtchen im Taunus. Es lag viel Schnee, vor dem Kurhaus fuhren wir Schlittschuh, und um den stolzen weißen Turm tuckerte eine kleine rußige Dampflokomotive, auf der Kinder, natürlich auch Thien, mitfuhren.

Zwischen Weihnachten und Silvester löste ich die Wohnung meiner Mutter auf. Obwohl wir alles zusammen immer wieder durchgesprochen hatten, spürte ich ihre Enttäuschung, nach dem Aufenthalt im Krankenhaus nicht mehr in ihre geliebte Wohnung zurückzukehren. Eine Woche blieb sie im örtlichen Kreiskrankenhaus, ohne dass sie gründlich untersucht wurde. Mit viel Überredungskunst gelang es mir, einen Platz für sie im Wandsbeker Krankenhaus in Hamburg zu belegen. Am Silvestermorgen fuhr sie die lange Strecke im Krankentransport von Bad Homburg nach Hamburg, während wir mit dem Zug reisten. Diesmal feierten wir nicht, sondern fielen abends erschöpft ins Bett.

Wenige Tage später wurde meine Mutter auf die Krebsstation verlegt. Leukämie lautete die Diagnose. Davon war im Kreiskrankenhaus in Bad Homburg nie die Rede gewesen. Ich wollte es nicht glauben. Am 10. Januar rief die Stationsschwester gegen vier Uhr morgens an, meine Mutter liege im Sterben. Das konnte nicht wahr sein! Wir zogen uns rasch an und fuhren mit dem Taxi zum Krankenhaus. Wo hätte ich Thien lassen sollen? Ich nahm ihn mit. Meine Mutter atmete schwer. Neben ihr lag eine andere sterbenskranke Frau. Die Krankenschwester sagte, wir lassen sie gehen. Lange Zeit betrachtete ich meine Mutter, das Kind auf meinem Arm. Sie schlug die Augen auf. Thien und ich drückten ihre Hand. Sie sah uns an.

Es war ihr letzter Blick auf diese Welt. Später brachte ich Thien in den Kindergarten und fuhr zurück ins Krankenhaus. Gegen Mittag starb sie. Ein Zivi stand in der Nähe und sprach mit mir, gab mir eine Chance zu begreifen, was geschehen war. Ich war wie in Trance. Immer wieder rebellierte mein Bewusstsein und redete mir ein, dass das alles nicht wahr sei. Ich würde aufwachen und meine Mutter würde noch leben. Es konnte doch nicht sein, dass Leukämie so plötzlich auftauchte und zum Tode führte. Aber es war wahr. Meine Mutter war tot. Ein für mich unfassbares Ereignis war geschehen und überall, im Krankenzimmer, auf der Station, im Aufzug ging das Leben seinen gewohnten Gang.

Am Nachmittag holte ich Thien aus dem Kindergarten ab, später kam sein Freund Finn, um mit ihm zu spielen. Ich informierte meine Schwester, die dafür plädierte, dass meine Mutter in Hamburg beerdigt werde. Das kam für mich gar nicht in Frage und nach mehreren Telefonaten mit ihr war das alte Zerwürfnis wieder da, viel tiefer als jemals zuvor. Ich sorgte für den Transport meiner Mutter nach Bad Homburg, wo sie nie wirklich wegziehen wollte. Dort sollte sie im Familiengrab neben meinem Vater liegen. Am Tag ihres Todes fiel die Heizung in unserem Haus aus. Thien spielte mit seinem Freund eine Weile vor der Haustür. Aus Versehen zog ich die Tür ins Türschloss. Wir standen nun alle davor, ohne Schlüssel. Was blieb uns übrig, als von den iranischen Nachbarn aus einen Schlüsseldienst anzurufen. Die Nachbarn nahmen das sehr nervös hin. Am nächsten Tag kam der Umzug mit den Sachen meiner Mutter. Nachts schrieb ich die Rede für die Trauerfeier in Bad Homburg. Dadurch war ich sehr beschäftigt. Ich versuchte, dem Kind meine Traurigkeit nicht so sehr zu zeigen.

Einige Tage später reisten wir nach Bad Homburg, nicht mehr wie früher, um mit meiner Mutter zusammen zu sein, sondern um sie zu beerdigen. Es war eine kleine Trauerfeier mit einer schönen Predigt an einem kalten sonnigen Tag. Der Pfarrer der Evangelischen Waldenser Kirchengemeinde in Dornholzhausen betonte, wie sehr meine Mutter ihren kleinen Enkel in den Mittelpunkt ihres Lebens gestellt hatte. Vom Friedhof aus sah man den Weißen Turm im Schlossgarten, das Wahrzeichen der Stadt. Am Grab las ich das Gedicht »Die Hälfte des Lebens«, das Friedrich Hölderlin in Homburg geschrieben hatte. Es handelte von den Sonnen- und den Schattenseiten des Lebens. Thien verhielt sich sehr ernst, aber er begriff nicht, dass er seine Oma niemals wiedersehen würde. Einige Freunde um mich zu haben, auch die alten Damen, mit denen meine Mutter befreundet gewesen war, die versöhnenden Worte des Pfarrers, alles das tröstete mich ein wenig.

Aber bis heute haben Thien und ich uns nicht daran gewöhnt, dass sie nicht mehr bei uns ist. Mit zeitlichem Abstand glaubte ich bei uns beiden zu beobachten, dass wir den Verlust immer schwerer empfinden. Vielleicht weil die Nähe, das Gefühl ihrer Existenz zum Zeitpunkt des Todes noch so stark vorhanden war. Als wir wieder in Hamburg ankamen und ihre Möbel wahrnahmen und die für sie eingerichteten Zimmer, da überfiel mich große Traurigkeit über das Ende ihres Lebens und über das Scheitern meines Lebensplans. Meine Mutter war mir in allen schwierigen Situationen zur Seite gestanden, sie hatte mich in allen Fragen, die meinen Sohn betrafen, beraten. Sie hatte ihn geliebt. Jetzt war ich mehr denn je auf mich allein gestellt. Es würde niemand daheim sein, wenn ich für einen langen Arbeitstag im Büro bleiben musste. Allein wohnten wir nun in einem viel zu großen Haus. Die Beziehung zu meiner Schwester und ihrer Familie, die ich mir vor allem für Thien gewünscht hatte, zerbrach nun endgültig und ließ sich nicht mehr reparieren. Andere Verwandte gab es nicht.

Ein Kollege aus Heidelberg schrieb mir: »Wenn die Eltern gestorben sind, sind wir an der Reihe.« Dieser Gedanke erschreckte mich sehr, denn ich war eine Mutter mit einem kleinen Kind, das mich noch lange brauchte.

Mit der Zeit bemerkte ich, dass der plötzliche Tod meiner Mutter zu einer tiefen Verunsicherung in meinem psychischen Selbstverständnis führte. Jahrelang verspürte ich keine Vorfreude mehr, weil ich immer befürchtete, ein unvorhergesehener Schicksalseinbruch könnte alles zunichte machen. Generelle Ängste nahmen zu. In der U-Bahn litt ich unter klaustrophobischen Zuständen, wir fuhren dann immer nur mit dem Bus in die Innenstadt. So sehr ich mich auch bemühte, meine Ängste vor neuen Schicksalsschlägen zu überspielen, mein Sohn, der schon früh meine Stimmungen an meinem Mienenspiel ablesen konnte, begriff intuitiv und reagierte selbst zunehmend verängstigt. Er begann, ausgesprochen häufig über den Tod zu sprechen. Immer wieder fragte er, wo sich seine Oma aufhalte. Ihm darauf zu antworten, fiel mir schwer.

Nach Jahren begann er, die Situation im Krankenzimmer anzusprechen. Ich spürte, wie er sich innerlich nicht von diesen Bildern lösen konnte oder besser, wie diese Bilder sich nicht von ihm lösten. Der Tod meiner Mutter war auch für ihn der schreckliche Verlust eines Menschen, der zu uns gehört und der ihm Sicherheit gegeben hatte. Wahrscheinlich wurde durch diese Erfahrung des Verlusts das frühkindliche Verlusttrauma der Trennung von seiner leiblichen Mutter verstärkt, die tiefe Wunde aufgerissen. Er spürte, dass nur noch ich da war, die für ihn sorgte. Mit der Zeit nahm seine Angst vor einer Trennung von mir oder davor, dass er auch mich verlieren könnte, dramatisch zu. Er begann sich besonders für Friedhöfe zu interessieren und war geradezu fixiert auf das Thema Tod. In der F.A.Z. studierte er die Todesanzeigen und rechnete nach, wie alt die Menschen geworden waren. So wollte er immer wieder von mir wissen, wie viele Menschen auf der Welt gelebt haben und schon gestorben seien. Manchmal, wenn ich ihm von einer Begegnung mit einem Bekannten erzählte, fragte er mich: »Wie lange lebt der noch?«

Von meiner Mutter behielt er die Vorliebe für deutsche Volksmusik bei. Oh Graus! Leidenschaftlich verehrte er Karl Moik, mir selbst kaum ein Begriff. Als die Fernsehsendung »Musikantenstadl« mit Karl Moik eingestellt wurde, war er überaus traurig. Wir reisten nach Österreich, um ihn zu suchen und zu bitten, weiterzumachen, aber wir fanden ihn nicht.

Isolation in der Großstadt und Fehler in der Erziehung

Der Sommer darauf verlief unauffällig. Wir erholten uns in Taormina auf Sizilien, standen dort lange am Strand und ließen Steine springen. Die vielen Schwierigkeiten, die unser Leben ausmachten, seit wir nach Hamburg gezogen waren, vor denen ich meinen Sohn nicht bewahren konnte, bekümmerten mich. Kompensationen versuchte ich dadurch zu schaffen, dass ich ihm möglichst alle Wünsche erfüllte. Ich ließ mich völlig von dem Kind in Beschlag nehmen. Es erwartete von mir, jederzeit für es da zu sein. Auf geschickte Weise wusste es zu verhindern, dass ich mich in seiner Gegenwart auf etwas anderes als auf es konzentrierte. Hatten wir Besuch, selten genug, so führte sich Thien derart auf, dass die Besucher Hals über Kopf Reißaus nahmen und mich frustriert zurückließen. Thien war in keiner Weise bereit, meine Aufmerksamkeit zu teilen.

Zusammen mit einer Bekannten saßen wir abends auf der Terrasse unseres schönen Hotels in einer kleinen malerischen Bucht von Taormina. Eine Postkartenidylle. Wir wollten mit dem Abendessen beginnen. Galante Kellner servierten. Ich versuchte, das Szenario zu genießen. Der erste Gang wurde gebracht, da scheuchte uns Thien auf. Er musste zur Toilette und konnte und wollte den Weg nicht allein zurücklegen. Das wiederholte sich jeden Abend. Manchmal zu jedem Gang aufs Neue. Entspannung stellte sich in diesem Urlaub nur selten ein.

Zuhause wachte das Kind auch am Wochenende um sechs Uhr früh auf, bekam sein Frühstück und sollte sich dann mit sich beschäftigen, damit ich, die ich lange in die Nacht hinein gearbeitet hatte, noch etwas schlafen konnte. Es spielte jedoch nicht, sondern setzte sich im Bett auf mich und fragte alle fünf Minuten, wie lange ich noch schlafe. Manchmal schlief ich trotz der Belastung, vor Erschöpfung weiter. Thien suggerierte mir immer, dass er meine ganze Aufmerksamkeit brauche, und meistens bekam er sie auch. Das war keine Erziehung zur Selbstständigkeit. Zwar beobachtete ich, dass Thien eine praktische Intelligenz besaß, die ich nicht hatte. Er gab mir oft allerlei Tipps, wie ich manche Probleme im Haus lösen könnte. Aber er selbst ließ sich kaum anleiten und wehrte sich gegen alle an ihn gerichteten Erwartungen. Oft formulierte er, dass er wieder Baby sein wolle.

Das Kind hatte sich bislang so neugierig und lernbegierig mit seiner Umwelt beschäftigt. Es erfüllte mich mit großer Sorge, wahrzunehmen, wie er vor der nächsten Lernstufe abbremste. Die Dinge, die er liebte, die liebte er obsessiv, und für anderes interessierte er sich nicht. Auch unser Heidelberger Kinderarzt glaubte Veränderungen an ihm wahrzunehmen. Immer noch fuhren wir nach Heidelberg zum Kinderarzt, da wir in Hamburg bislang keinen vergleichbar dem Kind zugewandten Arzt gefunden hatten. Im Kindergarten gab man mir den guten Rat, Thiens Hörfähigkeit zu kontrollieren, und ich suchte drei Kinderärzte und mehrere niedergelassene HNO-Ärzte auf. Sie diagnostizierten psychologische Probleme, die in der Interaktion mit der Mutter begründet lägen. Thien wolle nicht »hören«. Sie irrten sich.

Permanente Überforderung

Inzwischen unterhielt ich drei Anwälte in drei verschiedenen Verfahren: Ich stritt mit der Spedition über die Kosten für die Schäden des verpfuschten Umzugs. Über die Auszahlung meiner Kaution für die Heidelberger Wohnung gab es mit dem Eigentümer Streitigkeiten. In Sachen der Hinterlassenschaften meiner Mutter, die im Zuge des Umzugs zu uns gebracht wurden, zwang mich der Anwalt meiner Schwester, Listen anzufertigen, die auch den kleinsten Löffel vermerkten. Wochenlang war ich damit beschäftigt, die Auflagen der gegnerischen Anwälte zu erfüllen. Meine Antrittsvorlesung fiel ins Wasser.

Es war zunächst sehr tröstlich, die Sachen der Mutter um uns zu haben. Oftmals hatten mein Sohn und ich das Gefühl, sie wäre doch zu uns gezogen. Wir sprachen von Omas Zimmer, obwohl sie nie dort gewohnt hatte. Manchmal überwog das tröstende, manchmal ein sehr trauriges Gefühl. Zwar hatten wir viel zu viel Platz, aber das Haus erschien mir mit den Möbeln meiner Mutter eng, voll gestellt, übervoll. Viele Gegenstände, die ich seit meiner Kindheit nicht mehr gesehen hatte, standen jetzt bei uns herum. Deren Anblick erzeugte bei mir regelrechte Beklemmungen.

Auf die Einrichtung durchgestylter Wohnungen, der Stolz der einkommensstärkeren Bevölkerung in Deutschland, lege ich keinen großen Wert. Alles perfekt durchzukomponieren, dahinter verbirgt sich ein Beschäftigungsprogramm für beruflich Unausgelastete! Mir fehlten Zeit, Geld und Interesse, um meinen Lebensstil durchgreifend zu ästhetisieren. Einige wenige hervorgehobene, schöne Stücke, geeignet als Blickfang, und möglichst viel Raum, leerer Raum, das genügt mir. Dieselben Sachen an derselben Stelle, über Jahrzehnte. Ohne Grund zur Veränderung. Umstellungen empfinde ich als lästig, als unangenehm zeitverzehrend. Die vielen Gegenstände aus dem Haushalt meiner Mutter erfreuten und erdrückten mich zugleich, ich wusste nicht, wohin damit.

Nur ab und an wurde ich die psychische Sperre los, Sachen, die von meiner Mutter ein Leben lang gepflegt worden waren, zum Sperrmüll zu bringen. Mir war es unmöglich, dieselbe Pflege walten zu lassen, so sahen manche Möbel und Teppiche nach kurzer Zeit schon ramponiert und alt aus, die meine Mutter über viele Jahre ihres Lebens wie nagelneu erhalten hatte. Oftmals beschlich mich das Gefühl, ich gehe in diesem Gerümpel unter. Anfallsartig schmiss ich manches weg, aber der Eindruck blieb weiter bestehen. Die Möbel brachten, wenn auch dürftig genug, eine Kontinuität zum Ausdruck, die ich meinem Sohn vermitteln wollte, nach dem ein ganzer Familienzweig weggebrochen und kein anderer mehr vorhanden war.

Nach und nach wurde mir bewusst, dass wir durch den Tod meiner Mutter zu einer hochgradig gefährdeten Mutter-Kind-Kleinfamilie zusammengeschrumpft waren, ohne doppeltes Netz.

Meine Eltern hatten nie viel wert auf Familienzusammenkünfte gelegt und sich über kurz oder lang mit fast allen Verwandten überworfen. Im großen Abstand waren meine Schwester und ich als Einzelkinder aufgewachsen. Schon früh strebte ich nach offeneren und großzügigeren Formen des Miteinanders und begab mich auf die Suche nach Kontakten, in denen ein hohes Maß geistiger Freiheit herrschte, weniger interessierten mich konventionelle Beziehungsmuster. Schreiben, Lesen und Nachdenken waren und blieben meine Lieblingsbeschäftigungen, und dazu reichte der Dialog mit mir selbst aus. In jeder Stadt, in der ich arbeitete, gewann ich Freunde, und gerade deshalb neigte ich dazu, die früheren zu vergessen. Überall neue Geschichten. Jede Stufe meiner beruflichen Laufbahn war an eine andere Stadt geknüpft, quer durch ganz Deutschland, und auf jeder Stufe und in jeder Stadt war ich eine andere, hatte andere Aufgaben zu bewältigen und suchte nach anderen menschlichen Widerspiegelungen. Mein Leben ist immer eine One-Woman-Show gewesen.

Nicht einmal bei der Frage, wie ich zum Kind gelangen könnte, spielte der Gedanke, spät, aber doch noch rechtzeitig in den Familienhafen einzulaufen, eine besondere Rolle. Ein sicheres Einkommen zu haben, um mit meinem Kind in keine existentiellen Krisen zu geraten, beschäftigte mich viel mehr als die Frage nach einem Vater. Aber meine Mutter war ja immer im Hintergrund. Nach ihrem Tod befielen mich zum ersten Mal Sorgen, im Hinblick auf meinen Sohn nicht genügend sozial verankert zu sein. Die Familien, die um uns herum wohnten, waren tagsüber ebenfalls vaterlose Mutter-Kind-Familien. Kamen die Väter spät abends nach Hause, dann wollten sie nichts als ihre Ruhe haben. Am Tag hatten sie ihr Humankapital verschossen, und Sozialkapital besaßen sie am Abend nicht mehr. Dann mussten wir gehen. Während wir für unsere kleinen Familienfeiern viele andere einluden, wurden wir niemals auf die Familienfeiern der anderen eingeladen. Mit dem Tod meiner Mutter war eine Wurzel ausgerissen worden, eine Wurzel der Kontinuität, der Sicherheit und der Zuversicht.

In dieser nervlich sehr angespannten Phase klammerte ich mich an Thiens Paten und verabredete mit ihnen, dass sie Thien nehmen würden, falls mir etwas zustoße. Sie versprachen es, und ich hielt sie für verlässlich. In schwieriger Zeit unterstützten sie mich durch Besuche. Aber die traditionelle Patenrolle, die schon aus der Antike bekannt ist und einen nicht abreißenden Dialog mit dem Patenkind erforderte, übernahmen sie nicht. Im Kontakt mit ihnen versuchte ich zu lernen, von Freunden nicht zuviel zu erwarten.

Mein Sohn ist mein Wunschkind

Wir gaben nicht auf. Mit uns nicht und nicht mit Hamburg. Mehrmals machte ich mir klar, dass die Mentalitäten von Neuzugezogenen und von Einheimischen nicht zwangsläufig zueinander passen. Beide Seiten brauchen Zeit, um sich aneinander zu gewöhnen. Wir versuchten uns »anzupassen«. Schon um uns auf andere Gedanken zu bringen, fuhren wir mehrmals auf die Hamburger Hausinsel, nach Sylt. Für echte Möchtegern-Hamburger ist der Besuch der Insel ein Muss.

Auf die Gefühle und Erinnerungen, die die Insel in mir hervorrufen würde, war ich gespannt. Vor langer Zeit war ich einmal allein und in besonderer Hochstimmung auf Sylt gewesen. Damals hatte ich, kurz vor Weihnachten, erfahren, dass ich schwanger sei. Welche Freude! Über Silvester besuchte ich eine ältere Freundin in Lüneburg, um mir Ratschläge zu holen, wie ich mich am besten auf das Kind vorbereiten könnte. Ich steigerte mich so richtig in die Gefühlswelt einer Schwangeren herein, unentwegt hungrig nach Fisch und Gurken. Statt nach Heidelberg zurückzureisen, fuhr ich weiter nach Sylt, quartierte mich ins Hotel Hamburg ein und begab mich sofort in ein Fischrestaurant, um eine Bouillabaisse und weitere Delikatessen des Meeres zu bestellen. Dort verzehrte ich riesige Mengen. So ging es fast eine Woche lang. Am Tag machte ich Spaziergänge, obwohl die Stürme heftig und nasskalt tobten, abends schlief ich früh ein. Es herrschte ein sehr raues Klima.

Kurz nach meiner Rückkehr nach Heidelberg erlitt ich eine Fehlgeburt. Warum? Darauf gaben mir die Ärzte keine Antwort. Die Schuld sah ich in meiner Reise nach Sylt. Meine Konstitution war an so ein heftiges Reizklima nicht gewöhnt. Als ich nun mit meinem Sohn nach Sylt fuhr, befürchtete ich, ich könnte traurig und depressiv werden. Aber das war überhaupt nicht der Fall. Im Gegenteil. Die Faszination des Kindes, mit dem IC mitten durch die Nordsee zu brausen, die tosenden Wellen vom Fenster unseres teuren und doch gammeligen Hotels aus zu beobachten, sich von den Dünen herunterrutschen zu lassen, steckte mich an und erfüllte mich. Thien war mein Kind, mein Sohn. Sogar mit der Erinnerung an das damals für mich so tragisch empfundene Ereignis versöhnte ich mich. Es ist gut, so fühlte ich, dass Thien jetzt bei mir ist. Kein anderes Kind wünsche ich mir an seiner Stelle. Die Liebe zum Kind hängt nicht davon ab, ob man es geboren hat. Unabhängig von der biologischen Mutterschaft kann zwischen Mutter und Kind eine große Innigkeit, Liebe, erreicht, aber auch verfehlt werden.

Später besuchten wir andere nordfriesische Inseln, immer begeistert von Meer und Wind, weniger von den überteuerten Hotels und vom sozialen Klima. Es ist wahrscheinlich kaum jemandem zu vermitteln, der die Inseln nicht kennt, dass die Gäste dort nahezu ausschließlich aus Deutschland kommen und dass Thien und ich dort auffielen wie »bunte Hunde« und misstrauisch beäugt wurden. Bemerkungen wie »Was macht denn der Chines' hier?« bekamen wir nicht selten zu hören. Ein bekannter Moderator des Privatfernsehens äußerte, er sei schließlich hier, »um mal nur unter Deutschen zu sein« und der Landesvater ließ gerade noch Besucher des europäischen Auslands als erwünschte Gäste gelten.

Auf Norderney, wo wir mit solchen Bemerkungen konfrontiert wurden und vorzeitig abreisen wollten, leben viele Vietnamesen, ehemalige Boat-People mit ihren Kindern. Blickt man in die Küchen der Hotels und Restaurants, so sieht man sie.

KAPITEL ELF

Der große Stress mit der Schule

*Die unbarmherzige Härte der Regelschule:
die erste Grundschule des Kindes*

Ein Gefühl der Erleichterung erfasste mich, als die Kindergartenzeit endlich vorüber war. Zuletzt sah ich immer nur das betretene Gesicht der überforderten Erzieherin, wenn ich Thien abholte. Zwar stellte er nie wirklich etwas an, aber er verweigerte sich zunehmend und machte eben nicht mit. Wochentags nach dem Büro zum Kindergarten zu hetzen und nie etwas Aufbauendes zu hören, zerrte an meinen psychischen Energien.

Nach einem Jahr hatte ich einen Vorschulplatz für das Kind gefunden, aber das Personal der Kindertageseinrichtung bestürmte mich, Thien nicht schon wieder zu verpflanzen. Schließlich gab ich nach. Es war die falsche Entscheidung. Zu spät erkannte ich, dass das Kind in dieser Einrichtung nicht die Förderung bekam, die es benötigte.

An unserem Erlebnishorizont tauchte die Schule auf. Endlich würde die Kindergartenwelt zu Ende sein. Für den Stress, der mit der Schule begann, fehlten mir bislang die Begriffe. Mit dem Beginn der Schule verwandelte sich mein Leben in unzählige Kampfzonen. Zunächst wollte der Kindergarten Thien nicht loslassen. Die Schule meldete Bedenken an, ihn aufzunehmen. Die Aufnahmeprüfung spiegelte ein ambivalentes Bild seiner Entwicklung wider. Schon bei der Einschulung kam für mich keine unbefangene Freude auf. Er trug eine riesige Schultüte vor sich her, hinter der er nicht mehr zu sehen war. Als der Direktor die Namen der Kinder und Johannes aufrief, dauerte es lange, bis Thien diesen Namen auf sich bezog. Er fühlte sich nicht angesprochen.

Die Schule lag zwischen meinem Arbeitsplatz und unserer Wohnung. Geradezu ideal. Pläne, aus unserer unfreundlichen Einfamilienhauswelt auszuziehen, wurden wieder verworfen. Jeden Morgen fuhr ich mit dem Fahrrad hinterher, in gehörigem Abstand zu Thien und den anderen Kindern, mit denen er zur Schule ging, und dann weiter zur Uni. Gegen dreizehn Uhr war ich wieder zu Hause, um ein ökologisch hochwertiges Essen zu komponieren. Meistens gab es Kartoffeln und Karotten, manchmal mit Apfelbrei, das hatte meine Mutter auch immer gekocht.

Morgens ging Thien mit drei weiteren Kindern zur Schule, eine richtige Viererbande. Als eines der Kinder äußerte, dass es sich nur mit blonden Kindern befreunde, schritt der Vater ein und sorgte dafür, dass solche Äußerungen künftig unterblieben. Mit diesen Eltern konnte man reden. Eine große Erleichterung für mich! Die Schule gehörte zu Marienthal, einer teuren Gegend in Hamburg. Sie galt als eine der besten Grundschulen und erreichte Spitzenwerte im Leistungsvergleich der Hamburger Schulen. Die Kinder kamen durchweg aus gehobenen Mittel- und Oberschichtfamilien. Die wenigen Kinder von Asylanten und Migranten verließen die Schule schon vor dem Ende der Grundschulzeit.

Thiens Klasse bestand aus achtundzwanzig Kindern und zwei Lehrerinnen, die ihren Job sehr gut machten. Sie sorgten für Disziplin und strukturierten ihren Stoff hervorragend. Frau A. hätte auch bei der Bundeswehr ein Regiment führen können. Ihre große sportliche Erscheinung flößte Respekt ein. Neben ihr wirkte Frau O. unsicher, etwas fahrig und nicht so zielbewusst wie ihre Kollegin. Sie schaute einem nicht offen in die Augen, verkörperte aber eindeutig einen gefühlvolleren Stil und gewann rasch die Zuneigung der Kinder. Beide Lehrerinnen fühlten sich vor allem für die Kinder zuständig, die dem Leistungspensum Stand hielten. Ihre Fangemeinde bestand aus einer größeren Truppe Mädchen, die ihre

Hefte sorgfältig in Ordnung hielten, die Arbeitsblätter farbig ausmalten, strebsam und begierig mitarbeiteten.

Vom ersten Tag an gab es Hausaufgaben. Vom ersten Tag an wollte Thien keine Hausaufgaben machen. Selten wusste er, ob und welche Hausaufgaben aufgegeben wurden. Seine Weigerung, sich überhaupt damit zu beschäftigen, wurde täglich stärker. An manchen Tagen schien es aussichtslos, dagegen anzukämpfen. Dann glaubte ich, jemand risse mir den Boden unter den Füßen weg. Ich stürzte ab. Viele Nachmittage saßen wir bis zum Abend an den Aufgaben. Es dauerte Stunden, bis das Kind seine Widerstände aufgab. Wenn er sich schließlich auf die Aufgaben einließ, machte er kleine Fortschritte.

Um ihm das Lesen beizubringen, entwickelte ich eine eigene Methode, indem er die Worte laut buchstabierte, erst langsam und dann immer schneller wiederholte. Plötzlich kam der richtige Klang zustande. Außerdem durfte er nur fernsehen, wenn er mir das Programm des Tages vorlas. Schon bald konnte er gut lesen. Aber außerhalb der täglichen Lektüre des Fernsehprogramms, der Fahrpläne der deutschen Bahn und der Anzeigen an Haltestellen las er nichts und zeigte seine Fähigkeiten nicht. Es war alles eine fürchterliche Qual. Meine Magen-Darm-Probleme wurden mittlerweile chronisch. Bisweilen sah ich überhaupt kein Land mehr vor mir. An den Nachmittagen fuhren wir zur Psychomotorik, Ergotherapie und Logopädie, freitags noch zur Klavierstunde, immer verbunden mit langen Bahn- und Busfahrten ans andere Ende der Stadt. Jeden Abend fielen wir erschöpft ins Bett.

Der deutsche Weg, mit Problemkindern umzugehen:
Zurückstellen

Die Lehrerinnen drängten mich, Thien aus der Klasse zu nehmen und in die Vorschulklasse einzuschulen. Er verhalte sich wie ein Traumtänzer am Fortgang des Unterrichts sei er völlig desinteressiert. Das Schlimmste an der Situation war, dass ich den Grund dafür nicht kannte. Was würde sich verbessern, wenn ich Thien aus der Klasse nahm, die ihm immerhin einen Freundeskreis bescherte? Nun schaltete ich den Psychologischen Dienst der Schulbehörde ein. Davon war die Schule nicht begeistert, bedeutet es doch zusätzliche Kontrolle von außen. Dennoch kam es zum Schulterschluss zwischen der Psychologin, den Lehrerinnen und dem Schulleiter: Das Kind sei nicht schulreif. Aber warum? Was war mit dem Kind los? Keiner konnte es mir sagen. Die Lehrerinnen, der Schulleiter und die Psychologin rückten immer enger zusammen und bildeten eine Front, um mich dringend zu bewegen, das Kind aus der Klasse zu nehmen. Aber mit welcher Perspektive? Würden die Probleme durch Rückstellung gelöst?

Solange ich diese Fragen nicht beantworten konnte, hielt ich dem Druck von Pädagogen und Psychologen stand und ließ das Kind in der Klasse. Auf seitenlangen Papieren, die ich der Schule vorlegte, begründete ich meine Haltung. Dass Mütter Stellungnahmen zu Papier brachten, gefiel ihnen nicht. Dabei schloss ich nicht völlig aus, dass sie recht hatten, aber sie griffen nach der Lösung, die für sie am einfachsten war: zurückstellen. Das ist der deutsche Weg, mit Schulkindern umzugehen, die Probleme aufwerfen. Es mag Einzelbeispiele geben, bei denen Zurückstellen angebracht ist, aber in Deutschland wird es als generalisierte Strategie und als Selektionsinstrument eingesetzt, unabhängig von den Schwierigkeiten des einzelnen Kindes und zu seinen Lasten. Letztlich aber auch zum Nachteil der Gesellschaft, die vielfältige differenzierte Begabungen der Kinder nicht fördert und später auf dem Arbeitsmarkt auch nicht wird nutzen können.

Nun schaltete ich immer mehr Experten ein und ließ das Kind psychologisch testen. Die Ergebnisse waren kaum aussagefähig, da sich Thien nur selten auf die ihm gestellten Aufgaben konzentrierte. Die Lehrerinnen hatten mir zwar empfohlen, ihn testen zu lassen, aber den Resultaten schenkten sie keinen Glauben. Die Situation brachte mich zum Verzweifeln, an den Rand des Nervenzusammenbruchs.

Am Beispiel unserer Probleme kam meines Erachtens ein allgemeines Defizit des Schulsystems zum Tragen: Ein praktisch ungelöstes Problem der Schulen in Deutschland besteht darin, dass Kinder, die zusätzliche Unterstützung benötigen, diese nicht unter dem Dach der Schule erfahren, sondern es den Eltern überlassen bleibt, für ergänzende Förderung zu sorgen. In unseren Schulen mangelt es an Teams aus verschiedenen Professionen. Ein Austausch zwischen Lehrern und Sozialarbeitern und Therapeuten findet nicht statt. Im Problemfall kommt es nicht zur Entwicklung von wirklich geeigneten Fördermaßnahmen. Letztlich kann überhaupt nur ein Team von Lehrern und Experten beurteilen, ob ein Kind weiteren Therapiebedarf hat oder bereits überfordert ist.

Heutzutage haben viele schulpflichtige Kinder Schwierigkeiten zu lernen. Die Familien, sei es aufgrund ihres Migrationshintergrunds, sei es aufgrund prekärer sozialer und psychischer Lagen, sei es aufgrund zeitintensiver Berufstätigkeit der Eltern, können ihren Kindern nur begrenzt helfen. Wie sieht es mit den Lehrern aus, die auf Probleme der Kinder aufmerksam werden? Deren Kerngeschäft ist der Unterricht. Sie sind nicht für die Bewältigung der sozialen und der psychischen Probleme der Schülerinnen und Schüler ausgebildet. Die Gestaltung des Unterrichts erschöpft ihre Kräfte. Aber viele Kinder benötigen zusätzliche Förderung. Das Personal in unseren Schulen besitzt dafür kaum Kompetenz. Zusätzlich gebraucht werden vor allem Fremdsprachenlehrer, Logopäden, Ergotherapeuten, Psychologen und Sozialarbeiter. Diese Experten müssen in Deutschland mühevoll von den Eltern gesucht und gefunden werden. Manche Eltern bringen keine Zeit für Kontakte auf. Anderen ist der Umgang mit Institutionen nicht vertraut oder sie genieren sich. Experten, die empfohlen werden, sind überlaufen, man wartet monatelang auf Termine.

Wird ein Experte eingeschaltet und beurteilt das Kind, so fehlen ihm Informationen über die Schulsituation, die er zumeist aus

Sicht der Eltern erhält. So kommt in vielen Fällen keine effektive Therapie zustande. Die Lehrer jedoch, mit einer gewissen Überheblichkeit ausgestattet, trauen nur ihrem eigenen Urteil. Auch für sie wäre ein Austausch mit Experten hilfreich, der unmittelbar an der Schule stattfindet und der das Verhalten der Kinder im Unterricht zur gemeinsam geteilten Erfahrungsbasis nimmt. Die Lehrer würden entlastet, und sie könnten ihre Fähigkeit, im Team zu arbeiten, ausbauen. Für ein Kind wie Thien, bei dem bislang noch kein Experte die Frage, kann es nicht oder will es nicht, beantwortet hat, wäre das ein großer Gewinn!

Die ehrgeizigen Eltern

Am Ende des Schuljahrs hatte Thien hervorragend lesen gelernt, aber die Mädchen aus seiner Klasse lasen ihren Vätern schon jeden Morgen aus der Zeitung vor. Weiterhin las er nur Fernsehprogramme, Bahnfahrpläne und Anzeigen auf Bahnhöfen. Mit einigen Eltern unterhielt ich mich über die Schule und die Lehrer. Eltern, deren Kinder ebenfalls Schwierigkeiten mit der Schule hatten, unterstützten mich, Thien in der Klasse zu belassen. Andere Eltern, die hochzufrieden mit der Leistung ihrer Kinder waren, gaben mir zu verstehen, dass sie es sehr begrüßten, wenn ich Thien aus der Klasse nähme. Im Grunde dachten sie vermutlich daran, dass die Lehrerinnen, wenn die Problemkinder aus der Klasse verschwanden, noch mehr Zeit und Aufmerksamkeit für ihre Töchter und Söhne aufbrächten.

An dieser Schule gab es eine besonders motivierte Elternschaft, die sich im Elternrat engagierte und im Elternverein alle wichtigen Posten besetzte. Auf die Frage an eine Mutter, mit welchen Zielen sie zur Wahl für den Elternrat kandidiere, antwortete sie treuherzig: »... um etwas für mein Kind zu tun ...« Eine solche Aussage galt gemeinhin als legitime Einstellung. Wenn die Kinder erfolgreich lernten, unterstützten die Eltern die Lehrer, wenn die Kinder Schwierigkeiten bekamen, waren die Eltern schon vor Ort, um bei den Lehrern zu intervenieren. Morgens brachten die nichtberufstätigen Mütter ihre Kinder bis zur Ampel, wo sie gemeinsam mit den Mitschülern loszogen, während die Mütter noch stundenlang ihr Wissen über Lehrer, Schüler und andere Eltern austauschten. Anschließend begaben sie sich zum Weiterbildungskurs für Mütter von schulpflichtigen Kindern in die nahegelegene Erziehungsberatungsstelle.

Viele Familien setzten die nichtberufstätigen Mütter zur Förderung ihres Nachwuchses ein. Als eine Strategie, die in Deutschland üblich ist, hat sie sich dennoch, im internationalen Vergleich betrachtet, als nicht besonders zielführend im Sinne des Bildungserwerbs der Kinder erwiesen. In den vergleichenden Lernstandserhebungen schneiden Kinder aus Ländern mit Ganztagsschulen viel besser ab. Mütter sind eben Mütter und nicht Lehrerinnen. Die geringe Toleranzschwelle des deutschen Schulsystems, die ich und mein Sohn in aller Härte zu spüren bekamen, ist von den Eltern, deren Kinder so wunderbar zurechtkommen, durchaus gewollt.

Kann er nicht oder will er nicht hören?

Aufgrund unserer Erfahrungen mit dem Universitätskrankenhaus in Eppendorf beabsichtigte ich, es für immer zu meiden. Daher suchte ich nur niedergelassene Ärzte auf, um Thien untersuchen zu lassen. Von einem solchen Facharzt, einem Pädaudiologen, besaß ich ein Gutachten, in welchem eine schwere Störung im Innenohrbereich bei meinem Sohn ausgeschlossen wurde. Als Thiens Hörfähigkeit in dessen engen und dazu noch überfüllten Praxisräumen getestet wurde, fiel ich in Ohnmacht. Dem Stress, der dort herrschte, war ich nicht gewachsen.

Ein weiterer namhafter Audiologe schloss ebenfalls gravierende Störungen im Innenohrbereich aus, obwohl der Test ergebnislos abgebrochen wurde. Als die Sprechstundenhilfe sah, wie aufgeregt ich war, gestand sie mir, dass der Test nicht für Kinder seines Alters geeignet sei. Dennoch ließ mir das Problem keine Ruhe. Thien reagierte auf dunkle Geräusche extrem empfindsam, geradezu verängstigt. Alle Personen unseres Umfelds glaubten daher, er sei besonders hörsensibel. Darin täuschten sie sich.

In der Fachliteratur wird gerade in diesem Phänomen ein Beleg für Hörschädigungen gesehen: Betroffene reagierten besonders schreckhaft, weil sie nicht hören, woher die Geräusche stammen. Das bereitet ihnen Angst. Mir fiel auf, dass Thien niemals den Klingelton an der Wohnungstür beantwortete. Wir kamen um eine Untersuchung in der Hamburger Universitätsklinik in Eppendorf nicht herum. Nach nur wenigen Minuten wurde dort eine mittelschwere bis schwergradige Schwerhörigkeit diagnostiziert. Der Assistent sprach zunächst von »traumhaften« Ergebnissen, die er beim Test erzielt hatte. Diese Aussage missverstand ich zunächst in dem Sinne, das Kind höre besonders gut. Aber er gab mir schnell zu verstehen, dass »traumhaft« für ihn bedeutete, dass die Hörschädigung unzweifelhaft nachzuweisen sei. Ich schluckte heftig.

Hatten wir den Schlüssel zu seinen Problemen gefunden? Nun kamen viele neue Termine auf uns zu. Im Universitätsklinikum wurden weitere differenziertere Analysen durchgeführt, beim Akustiker ließen wir Hörgeräte anfertigen. Die Frage nach den Ursachen für die Hörschädigung stellte sich. Zur Abklärung bekam ich mit der Post eine Liste von durchzuführenden Untersuchungen zugeschickt, beispielsweise der Augen, der Nieren, des Herzens und so weiter. Das Krankenhaus gab auch auf Nachfrage keine Hinweise, wo und wie ich vorgehen sollte, es empfahlen noch nicht einmal seine eigene Diagnostik. Über Monate hätte ich mit Thien von einer Praxis zu anderen rennen müssen. Welche Belastungen für mich und das Kind!

Da rief ich unseren Kinderarzt in Heidelberg an. Er besprach sich mit einem Arzt in der Universitätsklinik vor Ort, der organisierte Thiens stationäre Aufnahme für einen Tag. Die Untersuchungen begannen am Morgen und endeten am Abend. Dann trat eine

Expertenrunde zusammen, die ersten Ergebnisse wurden besprochen. Verständnis auf allen Seiten. Die Ursache der Schwerhörigkeit konnte nicht identifiziert, aber einige Kausalzusammenhänge ausgeschlossen werden. Waren es Spätfolgen des Vietnamkriegs? Ebenso blieb es ungeklärt, wie lange das Kind bereits darunter litt, ohne dass seine Umwelt darüber Bescheid wusste. Verglich ich Thiens Klinikaufenthalt in Heidelberg mit dem in Hamburg, so kam mir der Verdacht, dass sich die geringe Empathiefähigkeit der Hamburger Bevölkerung bis in die Organisation von Kliniken niederschlägt.

Zu allem Ärger auch das noch: die Mutter wird älter

Woher kommt die Schwerhörigkeit meines Sohns und wie wird sie sich entwickeln? Inwiefern wird sie sich auf seine Persönlichkeit auswirken? Manche Ängstlichkeiten und Unsicherheiten, die ich an ihm beobachtete, waren sicherlich darauf zurückzuführen. Welche Einstellung wird er später dazu haben, wenn er sich seiner Behinderung, als einer, die ihn sein Leben lang begleitet, bewusst wird? Wie würde sich seine Lernfähigkeit unter diesen Bedingungen entwickeln? Diese Fragen quälten mich, niemand konnte sie beantworten.

Mit den Hörgeräten im Ohr musste Thien nun völlig neu lernen zu hören und zu verstehen. Wahrscheinlich hatte man ihm vorher oft unrecht getan, wenn man schimpfte, dass er nicht »hörte«. Der Tagesmutter aus Heidelberg fiel ein, dass er manchmal von einem »Gewitter« gesprochen hatte, welches in seinem Kopf tobte. Wir haben es falsch interpretiert. Wie viel Energie musste das Kind früher aufgebracht haben, um die Hörschwierigkeiten zu kompensieren! Es gab Gründe, diesen tapferen kleinen Kerl zu bewundern!

Mit mir selbst kam ich zunehmend weniger klar. Die Dosis an übermütiger Lebenslust, die für mich so selbstverständlich war, schien mir abhanden zu kommen. Plötzlich spürte ich meinen Körper nicht mehr, wie gewohnt, als Quelle sinnlich-erotischer Regungen, sondern kränkelnd. Mal litt ich unter Herzrhythmusstörungen, mal unter Magen-Darm-Erkrankungen, mal unter Kopfschmerzen, die ich früher nie gekannt hatte. Insgesamt verlor ich an Stabilität. Unser Leben wurde immer anstrengender, nur im Urlaub erholte ich mich. Auch psychisch hatte ich meinen grundsätzlichen Optimismus eingebüßt. Ich litt unter Ängsten, ich könnte zusammenbrechen und Thien nicht genügend Sicherheit und Schutz geben, die er benötigte. Und vor allen Dingen, es würde niemand da sein, der sich um ihn kümmerte. Ich warf mir vor, uns durch den Umzug nach Hamburg, der so gut gemeint war, in eine prekäre Situation gebracht zu haben. Meinen fünfzigsten Geburtstag erlebte ich als großen Schock. Um die Zukunft des Kindes machte ich mir unentwegt Sorgen, denn in Hamburg sah ich überhaupt keinen menschlichen Anker. Einmal gab ich eine Annonce auf, in der ich einen Familienanschluss für meinen Sohn suchte, aber ich brachte den Zuschriften kein Vertrauen entgegen und beantwortete sie nicht. Ab und zu fuhren wir nach Heidelberg und nach Frankfurt, um Freunde zu treffen. In Wandsbek waren wir auf der ganzen Linie mit unserem Ärger beschäftigt. Konflikte regten mich schnell auf und versetzten mich in Panik.

Als Thien einmal bei einem Bankbesuch am Freitagnachmittag die Gittertür des im Keller gelegenen Raums mit Schließfächern ins Schloss zog, – der Bankangestellte hatte mich vorher auf diese Gefahr hingewiesen – saßen wir buchstäblich fest. Ein Telefon nach oben zur Schalterhalle gab es nicht. Unser Schreien blieb unerhört. Sofort geriet ich in Panik. Schließlich betätigte ich den Notruf. Das hätte jeder Andere auch getan. Die Bank bat um Entschuldigung, präsentierte mir dennoch die Rechnung für den Befreiungseinsatz der Polizei. Die beglich ich selbstverständlich nicht. Aber Thiens und meine Nerven wurden durch solche Erlebnisse stark strapaziert. Später spürte ich schon Herzrasen, wenn ich das Bankgebäude nur von Ferne erblickte. Das Leben zehrte mich auf.

Betrachtete ich mich im Spiegel, fand ich mich alt und faltig, oder, wie mein Sohn sagte, schrumpelig. Ich bewegte mich auch nicht mehr in schönen Klamotten, sondern nur noch in einem uniformen Business-Look. Viele Bekannte meines Alters erkrankten schwer. Ich suchte öfters Ärzte auf, was ich früher, wohlüberlegt, unterließ. Jedes Mal kam ich mit einem neuen Verdacht und einem neuen langwierigen Untersuchungsplan nach Hause. Die Bearbeitung der komplizierten Abrechnungsverfahren der Honorare belastete zudem meine rare Zeit und verbrauchte noch die letzten vorhandenen Energien.

Das Dilemma der Integrationsschule:
die zweite Grundschule des Kindes

Mit der Zeit gelang es mir, bei Thien eine gewisse Disziplin aufzubauen und das Zeugnis nach der ersten Klasse war nicht so schlecht. Die Schule für Hörgeschädigte schickte eine Betreuerin, die die Lehrerinnen dabei beriet, die Geräuschkulisse im Raum zu verringern. Die Umstellung, nun mit Hörgeräten zu hören, würde ihre Zeit benötigen. Ich fürchtete den starken Leistungsdruck in der Klasse und die Verschlechterung seiner sozialen Position. Also stimmte ich am Ende zu, das Kind aus der Klasse zu nehmen, obwohl er gerade eine gewisse Struktur gefunden hatte, seine Aufgaben zu erledigen. Ich suchte eine neue Schule. Wieder führte ich mit einer Beratungsstelle der Behörde Gespräche, suchte viele Grundschulleiter in ihren Schulen auf und fand, dass in den meisten Fällen die Klassenstärke zu hoch für meinen Sohn war, der sich von jedem Gezappel ablenken ließ.

Man riet mir, den Integrationsstatus für Thien zu beantragen und ihn als Integrationskind einzuschulen. Das bedeutet, er steht unter der besonderen Aufsicht eines Sonderpädagogen und braucht kein »Sitzenbleiben« zu befürchten. In den Hamburger Integrationsklassen gibt es jeweils drei oder vier Kinder mit unterschiedlichen Behinderungen. Eine geeignete Schule glaubte ich im Süden von Hamburg zu finden. Der erfahrene Direktor der Schule machte einen sehr verständnisvollen Eindruck und war mir sympathisch. Ein Team, von der Schulbehörde eingesetzt, um den Antrag zu prüfen, führte Gespräche mit den Lehrerinnen von Thiens Grundschule und mit mir. Es schien unseren Fall besonders fachmännisch zu beurteilen. Wir beabsichtigten, in die Nähe der Schule umzuziehen.

Inzwischen beriet ich mich regelmäßig mit einem Psychologen aus der kommunalen Elternberatungsstelle. Immer wieder standen weitreichende Entscheidungen an, die ich mir nicht leicht machen konnte und wollte. Ohne diese Gespräche wäre ich kaum mit den vielen Problemen fertig geworden. Diese Gespräche gaben mir die Chance, über die Belastungen zu reden und zugleich eine Linie in der Erziehung zu finden. Schon lange bemühte ich mich um ein konsequentes Verhalten gegenüber Thien. Das stieß bei Thien auf heftigste Abwehr. Obwohl er immer meine Nähe suchte, kämpfte er verbissen mit mir sich durchzusetzen. Ich hingegen tat alles, um die Regeln unseres Zusammenlebens verbindlich zu machen. Manchmal gelang es besser, manchmal auch gar nicht. Er schien tief in seinem Innersten davon auszugehen, dass er zu bestimmen habe, was geschehen solle und lehnte jeden Versuch ab, ihm Vorgaben zu machen. So weigerte er sich anfänglich, sich auf die Regeln von Gesellschaftsspielen einzulassen, immer wollte er neue dazu erfinden, nur um sich nicht zu unterwerfen. Schließlich setzte ich mich durch, aber es war ungeheuer anstrengend. Es kostete so viel Kraft!

Der Erziehungsberater, Herr Bauer, legte mir eindringlich nahe, mich aus dem täglichen Kampf um die Schulaufgaben zurückzuziehen. Es würde das Verhältnis zwischen Mutter und Sohn zu sehr belasten. Ich dürfte seine Beziehung zu mir als seiner einzigen Vertrauensperson nicht verspielen. Daher befasste ich mich mit den verschiedenen Nachhilfeangeboten, die in den Zeitungen um Schüler warben. Höchst unterschiedliche Qualität begegnet einem da. Ich fand einen hervorragenden Hauslehrer, der früher in

Louisenlund unterrichtete, dem berühmten Internat in Schleswig-Holstein. Er sorgte dafür, dass Thien sein Zimmer ordentlich aufräumte, Haltung annahm und auch ein bisschen lernte. Mit einem Privatlehrer schien es zu funktionieren. Allerdings wurde das Leben für mich immer stressiger. Ich kam um dreizehn Uhr nach Hause, kochte rasch, wir aßen, dann traf der Hauslehrer ein. Ich musste wieder verschwinden, denn in meiner Nähe konnte sich Thien nicht konzentrieren. Ich radelte also ins Büro zurück und nach einer knappen Stunde fuhr ich in größter Hektik wieder nach Hause, damit sich der Hauslehrer nicht beim nächsten Schüler verspätete. Als wir im Sommer nach Spanien an den Atlantik flogen, fühlte ich mich total erschöpft, völlig fertig.

An der neuen Schule lief es auch nicht, wie ich es mir vorgestellt hatte. In der Klasse befanden sich etwa zwanzig Kinder, viele davon waren auf Wunsch ihrer Eltern ein Jahr früher eingeschult worden, also mit fünf Jahren und verhielten sich altersgemäß. Ein immenser Geräuschpegel herrschte im Klassenraum. Die übrigen Integrationskinder litten unter dem Aufmerksamkeitsdefizit-Syndrom und brachten viel Unruhe in die Klasse. Mir wurde klar, dass sich keiner der Erzieher je mit Schwerhörigkeit befasst hatte, und die Bereitschaft, dazu zu lernen, schien bei diesem Thema gering.

So hörte ich einmal, wie der Sonderpädagoge seine große Unlust bekundete, an einer Weiterbildungsmaßnahme teilzunehmen und sich nach eventuellen Sanktionen des Fernbleibens durch die Behörde erkundigte. Unsere Heidelberger Tagesmutter, Frau Zimmermann, die uns einmal besuchte, fand, dass er einen »sehr heruntergekommenen Eindruck« machte. Der Einsatz einer speziellen Höranlage für Thien funktionierte nicht, zumeist wurde vergessen, sie einzuschalten. Die junge und dynamische Klassenlehrerin sang sehr viel, begleitete sich dabei mit der Gitarre. Leider weigerte sie sich, mir die Texte zur Verfügung zu stellen, da die Kinder den Text »aufschnappen« sollen. Hörgeschädigten gelingt das aber kaum, und auch Thien hatte Verständnisprobleme, obwohl er die Lieder gerne mochte.

Der Direktor hatte mir gegenüber von seinem exzellenten Team gesprochen, und ich hatte es ihm geglaubt. Aber nach einiger Zeit traten Zweifel bei mir auf. Die Klassenlehrerin erkrankte für längere Zeit und die Sonderpädagogen führten den regulären Unterricht in dieser und in anderen Klassen mit Fehlstand durch. Zusätzliche Förderung bekam Thien jedenfalls nicht, und ich sah überhaupt keinen Fortschritt. Am meisten profitierte er von den Gesprächen früh morgens, die er mit dem Hausmeister der Schule führte, von Mann zu Mann.

Die Freundin des Kindes

Ein Glücksfall für uns war, dass eine junge, fünfundzwanzigjährige Mutter mit ihrem Freund und ihrer Tochter Ann-Malin in die Siedlung zog. Ann-Malin, ein sorbischer Name, bedeutet Brombeere, wie ich aus Theodor Fontanes Erstlingsroman »Vor dem Sturm« erfuhr. Der Name passte wunderbar zu dem Mädchen. Ann-Malin war ein überaus kluges, sprachlich hochbegabtes, oftmals trauriges Mädchen. Nur ein halbes Jahr älter als Thien, sah sie schon wie ein Teenager aus. Die Trennung der Mutter von ihrem ziemlich verantwortungslosen Vater hatte sie nicht verarbeitet. Manchmal traf sie ihn noch, aber die Begegnungen verliefen so unerfreulich, dass sie ihn irgendwann überhaupt nicht mehr sah.

Die Mutter arbeitete als Auszubildende in der Firma ihres Freundes und benötigte vor allem Zeit für sich, für Prüfungsvorbereitungen und für ihren Boss, einen ziemlich korpulenten Sportwagenfahrer. Er betrieb einen Export-Import-Handel mit Elektrowaren nach Osteuropa, offensichtlich sehr erfolgreich. Schon bald gewann die Nachbarschaft den Eindruck, dass in dem großzügig gebauten Einfamilienhaus, in dem Ann-Malin wohnte, andere Ordnungsvorstellungen herrschten als bei ihnen. Das gefiel ihnen nicht. Verständnis brachten sie nicht auf. Beim Kirchgang schnappte ich einige herablassende Bemerkungen über die neuen Nachbarn auf.

So hielten sie ihren Nachwuchs von Ann-Malin fern, und Ann-Malin bekam keinen Zugang zu den Häusern gleichaltriger Mädchen. Welche Überheblichkeit! Denn Ann-Malin hatte im Vergleich zu deren Töchtern so viel mehr Potential, ja Persönlichkeit zu bieten.

Eines Samstags im Herbst morgens früh um acht Uhr klingelte es bei uns. An der Tür stand ein blasses Mädchen, blaue Augen, lange blonde Haare, ohne Schuhe, hungrig und Aufmerksamkeit einfordernd. Von da an ging sie bei uns ein und aus. Thien bekam endlich eine Freundin. Beide Kinder tobten gern und viel. Auf unserem Dachboden bauten sie herrliche Legowelten. Eine Zeitlang besuchte sie uns jeden Tag. Wir nahmen sie mit in den Urlaub nach Tirol, nach Mallorca und nach Wangerooge. Meistens schliefen die Kinder im großen Doppelbett, und ich musste mit dem Zustellbett vorlieb nehmen. Ihre Umgangsformen bei Tisch waren grauenhaft, aber das konnte man ihr nicht anlasten. Dennoch gab sie uns auch Probleme auf, denn sie fiel oft mitten im Spiel in eine plötzliche Traurigkeit oder reagierte launisch und abweisend. Manchmal starrte sie lange vor sich hin, ausdruckslos. Sie spielte die kleine Erwachsene, wurde vom Leben ihrer Mutter völlig überfordert, und für die eigentlich wichtigen Anforderungen der Schule interessierte sie sich nicht. Niemand hielt sie dazu an. Aber sie lernte im Alltagsleben erstaunlich schnell und saugte einen förmlich aus. Thien war sehr stolz auf seine Freundin.

Meistens spielten die Kinder bei uns. Natürlich hoffte ich, dass auch die Mutter von Ann-Malin ab und zu mit auf Thien aufpassen würde. Dazu kam es selten. Die junge Frau praktizierte einen zu sorglosen Lebensstil, als dass ich ihr Thien überlassen wollte. Wie oft wussten wir nicht, wo sie war und wann sie nach Hause kommen würde und mussten ihre Tochter beruhigen. Einmal kam die Mutter erst am nächsten Morgen von ihren Vergnügungen zurück. In der Schulzeit schaute Ann-Malin abends zu lange Fernsehen. Sie entwickelte sich früh sehr selbstständig, fuhr schon allein mit dem Bus, während Thien noch immer nur in den Zimmern spielte, in denen ich mich aufhielt.

Gelegentlich versuchte ich die Mutter darauf aufmerksam zu machen, dass Ann-Malin, die immer unterwegs war, mehr Ruhe benötigte, aber vorsichtige Hinweise fruchteten nicht. Ich war weit davon entfernt, sie zu verurteilen, denn in meinen Zwanzigern wäre ich an der Aufgabe, ein Kind zu erziehen, völlig gescheitert. Sie war zu sorglos, und ich war zu ängstlich. Gemeinsam teilten wir das Schicksal, dass wir letztlich allein mit unseren Problemen waren.

Leider zog die Mutter mit ihrer Tochter wieder weg in eine kleine qualmige Wohnung, in der sich Thien gar nicht wohl fühlte. Die Kinder sahen sich immer weniger, was meinen Sohn mehr schmerzte, als er zugab. Er klammerte sich dann noch mehr an mich.

Eine besondere Schule: die dritte Grundschule des Kindes

Die Integrationsklasse brachte also nicht den gewünschten Erfolg. Ein weiterer Schulwechsel würde eine starke Zumutung für das Kind darstellen. Leicht durfte ich mir die Entscheidung nicht machen. Ich führte Gespräche mit Kollegen der Sonderpädagogik an der Universität Hamburg, die mich schließlich überzeugten, meinen Sohn in die Schule für Hörgeschädigte zu geben. Die Schule liegt am Hauptbahnhof. Das Rangieren und Ankoppeln der Züge erzeugt einen solchen Lärm, der durch Mark und Bein geht. Nebenan befand sich eine riesige Baustelle der Post, von der eine nahezu unerträgliche körperliche Geräuschbelastung für Lehrer und Schüler ausging. Lärm erzeugt Schallwellen, die erzeugen Druck, der auf Menschen schädigend einwirkt, auch ohne dass sie es bewusst erfahren.

Das Umfeld der Schule, eine von der Stadt niemals vollständig vertriebene Drogen-, Prostitutions- und Pennerszene, ist alles andere als kindgemäß. Ich konnte mir nicht vorstellen, dass Thien allein seinen Weg zur Schule gehen würde, vorbei an Betrunkenen und Dealern. Anpöbeleien sind hier die Regel. Die hässlichen

Gebäude der Schule, die wie viele öffentliche Einrichtungen nicht in den gepflegten Stadtteilen lagen, waren Bausünden der sechziger und siebziger Jahre. Sie würden sich wahrscheinlich nicht umbauen, nur abreißen lassen. Auch im Inneren der Gebäude deprimierten mich die düsteren Treppenaufgänge. Als ich die Schule zum ersten Mal besichtigte, musste ich weinen und verwarf den Gedanken, dass Thien hierher wechselte.

Wieder führte ich Gespräche. Diesmal sogar mit einem Politiker aus der Bildungsbehörde, mit dem Direktor eines bekannten Instituts für Kinderheilkunde und dem Leiter der Schule für Hörgeschädigte. Jeder gab mir aus seinem Blickwinkel heraus eine andere Empfehlung. Ich musste mir ein eigenes Bild verschaffen. Dazu durfte ich einmal im Unterricht hospitieren. Die Klasse bestand aus sechzehn Kindern, die zum Unterricht noch geteilt wurde. Hier fand das Montessori-Konzept kluge Anwendung, selbständiges Lernen im vorgegebenen Rahmen wurde gefördert, Freiräume für Schüler und strukturierter Unterricht lösten einander ab. Die Chance war gegeben, dass Thien lernte zu lernen und dass er eine eigene Motivation aufbaute, sich etwas selbstständig zu erarbeiten. Aber vielleicht führte der geringere Druck, der hier auf ihn ausgeübt würde, dazu, dass er sich weniger Wissen aneignete, als ihm möglich wäre. Ich fand keine endgültige Antwort auf diese Fragen. Aber auch kein Anderer konnte sie mir geben. Auf dem Feld der Erziehung werden in Deutschland heftige ideologische Auseinandersetzungen ausgetragen. Viele Maßnahmen, die mir vorgeschlagen wurden, hatten kaum etwas mit den Problemen meines Sohnes zu tun, sondern mit allgemeinen Überzeugungen, denen der jeweilige Gesprächspartner huldigte.

Schließlich entschied ich mich für den Wechsel meines Sohns in die Schule für Hörgeschädigte. Einen gravierenden Ausschlag gab die Information, dass die Schule in absehbarer Zeit in einen anderen Stadtteil umziehen würde. Letztlich war ich davon überzeugt, dass sich Thien nur in kleinen Klassen würde konzentrieren können. Selbst für Studierende, von denen man hohe Motivation erwarten kann, wird ein Lernen in kleinen Gruppen empfohlen. Umso wichtiger ist die Lernsituation in einer kleinen Gruppe für ein Kind mit Hör- und Konzentrationsschwierigkeiten. Die Lehrer kennen ihre Schüler sehr genau und besitzen genügend Erfahrungen und Spielräume, auf individuelle Entwicklungen der Kinder einzugehen. Außerdem ist dort Kompetenz im Umgang mit dem Problem der Hörschädigung vorhanden.

Mittlerweile bin ich sehr skeptisch geworden, ob ich Thien jemals für kognitiv akzentuierte Lernprozesse werde motivieren können. Falls er später den weiteren Bildungsweg auf einer Förderschule einschlagen würde, wäre er dort besser aufgehoben als auf den »normalen« Sonderschulen, bei denen ich teilweise einen erheblichen Grad an Verwahrlosung festgestellt habe. In Hamburg werden dort viele Kinder mit Migrationshintergrund »geparkt«.

Der pädagogische Mittagstisch der Schule ermöglicht mir, etwas mehr Zeit im Büro zu verbringen, ohne zusätzliche Betreuerinnen anzuheuern. Mit den Lehrerinnen kommuniziere ich regelmäßig. In einem Mitteilungsbuch werden Informationen zwischen den Lehrerinnen und mir ausgetauscht, manchmal täglich. Der Schulstress hat sich in unserem Leben ein wenig gelegt. Fragt sich nur: Für wie lange?

KAPITEL ZWÖLF

»Willkommen Glück, willkommen Sorge« (John Keats)

»Bin ich adoptiert?«

Anfänglich behielten wir Kontakte zu anderen Adoptionsfamilien. Der Erfahrungsaustausch schien mir zunächst wichtig, aber mit der Zeit trat das Thema Adoption in den Hintergrund unseres Lebens und geriet regelrecht in Vergessenheit. Der Familienalltag saugte uns auf. Es freute mich zu sehen, wie gut es unseren Kindern ging, wie viel besser sie versorgt wurden als in Vietnam. Einige Kinder wiesen unmittelbar nach der Adoption Mangelscheinungen auf, die allmählich durch bessere Ernährung und Pflege behoben wurden.

In vielen Fällen befanden deutsche Ärzte, die Kinder seien zu klein und die Eltern waren ratlos, ob sie einer komplizierten Wachstums- und Hormontherapie zustimmen sollten. Die meisten entschieden sich dagegen. Ich lernte viele Eltern kennen, die sich rührend um ihre Kinder sorgten und deren physisches und psychisches Wohl in den Mittelpunkt ihres Lebens stellten. Mein Interesse an diesen Treffen ließ jedoch nach, denn die Probleme, mit denen wir Adoptiveltern es bis zur Schulzeit unserer Kinder zu tun hatten, unterschieden sich schon bald nicht mehr von denen anderer Eltern.

Erst mit der Schule und den Schwierigkeiten zu lernen, die ich bei vielen Adoptionskindern beobachtete, kam das Bedürfnis zurück, sich wieder verstärkt mit dem Thema Adoption auseinanderzusetzen. Insgesamt war ich mir darüber im Klaren, dass ich das Thema Adoption im Alltag nicht verschweigen durfte, aber ich sah auch keinen Anlass, es dem Kind unentwegt aufzutischen, wie es einem die Adoptionsbehörden nahelegen.

Wenn wir uns gemeinsam die Fotoalben ansahen, erzählte ich meinem Sohn seine Geschichte in großen Zügen. Zunächst interessierte er sich nicht sehr dafür. Die Bilder aus Vietnam zeigten ein fernes fremdes Land und eine unbekannte Umgebung, mit der er nichts anfangen konnte. Er interessierte sich vor allem für Fotos mit den vertrauten Dingen und Personen, auf denen er sich in seinem Alltagsleben erkannte. Ab und an fragte er nach, wo er geboren sei, zumeist wenn ihn Kinder mit spitzen Bemerkungen über sein Aussehen geärgert oder ihm vor Augen geführt hatten, dass ich gar nicht seine »richtige« Mutter sei.

Erst spät, mit acht und neun Jahren wollte er Details wissen, begann er darüber nachzudenken, wer sein Vater sei und warum ihn seine Mutter mir überlassen habe. Ich erklärte ihm, dass sein Vater schon verheiratet war, als seine Mutter von ihm ein Kind bekam. Daher sei sie einfach weggegangen, ohne mit ihm zu sprechen. Als sie feststellte, dass sie zu arm sei, um ihn und seinen etwas älteren Bruder zu ernähren, suchte sie nach einem Ausweg. Da lernten wir uns kennen, und ich bot ihr an, als Mutter für ihren Sohn zu sorgen. Wir, seine Mutter in Vietnam und ich, seien beide seine Mütter. Beide hätten wir ihn sehr lieb. Thien beantwortete, nachdem wir einen Film über eine Tiger-Familie gesehen hatten, die Frage nach seinem Vater: »Der ist im Dschungel von einem Tiger aufgefressen worden.«

Trotzdem blieben Väter für ihn charismatische Ausnahmemenschen. Er versuchte mich immer zu überreden, Vätern bei Prüfungen in der Universität besonders gute Noten zu geben. Einmal legte er nicht wie sonst die Alben mit den Aufnahmen aus Vietnam zur Seite, sondern blätterte einige Seiten darin um, sah sich aufmerksam ein Foto an und fragte: »Ist das meine Mutter?« Die Frage traf mich wie ein Blitz, unvorbereitet. Ich reagierte innerlich panisch und gab unverständliches Zeug von mir. So überfallartig mochte ich nicht darüber reden. Natürlich traf er ins Schwarze, und ich durfte auf keinen Fall lügen. Immerhin hatte ich die Bilder eingeklebt, um ihm irgendwann einmal seine Mutter zu zeigen. Aber davor, dass er von nun an ein Bild von seiner Mutter besäße, zu dem er bei Problemen mit mir Zuflucht nähme, auf das sich vielleicht sogar seine Gefühle der Liebe richteten, davor bekam ich plötzlich Angst.

Thien wartete meine Antwort gar nicht erst ab, blätterte weiter und interessierte sich schon für ein Urlaubsfoto neueren Datums. Vorläufig hatte ich Glück gehabt, eine zuverlässige Antwort war mir erspart geblieben. Aber wenn er wieder fragen sollte, werden wir ausführlich und in Ruhe über seine Mutter sprechen, und ich werde ihm alle Aufnahmen zeigen, die ich von ihr habe.

Heilsamer Alltag

In den Gesprächen mit Thien versuche ich, den Begriff der richtigen Mutter zu vermeiden und ihn davon zu überzeugen, dass er zwei Mütter habe, die eben auf unterschiedliche Weise »richtig« sind, die eine habe ihn geboren und die andere sorge für ihn. Alles geschehe aus Liebe zu ihm. Dennoch glaube ich, dass die Beschäftigung mit seiner Herkunft für ihn ein Unruhepotential aufwirft, das sich nicht leicht ausräumen lässt. Eine Wunde, die sich vielleicht nie ganz schließt und die mit seiner Entwicklung wächst, tiefer wird. Je älter er wird, desto mehr wird ihm bewusst werden, dass seine erste Lebensphase ungewöhnlich verlaufen ist.

Alle erläuternden Antworten auf seine Fragen machen auf lange Zeit das Thema seiner Herkunft noch unbegreiflicher und stellen darüber hinaus die Selbstverständlichkeiten seines vertrauten Kosmos in Frage. Auch Kinder, die bei ihren biologischen Eltern aufwachsen, durchleben Phasen, in denen sie zweifeln, und sie stellen Fragen aus dem Gefühl des Mysteriösen heraus. Die Antworten der Familienmitglieder beruhigen die Kinder zumeist, während durch meine Antworten erst das Unselbstverständliche hervortritt. Jede einzelne Antwort konfrontiert ihn mit Zusammenhängen seines Lebens, die ihm fremd, möglicherweise bedrohlich erscheinen. Etwas, das ihn von den Kindern seiner Umgebung unterscheidet, das seine Existenz in Frage stellt, das er vielleicht lieber verdrängen, vergessen möchte. Zur Zeit spüre ich, dass er unsicher ist, ob er noch mehr wissen will, er befürchtet wohl, jede Erzählung belaste ihn zusätzlich.

Vielleicht haben die Kinder es leichter, deren Eltern über Jahre engen Kontakt zu anderen Adoptiveltern mit ihren Kindern halten. Die Kinder lernen Schicksalsgenossen kennen. Sie treffen sich mit Kindern, die sich, wie sie selbst, in Hautfarbe und Herkunft von ihren Eltern unterscheiden und können ein Gefühl der Zusammengehörigkeit entwickeln.

Die meisten Adoptiveltern, denen wir begegneten, kommen aus dem Mittelstand. Sie bieten ihren Kindern viele Chancen zur Entfaltung ihrer Persönlichkeiten. Es darf aber nicht übersehen werden, dass gerade sie in Milieus leben, die weitgehend »einfarbig« sind. Auch in Hamburg. Damit fallen die Adoptivkinder immer noch in ihrer Nachbarschaft und in ihren Klassen aus dem Rahmen. Das spüren sie. Das kann eine permanente Irritation in ihrem Leben bedeuten.

Allerdings beobachte ich, dass manche Eltern das Adoptionsthema geradezu ideologisch aufwerten und sich im Adoptionsmilieu einigeln. Meistens übernehmen sie dort ehren- oder hauptberufliche Aufgaben. Adoption bildet somit ein permanentes Thema ihres Alltagslebens. Die Kinder bekommen viel mit von den Auseinandersetzungen mit den Behörden. Auf diese Weise entsteht für sie keine Atmosphäre der Sicherheit und der Beruhigung. Adoptivkinder wollen sich nicht unentwegt mit ihrer besonderen Problematik und ihrer Herkunft auseinandersetzen. Über kurz oder lang erhalten die Kinder dieser Eltern den Eindruck, ihre Adoptionsgeschichte werde für die Probleme der Eltern, eine gesellschaftliche Aufgabe zu finden, missbraucht.

Mit ungefähr neun Jahren erkannte Thien in dem Thema ein gewisses Drohpotential, mich unter Druck zu setzen. Wenn ich etwas von ihm verlangte, dass ihm nicht passte, schimpfte er: »Du bist gar nicht meine richtige Mutter. Du hast mir nichts zu sagen, ich will sofort zu meiner richtigen Mutter.« Eine Zeitlang hörte ich mehrmals am Tag solche Sätze, mir in größter Wut und Verachtung entgegengeschmettert. Wenn das Kind jedoch hoffte, mich jemals mit solchen Tricks aus der Reserve zu locken, so täuschte es sich. Vollkommen gelassen gab ich ihm immer unmissverständlich zu verstehen, dass die Mutter richtig sei, die für ihn sorgt und die ihn liebt, und dass sei nun einmal ich. Dann hieß es entrüstet: »Du liebst mich aber nicht wie eine richtige Mutter, du bist zu streng.« Darauf antwortete ich cool: »Gerade weil ich dich als deine richtige Mutter liebe, erwarte ich von dir, dass du deine Aufgaben machst.«

Niemals bekam er etwas anderes zu hören, auch wenn er mich noch so sehr herausforderte. Diese Dialoge waren Teil unseres täglichen Programms und wurden viele hundert Male wiederholt, derselbe Inhalt, die gleichen Worte und Sätze. Ich bin sicher, dass er aus der Erfahrung, dass er mich in dieser Frage niemals provoziert und dass er von mir immer das gleiche zu hören bekam, letztlich Zutrauen und sogar Sicherheit gewann. Ich wünschte, ich wäre beim Thema Hausaufgaben auch so ruhig geblieben.

Romano und das Ende des Vereins

Manche Eltern, die wir aus Saigon kannten, adoptierten schon bald ein zweites Kind, beispielsweise bekam Artur ein Schwesterchen. Als die Familie nach China zog, verloren wir sie aus den Augen. Einmal bat mich der Verein, eine adoptionswillige Familie im Heidelberger Stadtteil Kirchheim zu besuchen, um einen Bericht über deren Wohnsituation, eine Home-Study, anzufertigen. Das war natürlich auch Ausdruck eines Dilettantismus, den ich an diesen Vermittlungsvereinen kritisiere, irgendwelche Leute, ohne einschlägige Ausbildung, zu beauftragen, Schicksal zu spielen. Diesmal traf es mich. Ich traute mir eine Portion Vorurteilslosigkeit zu, besuchte die Familie zusammen mit Thien, führte freundliche Gespräche und schrieb meinen Bericht, in welchem ich die Adoption empfahl. Tatsächlich adoptierte die Familie mit Hilfe des Vereins einen Jungen aus Rumänien. Romano war fünf Jahre alt und erzählte schon bald, in gutem Deutsch und voller Stolz, wie er seine Eltern kennen gelernt hatte. Kurz darauf wurde die Mutter schwanger und bekam ein Mädchen. Beide Elternteile übten medizinische Berufe aus. Mit zwei Kindern blieb die Mutter zu Hause, während der Vater als Zahnarzt in der Universitätsklinik das Familieneinkommen verdiente. Keiner konnte voraussehen, welche Belastungen auf die Familie zukamen. Die Mutter erkrankte sehr schwer. Über einen sehr langen Zeitraum lebte die Familie in Ängsten, ob die Mutter die vielen Operationen überstehen würde. Sie verließen schließlich Heidelberg, um in die Nähe der Großeltern zu ziehen, die sich in Notfällen um die Kinder kümmerten.

Eine Zeit lang besuchten wir die Adoptions-Treffen, die der inzwischen gegründete Verein von Maria Korter organisierte. Ich trat dem Verein bei, zahlte jährlich einen Beitrag und hörte, dass der Verein teure repräsentative Räume in einer westdeutschen Metropole bezog. Da trat ich wieder aus. Für adoptionswillige Familien wurde es immer kostspieliger, ein Kind aus dem Ausland über den Verein zu adoptieren. Der Verein expandierte. Auf einigen Treffen sah ich zwar glückliche verantwortungsvolle Eltern mit ihren Kindern, aber ich bekam den Eindruck, hier werde ein kaum noch überschaubares Unternehmen betrieben, ohne wirklich professionelles Management. Als bekannt wurde, dass der Verein vor Ort in Osteuropa mit zwielichtigen Gruppen zusammenarbeitet, wurde ihm die Erlaubnis zur Vermittlung entzogen.

»Wie bekomme ich eine Frau zum Heiraten?«

Thien verfügte über wenig Anschauungsmaterial, wie Männer und Frauen, wenn sie füreinander intensive Gefühle hegen, miteinander umgehen. Umso kurioser wirkte es, wenn er die deftigen Ausdrücke, die er in der Schule von anderen Jungs aufgeschnappt hatte, plötzlich und mit Bedacht auf größte Wirkung, ohne erkennbaren Zusammenhang zur konkreten Situation, zum Besten gab und mich schließlich um Erklärung bat. Ihm sei nur klar, dass Männer Frauen zu nahe kommen und etwas mit ihnen anstellen, obwohl er nicht verstehen kann, warum Männer das freiwillig tun, da Frauen doch schwach sind und stinken.

Als er mich neulich fragte, wie er zu einer Frau zum Heiraten komme, war ich ziemlich verwundert und musste lachen, denn er sieht mit seinen neun Jahren aus wie Mamas Liebling, aber nicht wie ein Junge, der sich schon für Mädchen interessiert. Ich wies ihn auf seine vielen Freundinnen hin, Kuniko aus Japan, Hoang-Hoang aus Kalifornien, Ann-Malin aus Wandsbek und Ajala aus Zürich – wunderbare Mädchen, wahrscheinlich auch tolle Schwiegertöchter. Damit war das Thema vorerst erledigt.

Manchmal funktioniert die Beziehung von Mutter und Kind, von Adoptivmutter und Adoptivkind über lange Zeiträume nicht. So verlief die Geschichte von Elke, einer bekannten Journalistin aus Berlin und ihrer Tochter Maggi, die in der Karibik geboren wurde. Für Elke war Maggi das langerwartete Traumkind, da spielte es für sie kaum eine Rolle, dass ihre Ehe allmählich scheiterte. Ich konnte sie gut verstehen: Eine beruflich erfolgreiche Frau reagiert auf Männer nur genervt, die unentwegt in ihr Leben reinreden. Sie trennten sich. Außerdem hatte sie Maggi als ihr Projekt, die gefühlsmäßige Seite ihres Lebens zu verwirklichen, um Liebe zu geben. Aber Maggi ließ sich nicht in das Lebenskonzept ihrer Mutter einbinden. Mit allen ihren vitalen Möglichkeiten setzte sie sich zur Wehr. Sie wollte kein liebes Mädchen sein, keine gute Schülerin, nicht schlank und rank, nicht dankbar, nicht gut erzogen, nicht brav. »Warum hast du mich adoptiert? Warum hast du mich nicht in meiner Kultur gelassen, wo ich hingehöre?«, fragte sie vorwurfsvoll. »Du musst nicht denken, dass du die Tochter von Harry Belafonte warst!« Diese Antwort der Mutter saß. Humor war Pflicht im Berliner Milieu.

Während der Pubertät trieb sich Maggi mit GIs herum, am liebsten mit Farbigen. Sie verließ die Schule, begann eine Lehre als Friseurin, brach sie nach kurzer Zeit ab, ließ sich wochenlang nicht zu Hause sehen und ging ihre eigenen Wege. Mit achtzehn Jahren bekam sie ein Kind von einem Afroamerikaner, der Vater tauchte sofort unter. Mit der Hilfe von Elke, erfreulicherweise Großmutter geworden, wurde eine Wohnung gesucht, Mutter und Tochter kümmerten sich nun beide um das Kind. Plötzlich fanden sie zueinander, beide glücklich vereint in der neuen Aufgabe. Die Sorge um das Wohl des Kindes und das Glück, für es zu sorgen, führte sie nach so vielen schwierigen Jahren endlich zusammen.

Versöhnung mit Hamburg?

Unser Verhältnis zu Hamburg bleibt zwiespältig. Die Regeln zwischenmenschlicher Beziehungen, die hier gelten, sind mir oft fremd, gelegentlich empfinde ich sie geradezu als schockierend. Das wurde mir am Tag der Wahl des ersten Bürgermeisters bewusst.

Thien feierte den Geburtstag seines Freundes, ich ging zur Wahl und besuchte anschließend mit einer Kollegin aus Bayern eine Ausstellung in der Kunsthalle. Überall drängten sich die Besucher. Da entdeckte ich den Spitzenkandidaten einer der großen Parteien, die zur Wahl standen. Als wir später im Bistro einen Imbiss nahmen, ließ er sich mit seiner Frau unweit von uns nieder. Er wirkte erschöpft. Seine Frau sprach auf ihn ein. Ich blickte in die Runde. Niemand nahm Notiz von ihm. Wir konnten es nicht glauben! Es war Wahltag, vielleicht würde er sogar die Wahl gewinnen und der neue Erste Bürgermeister der Hansestadt werden. Keiner warf ihm einen aufmunternden Blick zu, keiner winkte freundlich oder grüßte. Wie erstarrt verfolgten wir das Geschehen. Auch meine Kollegin reagierte entgeistert.

Sie konnte sich nicht vorstellen, dass in München einer der Spitzenkandidaten um das höchste Amt der Stadt völlig unbehelligt in der Öffentlichkeit auftauchte und niemand kümmerte sich um ihn. Gegen diesen Hamburger Politiker, der auf der Ebene des Bundes schon eine größere Rolle gespielt hatte, hegte ich einige Vorbehalte. Sein ehemaliger Busenfreund hatte ihn mir als einen außerordentlichen Womanizer geschildert. Ich wusste nicht, ob die Geschichten stimmten. Zu Beginn des Wahlkampfs wurde mir klar, dass auch er mit Hamburgs Westend besser vertraut war als mit dem Eastend, in dem ich wohnte. Aber dann hatte er einen hoch engagierten Wahlkampf geführt, dem auch der politische Gegner Anerkennung zollte.

Meiner Meinung nach hat jeder Politiker, der sich der harten Prozedur eines Wahlkampfs unterzieht und sich somit im Sinne der Demokratie einsetzt, extremistische Parteien ausgenommen, Respekt verdient. Ignoranz jedenfalls nicht. War es die höfliche Distanz der Hamburger, die wir wahrnahmen? Tatsächlich sah er müde aus, so als ob er seine Ruhe haben wollte. Am nächsten Tag las ich in der Zeitung, dass er an jenem Morgen schon viel hinter sich hatte. Aber war es nicht eine ähnliche Situation, wie wenn man seine Bekannten bittet, den eigenen Geburtstag in diesem Jahr zu vergessen, weil man Ruhe benötige? Gratuliert dann aber gar niemand, geht es einem auch nicht gut. Freundliche Störungen hätte man doch eher verkraftet als Missachtung. Zufällig gingen wir nach einer Weile zusammen mit dem Spitzenkandidaten zum Ausgang. Keiner der Besucher blickte auf oder ihm nach, kein liebenswürdiger Zuruf ließ sich vernehmen. Ich war schockiert über so viel Kälte. Wie gut, dass ihm wenigstens meine bayerische Kollegin und ich, die ich im Herzen Heidelbergerin geblieben bin, alles Gute für den Wahlabend gewünscht hatten.

Thien hat Heidelberg, die Stadt unserer glücklichen Zeit, schon fast vergessen. Hamburg ist, ohne Wenn und Aber, seine Heimatstadt geworden. Inzwischen faszinieren ihn die Schiffe, allen voran die Queen Mary II, mehr als die ICEs der Bahn. Oft genug betrachten wir von meinem Lieblingsstandort an der Elbe aus, der »Strandperle«, einer kleinen Bar in Övelgönne, das unvergleichliche Schauspiel riesiger ein- und auslaufender Frachter aus Korea und China. Wir können uns daran nicht satt sehen. Das hat keine deutsche Stadt zu bieten. Die große weite Welt vor Augen. Etwas weiter in Richtung Blankenese, am gegenüberliegenden Ufer, wird der Airbus A380 gebaut, vielleicht ein überdimensioniertes Flugzeug, aber ein Kinderherz begeistert sich daran wie frühere Generationen an Dampflokomotiven. »Wann werden wir mit dem neuen Airbus fliegen?«, fragt Thien. »Erst mal nicht. Zu teuer.« Seine Reiselust, mit dem Schiff oder dem Flieger die Welt kennen zu lernen, wächst. Demnächst möchte Thien Vietnam besuchen. Wenn nach einem langen Sommertag die Sonne allmählich untergeht, die Lichter im Hafen aufleuchten, ein Containerschiff seine Weiterreise mit Hupen ankündigt und frische Winde wehen, dann möchte ich nur hier in Hamburg sein, nirgendwo anders.

Der schöne Augenblick eines jeden Tages

In meinen Augen wird Thien immer hübscher. Nicht sehr oft, aber gelegentlich zu besonderen Anlässen bestehe ich darauf, dass er seinen schwarzen Anzug trägt, mit lässig langgezogenem Revers am Jackett und darunter ein blütenweißes T-Shirt. Das sieht zauberhaft aus zu seinem fülligen schwarzen Haarschopf und den dunklen Augen. Zu Silvester nimmt er seine Freundin aus der Schweiz an die Hand. Sie trägt ein Prinzessinnenkleid, lila, rosa und rot mit viel Tüll. Die beiden bilden das schönste Paar des Abends. Una bella figura, wie der Italiener sagt. Zu meinem Leidwesen lehnt Thien es im Alltag ab, hübsche Sachen, die ihm besonders gut stehen anzuziehen. Stattdessen liebt er dicke Pullover mit Kapuze, in denen er sich richtig verstecken kann.

Zwischen uns passe kein Blatt Papier, sagt der Psychologe auf der Elternberatungsstelle. Thien verhält sich am liebsten als kleiner Pascha mit Herrschaftsanspruch über mich. Wie bei Erwachsenen sind auch bei Kindern Ängste und Gefühle der Ohnmacht eng mit Allmachtsphantasien verknüpft. »Ich mache mich gemütlich« lautet sein Lieblingswunsch. Er hat viel Humor und ist mimisch begabt. Oft bringt er mich zum Lachen. Am liebsten spielt er den ganzen Tag mit mir »Kniffel« und bittet seine Oma im Himmel, dass sie ihm zu gewinnen hilft.

Nach wie vor ist die Schule ein Problem. Selbst wenn er etwas gut kann, versucht er seine Fähigkeiten zu verstecken. Das ist im Sportlichen besonders schade. So rast er auf Skiern ohne Ängste die steilsten Abhänge herunter, aber an Wettkämpfen teilzunehmen, dazu kann ich ihn nicht motivieren. Da er einmal eine Medaille errungen hat, reagiert er auf Anregungen, bei Wettspielen mitzumachen, trotzig mit der Bemerkung: »Ich habe schon eine Medaille.«

Im Alltag kommen wir nachmittags zur gleichen Zeit daheim an, er mit dem Schulbus und ich auf dem Rad: »Was machen wir heute? Bleiben wir Zuhause?« ruft er mir entgegen. Wenn ich das Männchen sehe, das ich nun acht Stunden vermisst habe, freue ich mich jeden Tag. Es ist der glücklichste Augenblick des ganzen Tages, der notorisch sehr anstrengend verläuft. Es ist nach wie vor das größte Glück, das mir zuteil wurde, dass dieses Kind zu mir gehört. Wir freuen uns beide für einen kurzen Augenblick, dass wir uns wiedersehen, und beide freuen wir uns, dass der andere sich freut. Schon Minuten später gehen die täglichen kleinen Kämpfe zwischen Mutter und Kind weiter.

Nachwort

In Situationen von Anspannung und Ängsten begann ich mit dem Manuskript zu diesem Buch. Persönliche Schwierigkeiten zu äußern, wenn man eine anspruchsvolle berufliche Position inne hat, ist nicht üblich und bricht ein Tabu. Für mich sah ich aber keinen anderen Ausweg, um das Knäuel in meinem Kopf zu lösen, in dem sich hochfahrende Erwartungen an mich und meine Umwelt, das drückende Gefühl der Vereinnahmung durch die Arbeitswelt und die unauflösliche innere Verpflichtung, nichts zu versäumen, was für meinen Sohn das Beste sein könnte, verknotet hatten. Als Nachzüglerin der 68er Generation wollte ich schon seit meiner Jugend ein selbstbestimmtes Leben führen, jenseits von Konventionen und Traditionen. Inzwischen habe ich gelernt, dass gerade der individualistische Lebensweg der besonderen Unterstützung durch verlässliche Menschen und Institutionen bedarf. Man traut sich viel zu, weil man sich getragen und im Notfall aufgefangen glaubt, von Familienmitgliedern, Freunden, Lehrern, Ärzten, Politikern etc.

Die einst geöffneten gesellschaftlichen Spielräume sind jedoch längst wieder verschlossen worden. Stress, Zeitdruck und Mobbing prägen vielerorts die Arbeits- und Bildungswelten und belasten die Familien. Ausgerechnet die Generationen, die selbst eine lange Jugendphase durchlebten und im Laufe ihres Werdegangs die größten Freiheiten erfahren durften, die Deutschland jemals zu bieten hatte, setzen ihre inzwischen erlangte gesellschaftliche Macht ein, um Strukturreformen durchzusetzen, die den nächsten Generationen kaum noch Zeit für Entwicklung und Selbstbestimmung lassen. Die großen Abweichler von Konventionen und Normalbiographien der deutschen Nachkriegsgeschichte haben daher mit dazu beigetragen, dass Menschen, die sich nicht auf dem strikten Weg nach oben anpassen, unversehens am Abgrund stehen.

Beispielsweise funktioniert unser Bildungssystem gut für anpassungswillige Kinder und Jugendliche, aber wehe, wenn sie sich nicht einfädeln können oder wollen! Dann kommen pädagogisch längst widerlegte Rezepte zum Einsatz, wortreich vorgebracht, aber eben völlig ungeeignet. Umbauarbeiten, sogenannte Strukturreformen, bei gleichzeitigem Generationswechsel lassen derzeit in vielen Institutionen das Personal in die Knie gehen, gute Traditionen brechen ersatzlos ab, ohne dass die seitens der Bevölkerung bestehenden Anforderungen, zu integrieren statt auszuschließen, bewältigt werden. Am Ende des Tages fühlen sich alle überfordert. Auf der Strecke bleibt, was helfen könnte: kritische Distanz, Mut zur Unvollkommenheit und vor allem Humor – auch in Zeiten von Stress und Multitasking bewährte Rezepte, tauglich in vielen Lebenslagen. Das Schreiben hat mir dazu wieder verholfen, und ich würde mich freuen, wenn sich etwas davon den Leserinnen und Lesern mitteilt. Trotz aller Sorgen und Zukunftsängste, für die gerade Eltern besonders sensibel sind, teilen hoffentlich viele mit mir das Glück, mit Kindern zu leben und sie in ihrer Entwicklung zu erleben.